Christina Irene Jasmund:

Evaluation bewegungs-pädagogischer Arbeit

Zum Einfluss motorischer Förderung in Kindertagesstätten auf die ganzheitliche Persönlichkeitsentwicklung von Kindern

RabenStück®
Verlag für Kinder- und Jugendhilfe

Christina Irene Jasmund

Evaluation bewegungspädagogischer Arbeit

Zum Einfluss motorischer Förderung in Kindertagesstätten auf die ganzheitliche Persönlichkeitsentwicklung von Kindern

RabenStück®
Verlag für Kinder- und Jugendhilfe

Bibliografische Information der Deutschen Nationalbibliothek
Die Deutsche Nationalbibliothek verzeichnet diese Publikation in der Deutschen Nationalbibliografie; detaillierte bibliografische Daten sind im Internet über http://dnb.d-nb.de abrufbar.

Bibliographic information published by the Deutsche Nationalbibliothek
The Deutsche Nationalbibliothek lists this publication in the Deutsche Nationalbibliografie; detailed bibliographic data are available in the Internet at http://dnb.d-nb.de.

Information bibliographique de la Deutsche Nationalbibliothek
La Deutsche Nationalbibliothek a répertorié cette publication dans la Deutsche Nationalbibliografie; les données bibliographiques détaillées peuvent être consultées sur Internet à l'adresse http://dnb.d-nb.de.

Informazione bibliografica de la Deutsche Nationalbibliothek
La Deutsche Nationalbibliothek registra questa pubblicazione nella Deutsche Nationalbibliografie; dettagliate dati bibliografici sono disponibili nell' internet per http://dnb.d-nb.de.

Библиографическая информация Немецкой Национальной Библиотеки
Немецкая Национальная Библиотека вносит эту публикацию в Немецкую национальную библиографию; подробные библиографические данные можно найти в интернете на странице: http://dnb.d-nb.de.

Información bibliográfica de la Deutsche Nationalbibliothek
La Deutsche Nationalbibliothek recoge esta publicación en la Deutsche Nationalbibliografie; se puede encontrar los datos bibliográficos en el internet por http://dnb.d-nb.de.

Christina Irene Jasmund:

Evaluation bewegungspädagogischer Arbeit: Zum Einfluss motorischer Förderung in Kindertagesstätten auf die ganzheitliche Persönlichkeitsentwicklung von Kindern. – Berlin: RabenStück Verlag, 2009

ISBN 978-3-935607-35-3

Zugleich Dissertation zur Erlangung des akademischen Grades doctor philosophiae (Dr. phil.) am Fachbereich Erziehungs- und Kulturwissenschaften der Universität Osnabrück;
Gutachterinnen: Prof. Dr. Renate Zimmer, Prof. Dr. Ina Hunger;
verteidigt am 17. Juli 2009 an der Universität Osnabrück.

ISBN 978-3-935607-35-3

Dr. Uwe Großer | Postfach 52 01 15 | 12591 Berlin
Fon: +49 30 56400807 | Fax: +49 3212 RabenSt (7223678)
eMail: Verlag@RabenStueck.de | Web: www.RabenStück.de

Produktion: *RabenStück* Verlag. Titel unter Verwendung eines Fotos von © morganl@istockphoto.com.

Druck: SDV Direct World GmbH Dresden

Inhalt

Danksagung

Die Durchführung dieses Forschungsprojektes und die damit verbundene Erstellung der Dissertationsschrift wurde durch viele engagierte Beteiligte unterstützt. Ohne sie wäre die Umsetzung nicht möglich gewesen. An dieser Stelle möchte ich ihnen herzlich danken.

Mein besonderer Dank gilt meiner Doktormutter Frau Prof. Dr. Renate Zimmer. Sie begleitete mich kontinuierlich, sorgfältig und stärkend. Ihr persönliches Interesse an meinem gewählten Thema, der Vertrauensvorschuss, den sie mir von Beginn an gewährte und ihre begleitende Unterstützung gaben mir Mut und Kraft dieses Forschungsvorhaben anzugehen und durchzuhalten.

Meine Anerkennung gilt allen Pädagoginnen und Pädagogen, Kindern und Eltern der beteiligten Untersuchungseinrichtungen. Ihrem Engagement, der hohen Verlässlichkeit und konstruktiven Mitarbeit ist es zu danken, dass ich so umfangreiches empirisches Datenmaterial für meine Untersuchung erhalten habe.

Des Weiteren danke ich meinen ehemaligen Kolleg/inn/en an der Fachschule für Sozialpädagogik Erkelenz und der Studienakademie Breitenbrunn für deren Anregungen und Ideen im Projektverlauf und den Herausforderungen für die Verteidigung. Herzlichen Dank an den Studiendekan Dr. Joachim Koblitz für seine unkomplizierte Unterstützung bei der Überprüfung, Auswertung und Rettung der Statistik.

Große Unterstützung und Stärkung während des gesamten Dissertationsprojektes habe ich jedoch nicht nur von meiner Doktormutter und meinen Kolleg/inn/en erhalten, sondern auch von meiner Familie und meinem Freundeskreis. Mein innigster Dank gilt hierbei meinem Lebensgefährten, dem Architekten und Bildhauer Matthias Wilk. Seine Liebe, Geduld und sein Mut zum fachlichen Diskurs gaben mir Kraft und Vertrauen in meine Arbeit und die Distanz für notwendige kritische Reflexion. Seine hervorragenden Software-Kenntnisse bei der statistischen Erfassung und Auswertung und sein hoher ästhetischer Anspruch bei der Erstellung der Dissertationsschrift waren für mich von unschätzbarem Wert und bescherte uns beiden viele unvergessliche Stunden in Offenbach, Wiesbaden und auf der Insel Hiddensee.

Während dieses fünfjährigen Untersuchungsprojektes hat mich immer die Hilfe, Anerkennung und Zuversicht meiner Familie begleitet. Sie haben an mich geglaubt, mir geduldig zugehört und mir in Phasen der Selbstzweifel Liebe und Stärkung und gegeben. Dafür möchte ich ihnen herzlichst danken.

Christina Irene Jasmund

ANERKANNTE BEWEGUNGSKINDERGÄRTEN IN NRW (AKTUALISIERT: 21.04.2008)

In einer Evaluation Ende 2003 wurden die damals 38 anerkannten Bewegungskindergärten des LandesSportBundes NRW mit ihren Mitarbeiter/innen und den ca. 2200 betreuten Kindern untersucht. Insgesamt stellten 90% der Erzieher/ innen einen positiven Einfluss auf die motorische Entwicklung der Kinder fest.

2004 kamen 14 anerkannte Bewegungskindergärten dazu,
2005 weitere 23,
2006 weitere 25
2007 weitere 47
und in diesem Jahr gibt es schon weitere 22 anerkannte Bewegungskindergärten des LandesSportBundes NRW.
Damit sind es insgesamt 169 (Stand 15.04.08)

5000. ERZIEHERIN DURCH LSB NRW QUALIFIZIERT

Auszeichnung in Köln

Das landesweit 5000. Zertifikat zur Teilnahme an der Ausbildung "Bewegung, Spiel und Sport" des LandesSportBundes NRW hat am Samstag, den 21.06. 2008 die angehende Erzieherin Sabine Trunec aus Köln erhalten. Die Ausbildungsleiterin Uschi Zimmermann (auch freie Mitarbeiterin der Sportjugend NRW und für den SSB Köln Beraterin der "anerkannten Bewegungskindergärten des LandesSportBundes NRW") leitete damit auch die landesweit 250. Ausbildung in Kooperation mit einer der 50 Fachschulen für Sozialpädagogik in NRW seit Beginn des Programms im Jahre 2000.

Die übrigen 26 Zertifikate dieser Ausbildung übergab Dr. Klaus Balster, stellvertretender Vorsitzender der Sportjugend NRW und ehrenamtlicher Ressortleiter "Bewegung, Spiel und Sport", während einer Feierstunde im Berufskolleg Michaelshoven in Köln. Neben den zahlreichen angehenden Erzieherinnen und Erziehern, die an diesem Tag auch ihre Abschluss-Zeugnisse in Empfang nahmen, wohnten der Veranstaltung auch die Schulleiterin Angela Heuser, die Leiterin des Lehrgangs Uschi Zimmermann, Vertreter des StadtSportBundes Köln sowie Vertreter einer Grundschule in Köln Esch bei, an der die Ausbildung mit den Grundschülern als Projekt durchgeführt wurde. Vertreter der jeweiligen Schulaufsichtsbehörden waren ebenfalls zugegen.

An ca. 50 Fachschulen für Sozialpädagogik können angehende Erzieherinnen mit Hilfe des LandesSportBundes NRW die zusätzlichen Berufsqualifikationen "Bewegungserziehung im Kleinkind- und Vorschulalter" sowie "Bewegung, Spiel und Sport für 6 - 12-jährige Kinder" erlangen. Dazu werden die Lehrkräfte an den Fachschulen vom LandesSportBund NRW besonders qualifiziert und integrieren die Ausbildungsinhalte (jeweils 70 Lerneinheiten) entweder in den laufenden Unterricht oder führen besondere Projektwochen durch. Der Vorteil ist, dass die fertigen Erzieherinnen nicht nur für die anerkannten Bewegungskindergärten vorqualifiziert sind oder später in der Ganztagsbetreuung an Grundschulen arbeiten können, sondern auch als Übungsleiter/innen für die Sportvereinsarbeit sehr gut ausgebildet sind.

Einleitung

Als Leiterin eines Kindergartens in Nordrhein-Westfalen war ich bis Dezember 2003 über mehrere Jahre verantwortlich für die Entwicklung und Umsetzung eines bewegungspädagogischen Konzeptes bis hin zur Zertifizierung meiner Einrichtung als „Anerkannter Bewegungskindergarten des LandesSportBundes Nordrhein-Westfalen". Die Gütesiegelkriterien, welche für alle anerkannten Bewegungskindergärten in Nordrhein-Westfalen gelten, sichern theoretisch einen gleichen Standard, dessen Wirkung für die Entwicklung der Kinder noch nicht empirisch überprüft wurde.

Die Entwicklung der vergangenen Jahre prognostiziert einen weiteren Anstieg von anerkannten Bewegungskindergärten in NRW (siehe oben Veröffentlichungen der Sportjugend). Diese Entwicklung vollzieht sich auch in anderen Bundesländern.

Daraus resultiert für mich ein Forschungsbedarf, die Kriterien des Gütesiegels auf Validität zu untersuchen. Im Rahmen meiner Publikation werde ich versuchen, folgende Frage zu beantworten:

Hat die bewegungspädagogische Förderung mit der Qualität der anerkannten Bewegungskindergärten in Nordrhein-Westfalen objektiv nachweisbare positive Auswirkungen auf die ganzheitliche Entwicklung der betreuten Kinder?

Ich habe diese Dissertation als quantitative Vergleichsuntersuchung einer Entwicklungsanalyse von Kindern begonnen. Im Laufe der Arbeit wurden jedoch qualitative Kriterien der pädagogischen Arbeit in den Kindergärten zur Beantwortung meiner Fragen immer wichtiger. Auf Grund dieser neuen Fokussierung wurden neben einer Strukturanalyse auch die pädagogischen Prozesse in den Kindertagesstätten hinterfragt.

Kapitel 1 beinhaltet die theoretischen Grundlagen, welche mir als Erklärungsmodelle des kindlichen Entwicklungsprozesses und seiner Einflussfaktoren dienen. Ausgehend von einer Bestimmung des Entwicklungsbegriffs bilde ich die Genese der menschlichen Entwicklungstheorie mit ihren unterschiedlichen Ansätzen bis zum aktuellen wissenschaftlichen Forschungsstand ab. Schwerpunkt ist die Auseinandersetzung in der Forschung über die Bedeutung einzelner Einflussfaktoren auf den menschlichen Entwicklungsprozess und damit der jeweils aktuellen Vorstellungen über Möglichkeiten der Einflussnahme auf die Entwicklung von Kindern. Das Kapitel schließt mit dem heutigen wissenschaftlichen Verständnis.

Kapitel 2 folgt mit einer Darstellung des frühkindlichen Entwicklungsverlaufes einzelner, für diese Untersuchung relevanter Persönlichkeitsdimensionen. Erarbeitet wird die motorische, kognitive, emotionale und soziale Entwicklung von Kindern in den ersten Lebensjahren. Dieser Abschnitt endet mit meinen daraus abgeleiteten entwicklungstheoretischen Grundannahmen.

Kapitel 3 Aufbauend auf diese Grundannahmen beleuchte ich den Einflussfaktor Sozialisation auf den kindlichen Entwicklungsprozess. Grundlage dafür ist eine Begriffsbestimmung von Sozialisation und ein Überblick über die Sozialisationsforschung der Kindheit beginnend von der Mitte des 20. Jahrhunderts in den USA bis zur neuen Kindheitsforschung in Deutschland. Der aktuelle Wissensstand zu den sozialen Einflussfaktoren sozialräumliches Umfeld, Herkunftsfamilie und Kindertageseinrichtung werden anschließend dargestellt. Daraus formuliere ich meine sozialisationstheoretischen Grundannahmen.

Kapitel 4 grenzt meinen Untersuchungsradius weiter ein. Der Fokus liegt hier auf dem theoretischen Wissenstand zur Bewegungsentwicklung von Kindern. Unterschiedliche Forschungsansätze und Sozialisationseinflüsse auf die Bewegungsentwicklung wie die Herkunftsfamilie, die heutigen Lebenswelten von Kindern, die institutionelle Betreuung und Aktivitäten in Sportvereinen werden dargestellt. Ich konzentriere mich im Folgenden auf die Wirkungen motorischer Förderung für die ganzheitliche Entwicklung von Kindern. Wissenschaftliche Erkenntnisse zu den Effekten auf die Persönlichkeitsbereiche der motorischen, der kognitiven und der sozial- emotionalen Entwicklung werden aufgezeigt und der Forschungsstand zum Einfluss motorischer Förderung auf die ganzheitliche Persönlichkeitsentwicklung von Kindern zusammengefasst.

Kapitel 5 enthält einen kurzen historischen Abriss der Geschichte der Zusammenarbeit von Kindertageseinrichtungen mit dem organisierten Sport in Nordrhein-Westfalen. Beginnend mit einzelnen Trägerschaften von Kindertageseinrichtungen gelingt der Sportjugend des Landessportbundes in NRW der Aufbau eines regionalen Netzwerkes von kooperierenden Tageseinrichtungen für Kinder mit Sportvereinen, Stadt- und Kreissportbünden sowie Fachschulen für Sozialpädagogik, an denen Erzieherinnen ausgebildet werden. Erklärtes Ziel aller Beteiligten ist eine Steigerung der Qualität der motorischen Förderung von Kindern. Über ein Gütesiegel, welches die Sportjugend des Landesportbundes Nordrhein-Westfalen vergibt, sollen einheitliche Qualitätsstandards der Bewegungsförderung in den Tageseinrichtungen erreicht und abgeprüft werden.

Die Zertifizierung von Tageseinrichtungen für Kinder und ihrer kooperierenden Sportvereine und eine Übersicht der Kriterien des Gütesiegels werden dargestellt. Eine Beschreibung der aktuellen Situation dieser Zusammenarbeit von Tageseinrichtungen und der Sportjugend des Landessportbundes in Nordrhein-Westfalen sowie der Formulierung des Forschungsbedarfes beschließt dieses Kapitel.

Kapitel 6 Um meine Fragestellung zu bearbeiten, habe ich mich für eine hypothesen-geleitete quantitative Untersuchungsmethode entschieden. In diesem Kapitel formuliere ich meine einzelnen Hypothesen, denen ich jeweils meine detaillierten Grundannahmen zum Themenfeld vorausschicke.

Kapitel 7 beschreibt den Arbeitsweg meiner empirischen Untersuchung. Ausgehend von den Vorüberlegungen und einer Erfassung möglicher Fehlerquellen und Effekte erarbeite ich die Gütekriterien von diagnostischen Verfahren. Im Anschluss daran stelle ich etablierte Messverfahren zur Erfassung des motorischen Entwicklungsstandes von Kindern und ihrer sozial-emotionalen Entwicklung und die Entscheidungsfindung der ausgewählten Messverfahren für meine Untersuchung vor. Ich begründe meine Auswahlkriterien für die Stichprobe dieser Untersuchung wie die räumliche Streuung in Nordrhein-Westfalen, die Verankerung des pädagogischen Konzeptes, die paritätische Trägerauswahl und die räumliche Nähe der Kontrolleinrichtungen. Anschließend benenne ich die Kennzeichen, anhand derer ich die Profile der Kindertagseinrichtungen erstelle und beschreibe meine organisatorischen Vorbereitungen in den Tageseinrichtungen. Abschließend werden die Testverläufe dokumentiert.

Kapitel 8 beinhaltet die Auswertung der empirischen Daten, die grafische Darstellung der Ergebnisse und die Konsequenzen für meine Hypothesen. Ich benenne zu beachtende Effekte und Störvariablen, die ich für die Einordnung der Ergebnisse für relevant halte und bewerte meine Untersuchungsergebnisse. Anschließend leite ich den, sich meines Erachtens daraus ergebenden, weiteren Forschungsbedarf ab. Diesen formuliere ich als nachfolgende neue Arbeitshypothese, der ich meine Grundannahme voranstelle. In einem Vergleich aller Untersuchungseinrichtungen überprüfe ich die Kriterien des Gütesiegels der Sportjugend des Landesportbundes Nordrhein-Westfalen auf ihre Gültigkeit als Unterscheidungsmerkmal zwischen den anerkannten Bewegungskindergärten und den Kontrolleinrichtungen. Im Vorfeld gewichte ich diese anhand sozialwissenschaftlicher Kriterien. Nach der Beantwortung meiner Arbeitshypothese endet dieses Kapitel mit einem Ranking aller elf Untersuchungseinrichtungen.

Zu diesem Zeitpunkt ist meine Ausgangsfrage beantwortet. Das Ergebnis stellt für mich jedoch keinen befriedigenden Abschluss dar. Es besteht für mich weiterhin Erklärungsbedarf, welche Kriterien entscheidend sind, für eine nachweisliche ganzheitliche Entwicklungsförderung von Kindern in Tageseinrichtungen, nachdem ich dies für die Gütesiegelkriterien der Sportjugend des Landessportbundes Nordrhein-Westfalen ausgeschlossen habe.

Kapitel 9 Dieses Kapitel beschreibt den weiteren Arbeitsweg meiner Auseinandersetzung mit der Qualitätsanalyse von Tageseinrichtungen für Kinder. Nach einer einleitenden Begriffsbestimmung gebe ich eine Übersicht über Qualitätskontrollinstrumente für Kindertagesstätten und einen Einblick in den aktuellen Forschungsstand. Ich formuliere anschließend meine Herangehensweise für die Qualitätsanalyse einer Kontrolleinrichtung und begründe mein Vorgehen. Danach rekonstruiere ich das erfolgte Leitungsgespräch. In der abschließenden Diskussion fasse ich die Ergebnisse meiner Untersuchung nochmals zusammen und versuche eine Einordnung in den fachwissenschaftlichen und gesellschaftlichen Kontext. Es folgen das **Literaturverzeichnis**, das **Tabellenverzeichnis** und die **Anlagen**.

1. Entwicklungsverständnis

1.1 Entwicklungsbegriff

In der vorliegenden Untersuchung werden die Entwicklung von Kindern und mögliche Einflussfaktoren auf deren Entwicklung analysiert. Dazu ist es notwendig, zu Beginn das Entwicklungsverständnis darzulegen, dem die Annahmen, Hypothesen und Interpretationen dieser Arbeit folgen.

Als wesentliche Einflussfaktoren der menschlichen Entwicklung werden genetische Determinanten, soziale Einflüsse und der autogene Faktor der aktiv handelnden Persönlichkeit angenommen. Unterschiedliche Theorien und Richtungen bieten ein vielfältiges Erscheinungsbild menschlichen Entwicklungsverständnisses, welche die Anteile der Einflussfaktoren ganz unterschiedlich gewichten. Alle Entwicklungstheorien basieren jeweils auf einem historisch determinierten und erkenntnistheoretisch fundierten Menschenbild. Dies führte in der Wissenschaftsgeschichte der Entwicklungsforschung zu permanenter Auseinandersetzung mit bestehenden Theorien. Ein Prozess, der auch heute nicht abgeschlossen ist, sondern durch neue wissenschaftliche Forschungsmethoden und der zum Teil kommerziellen und bildungspolitischen Nutzung dieser Erkenntnisse von zunehmender Dynamik gekennzeichnet ist.

Dieser Arbeit liegt folgendes Verständnis des Begriffs menschliche Persönlichkeit zu Grunde: „Mit menschlicher Persönlichkeit wird das spezifische organisierte Gefüge von Merkmalen, Eigenschaften, Einstellungen und Handlungskompetenzen bezeichnet, das sich auf der Grundlage der biologischen Ausstattung als Bewältigung von Lebensaufgaben jeweils lebensgeschichtlich ergibt. Persönlichkeitsentwicklung ist die überdauernde und langfristige Veränderung wesentlicher Elemente dieses Gefüges im historischen Zeitverlauf und im Verlauf des Lebens." (Hurrelmann 1998, S. 14) Der folgende Überblick soll den historischen Prozess menschlichen Entwicklungsverständnisses in der Entwicklungspsychologie skizzieren.

1.2 Reifungstheoretischer Ansatz

Bei der reifungstheoretischen oder der so genannten endogenen Betrachtung der menschlichen Entwicklung stehen die persönlichen Erbanlagen und biologische Reifungsprozesse im Zentrum der Forschung. Kerngedanke ist, dass die Endform des Menschen schon von Anfang an oder in der epigenetischen Auffassung potenziell vorhanden ist (Flammer 1996, S. 38). Durch die Anwendung von DARWINS Evolutionstheorie auf die ontogenetische Entwicklung des Menschen in der zweiten Hälfte des 19. Jahrhunderts erhält sie eine wissenschaftliche Begründung. Nach reifungstheoretischem Verständnis ist der Mensch ein determiniert biologisches Wesen, das sich auf diachroner Ebene vom Säugling zum reifen Erwachsenen fertig entwickelt. Diese Reifung umfasst alle Bereiche der Persönlichkeitsentwicklung. Die Präformationstheorie lässt sich bis zur griechischen Antike zurückführen. Als ältester Vertreter betrachtet ARISTOTELES Entwicklung als zielgerichteten Prozess bis zur reifen Form. Die Reifungstheorien schließen äußere Einflüsse nicht absolut aus, sprechen ihnen aber nur geringen Einfluss auf die festgelegten Hauptlinien der Entwicklung zu. So wird bei Vertretern dieses Ansatzes die Rolle der Erziehenden als wartend, ermunternd und begleitend gesehen, die die reifungssensiblen Phasen erkennen und maximal inhaltlich unterstützen können. Für ROUSSEAU (1762/1971) ist es die Kunst der Erziehung, die in einem Kind angelegten Fähigkeiten als absichtsvolle Entwicklung zur Entfaltung zu bringen. Entwicklung ist ein Prozess, den ein gesunder Organismus mit seinen angelegten Trieben und Interessen selbst leistet.

Zu den bedeutendsten Vertretern des 20. Jahrhunderts zählen GESELL (1946), für den Entwicklung synonym für Wachstum steht, WERNER (1953), BUSEMANN (1959) und REMPLEIN (1963). Sie entwerfen phasentheoretische Modelle, nach denen bis Ende der 1960er Jahre angenommen wird, dass ein Entwicklungsstand sich „von innen heraus, nach einem geistigen Bauplan“ (Remplein 1963, S. 142 f.) in einem kalendarischen Lebensalter entfaltet.

1.3 Tiefenpsychologischer Ansatz

In Auseinandersetzung mit den vorhandenen und z. T. gegensätzlichen Positionen entwickeln FREUD, ERIKSON und Vertreter der humanistischen Entwicklungstheorien ihre tiefenpsychologischen Ansätze. Zentrales Erklärungsmoment für die Persönlichkeitsentwicklung ist bei FREUD (1938) die Annahme der Existenz unbewusster psychologischer Prozesse, die sich in unterschiedlichen Phasen vollziehen. Hintergrund für scheinbar rationale und absichtsvolle Handlungen einer Persönlichkeit sind verborgene, unbewusste Zusammenhänge mit den bereits durchlaufenen Entwicklungsphasen eines Menschen. Entwicklung ist zwar als Ablauf biologisch vorprogrammiert aber auf äußere Bedingungen angewiesen. Dies impliziert ein mechanistisches Menschenbild, wobei FREUDS Fokus auf dynamisch- motivationalen Entwicklungsaspekten liegt. ERIKSON (1982, dt. 1988) als Schüler FREUDS entwickelt dessen Phasenmodell zu einem 8-Stufen-Modell weiter, die nach epigenetischem Prinzip lebenslang durchlaufen, aber permanent mit der Sozialstruktur abgestimmt werden müssen. Für ihn vollzieht sich Entwicklung bipolar zwischen Biologie und Kultur, deren Determinismus und der Persönlichkeitsautonomie, zwischen individueller Epigenese und gesellschaftlicher Dynamik (Flammer 1996, S. 97). Erikson definiert acht Krisen, mit denen man sich als wichtige Lebensthemen auseinandersetzen muss, um in jeder Entwicklungsphase eine Art befriedigendes Gleichgewicht zu finden. Weiterentwickelt wird die psychoanalytische Entwicklungstheorie von Mahler, Pine und Bergmann (1975), die eine 6-Phasen-Theorie zur Individualisierung und Separation von der Mutter entwerfen und von Stern (1985), welcher sich besonders auf die Entwicklung der ersten zwei Lebensjahre konzentriert.

1.4 Milieutheoretischer Ansatz

Der exogenistische Ansatz misst der Umwelt, dem Milieu, die ultimative Bedeutung zu. Ideologische Grundlage dieser Theorie ist der Behaviorismus, welcher als Theorie der Verhaltensforschung den Standpunkt vertritt, dass die Reize aus der Umwelt eines Menschen die Motoren seines Verhaltens und seiner Entwicklung sind und dass nur direkt beobachtbares Verhalten als Erklärung für menschliche Entwicklung herangezogen werden darf. Für das exogenistische Verständnis ist Entwicklung ein Produkt von extern gesetzten Einflüssen und das Ergebnis permanenter kleiner Lernschritte. Alle Menschen verfügen über vergleichbare biologische Voraussetzungen. Individuelle Entwicklungen verlaufen aufgrund unterschiedlicher Umwelteinflüsse.

1.4.1 Behaviorismus

Watson (1930) gilt als der Begründer dieser Richtung. Skinner (1948) formulierte eine Lerntheorie mit stark behavioristischer Prägung. Menschliche Entwicklung erfolgt für ihn durch äußere Einflüsse, erst von der Mutter und später von Erziehenden. Er versteht Entwicklung als kumulative Anhäufung von erlerntem Wissen und Verhalten. Dieses Lernen erfolgt in unterschiedlichen Lernumgebungen, die eine Stufenfolge der Entwicklung vorgeben.

Nachfolgende Vertreter dieser Theorie sind Bijou und Baer (1961), Baer (1973) sowie Bloom (1971). Sie formulieren differenziertere Stufenmodelle, welche aber nicht mehr altersgebunden sind. Im exogenistischen Entwicklungsverständnis kommt der Erziehung durch die Gesellschaft eine große Bedeutung zu, die nur durch genetisch vorgegebene Grenzen eingeschränkt wird. Die Freiheit der sich entwickelnden Person wird ausgeschlossen. „Da innerpsychische Vorgänge ebenso wie Prozesse der wechselseitigen Einflussnahme zwischen Individuen und ihrer Umwelt zunächst nahezu völlig ausgeklammert blieben, gerieten die Lerntheoretiker zunehmend in das Zwielicht eines absoluten Umweltdeterminismus“ (Bandura 1979, S. 7). Diese Theorie hatte einen großen Einfluss auf die Pädagogik des 20sten Jahrhunderts und ist die Grundlage eines nahezu unbegrenzten Bildungsoptimismus.

Neuere Vertreter wie BANDURA entwickeln diesen Ansatz zugunsten einer sozialen Lerntheorie weiter. Er akzeptiert nach dem Standpunkt von SELIGMANN und HAGER (1972) auch die biologische Komponente der Entwicklung, „dass die genetische Ausstattung auch einen spezialisierten Assoziationsapparat liefert. Dieser soll bestimmen, in welchem Maße ein Organismus durch Erfahrungen zu beeinflussen ist“ (Bandura 1971, S. 79). Seine Theorie erklärt das Lernen am Modell, beschreibt soziales Erwartungslernen und den Einfluss von Umweltstimuli. Wichtig ist ihm aber in Abgrenzung zu SKINNER der reziproke Determinismus zwischen Person und Umwelt sowie die kognitive (Selbst-) Kontrolle des Individuums und damit des persönlichen Einflusses auf die eigene Entwicklung.

Das Lernen am Modell enthält vier als Subsysteme bezeichnete Prozesse:

- Aufmerksamkeitsprozesse
- Gedächtnisprozesse
- Motorische Reproduktionsprozesse
- Verstärkungs- und Motivationsprozesse.

Es ist für BANDURA (1976) ein Selbstregulierungsprozess, der geprägt ist von Entscheidungsfreiheit und reflexivem Bewusstsein, welcher der Selbstentwicklung dient.

1.4.2 Kontextualistischer Ansatz

Über LEWIN (1963) wird der Lebensraum als Einflussfaktor auf Individuen in der Psychologie thematisiert. BARKER (1963) und BRONFENBRENNER (1981) entwickeln diesen Ansatz weiter und untersuchen menschliches Verhalten in Abhängigkeit von natürlichen und sozialen Lebensräumen. BRONFENBRENNER, beeinflusst durch die dialektisch-materialistischen Ideen LEONTJEWS, nennt diese Betrachtung ökologische Entwicklungstheorie. Diese neue Sicht auf die menschliche Entwicklung wird als „ökologische Wende“ menschlicher Entwicklungsforschung bezeichnet(Krüger, Grunert 2002, S. 101 mit Bezug auf Grundmann, Lüscher 2000, S. 18 f.).

Für BRONFENBRENNER ist menschliche Entwicklung umwelt-, kultur-, schicht- und regionenspezifisch, aber immer individuell. Denn es ist das Individuum, das mit seiner spezifisch wahrgenommenen und erlebten Umwelt interagiert.

Persönlichkeitsentwicklung lässt sich nur im Rahmen ihres Umweltkontextes verstehen. Bronfenbrenner formuliert keine Entwicklungskompetenzen, sondern Bedingungen der Möglichkeit von Entwicklungen. Im Unterschied zu den sowjetischen Entwicklungsforschern sieht er die Chancen einer Entwicklungsförderung in Unterstützungen der Bezugspersonen. Er teilt die ökologische Umwelt je nach Grad der direkten Einflussnahme in verschiedene Entwicklungskontexte:

- Mikrosystem (unmittelbare aktuelle Beziehungen des Individuums)
- Mesosystem (Wechselbeziehungen zu den – und zwischen den Mikrosystemen eines Individuums)
- Exosystem (Wechselbeziehungen zwischen Mikrosystemen, an denen ein Individuum nicht direkt beteiligt ist)
- Makrosystem (kultureller und subkultureller Rahmen)
- Chronosystem (biografische Wendepunkte).

Bronfenbrenner betrachtet den Menschen als Rollenträger in ökologischen Systemen, der danach strebt, sich maximal und damit auch optimal zu entfalten. Entwicklung vollzieht sich durch die Übernahme neuer Rollen in erweiterten Lebensbereichen, durch Interaktionen zwischen Individuum und Umgebung, die durch Stimuli diese Entwicklung beeinflussen können.

„Menschliche Entwicklung ist der Prozess, durch den die sich entwickelnde Person erweiterte, differenziertere und verlässlichere Vorstellungen über ihre Umwelt erwirbt. Dabei wird sie zu Aktivitäten und Tätigkeiten motiviert und befähigt, die es ihr ermöglichen, die Eigenschaften ihrer Umwelt zu erkennen und zu erhalten oder auf nach Form und Inhalt ähnlich komplexem oder komplexerem Niveau umzubilden“ (Bronfenbrenner 1981, S. 44).

In Konsequenz seiner Theorie geht er davon aus, dass sich Maßnahmen der Familien- und Sozialpolitik, der Stärkung von Familie und Nachbarschaft, fördernd auf die individuelle Entwicklung von Kindern auswirken. Bronfenbrenners Theorie ist unspezifisch und erfasst nicht einzelne Persönlichkeitsbereiche. Sie gilt als gute Rahmentheorie, welche komplementär zu anderen Theorien steht. (Flammer 1996).

1.5 Dialektische Entwicklungstheorie

Die Entwicklung der Dialektik als philosophische Disziplin erfolgte in permanenter Auseinandersetzung mit vorangegangenen philosophischen Theorien in der jeweiligen historischen Epoche. So entwickeln im 19. Jahrhundert Marx und Engels, in Auseinandersetzung mit Hegels (1807/1964) dialektischem Idealismus der Begriffe und Ideen, ihre materialistische Dialektik. HEGEL formuliert: „Der Einzelne muss auch dem Inhalte nach die Bildungsstufen des allgemeinen Geistes durchlaufen, aber als vom Geiste schon abgelegte Gestalten, als Stufen eines Wegs, der ausgearbeitet und geebnet ist [...] Die Bildung in dieser Rücksicht besteht, von der Seite des Individuums aus betrachtet, darin, dass es dies Vorhandene erwerbe" (Hegel 1807, S. 32). Damit postuliert er die Sichtweise einer reifungstheoretischen Entwicklung.

Für MARX und ENGELS bestimmt das Sein das Bewusstsein: „Die Produktionsweise [als Bestandteil der Gesellschaft] des materiellen Lebens bedingt den sozialen, politischen und geistigen Lebensprozess überhaupt. Es ist nicht das Bewusstsein der Menschen, das ihr Sein, sondern umgekehrt ihr gesellschaftliches Sein, das ihr Bewusstsein bestimmt" (Marx 1958, S. 13). Das heißt, die menschliche Entwicklung Phylogenese, Anthropogenese und Ontogenese ist historisch zu verstehen. Die ontogenetische Entwicklung wird durch die Phylogenese der Menschheit, in deren Prozess die natürliche und kulturelle Umwelt entstand und sich permanent verändert, beeinflusst. Sie vollzieht sich in den Widersprüchen dieser Existenz (Marx, Engels 1956).

Mit der Entstehung der sozialistischen Staaten konnten sich die materialistischen Entwicklungstheorien relativ unbeeinflusst von anderen Theorien weiterentwickeln. Diese dialektischen Theorien sind die Basis materialistischer Entwicklungstheorien, deren wichtigste Vertreter WYGOTZKI (1985), LURIA (1982), RUBINSTEIN (1958) und LEONTJEW (1977) sind. Individualentwicklung besteht dieser Auffassung zufolge wesentlich aus Verinnerlichungsprozessen vom Sozialen zum Individuellen. Bedeutsame Stufenübergänge wie Schuleintritt, Pubertät und Berufsausbildung sind gesellschaftlich bestimmt. Durch die große Bedeutungsgebung der sozialen Umwelt wird der Erziehung in der materialistischen Entwicklungspsychologie eine herausragende Rolle zugesprochen (Ljublinskaja 1961).

Nach dem Zusammenbruch der Sowjetunion wurden diese Theorien in den USA diskutiert. Wichtiger dialektischer amerikanischer Entwicklungspsychologe ist RIEGEL (1978). In Auseinandersetzung mit PIAGET setzt er den Schwerpunkt der Entwicklung nicht auf das Erreichen der Homöostase, sondern sieht ihn im Auftauchen von Problemen und der Auseinandersetzung mit ihnen. Entwicklungsmotoren sind Ungleichgewichte, Fragen und Konflikte, die durch die Existenz von Lebewesen und Umwelt entstehen. Er übernimmt die Dialektik RUBINSTEINS (1958), die das menschliche Verhalten als Einheit von inneren Prozessen und äußerlich sichtbaren Resultaten versteht. Entwicklung ist immer Interaktion mit sozialer und physikalischer Umwelt.

Demzufolge wird der Erziehung eine große Rolle in der ontogenetischen Entwicklung beigemessen. Sie soll durch die Produktion von Widersprüchen die menschliche Entwicklung vorantreiben.

1.6 Strukturgenetischer Ansatz

Einen anderen Ansatz, die so genannte genetische Epistemologie, verwendet Piaget (1975) für seine Entwicklungspsychologie und distanziert sich damit von Auffassungen, die entweder ererbte Anlagen oder die Umwelt als Voraussetzung und Rahmen der Entwicklung postulieren. Piaget betont die vom Individuum ausgehende Interaktion mit der Umwelt. Er erforscht dabei die Passung zwischen Lebewesen und Umwelt. Diese Passung erreichen Lebewesen durch Assimilation und Akkomodation von kognitiven Schemata. Assimilation ist für Piaget „die Integration externer Elemente in die sich entwickelnden oder abgeschlossenen Strukturen des Organismus" (Piaget 1981, S. 41). Akkomodation ist „jede Modifikation eines Assimilationsplanes, die durch die von ihr assimilierten Elemente hervorgerufen wird" (ebenda S. 44). Unter Schemata versteht Piaget Klassifikationen, die durch Selektion und Interpretation von Umweltgegebenheiten aus Erfahrungen erworben werden. Sie ergeben die kognitiven Strukturen eines Menschen. Diese werden bei Umweltauseinandersetzungen auf jeweils erreichten Niveaustufen verwendet um als Ziel ein Gleichgewicht zwischen Individuum und Umwelt zu erreichen. „Struktur [ist] ein System von Transformationen, das [...] eigene Gesetze hat und das eben durch seine Transformationen erhalten bleibt oder reicher wird" (Piaget 1973, S. 8). Den Prozess der Veränderungen der Schemata und Strukturen bezeichnet Piaget als Entwicklung. Sie vollzieht sich organismusintern und wird besonders in den ersten Lebensmonaten durch Reifungsprozesse bestimmt (Piaget 1974, S. 244 f.).

Entwicklung wird jedoch durch die Umweltreize, mit denen sich das Lebewesen auseinandersetzt, wesentlich beeinflusst. Durch Interaktionen mit der äußeren Umwelt macht das Kind Erfahrungen. Die daraufhin einsetzende mentale Leistung der unaufhörlichen Adjustierung, Verwerfung und Readjustierung als kognitive Abstraktionsprozesse beeinflusst wiederum die Entwicklung. Ein grundsätzliches „Streben bzw. ein Bedürfnis" des Menschen nach Konsistenz oder Homöostase mit sich und seiner Umwelt, welches durch Äquilibration angestrebt wird, sind für Piaget die vier Wirkfaktoren menschlicher Entwicklung (Garz 1994, S. 129 in Bezug auf Furth 1983, S. 126, Aebli 1981, S. 27).

Durch den Prozess der Auseinandersetzung und gegenseitigen Beeinflussung von Lebewesen und Umwelt und der konstruierenden kognitiven Verarbeitung gemachter Erfahrungen wird Piagets Theorie als interaktionistisch-konstruktivistischer Ansatz bezeichnet. Er beeinflusst zahlreiche Forschungen, die weitere menschliche Funktionen und deren Entwicklung untersuchen und prägt somit auch die spätere menschliche Theorieentwicklung entscheidend. KOHLBERG (1986, 1974, 1996) entwickelt auf der Grundlage von PIAGET eine 6-Stufen-Theorie des moralischen Urteils. Er stärkt die soziale Komponente, die abhängig von Kultur und Sozialschicht die moralische Sozialisation wesentlich beeinflusst.

Auch FISCHER (1980) differenziert die kognitive Entwicklung weiter und erarbeitet eine 4-Stufen-Theorie der Fähigkeitsentwicklung. Damit erklärt er außerdem die Entwicklung kognitiver Konzepte wie Ehrlichkeit und soziale Lüge, Verantwortung, Aggression und Moral (Lamborn, Fischer, Pipp 1994 sowie Fischer, Hand, Russel 1984) Für FISCHER sind diese sozialen Fertigkeiten - Skills - psychische Elemente der Verhaltenskontrolle.

Die Entwicklung des Problemlösens steht im Zentrum der Forschungen von CASE (1992). Unter diesem Begriff versteht er jede menschliche Aktivität und strukturiert sie in eine 4-Stufen-Theorie. Angelehnt an PIAGETS Modell wird auch in seinem Modell die kognitive Leistung auf jeder Entwicklungsstufe komplexer und bildet dort eine neue Einheit, auf deren Basis die Arbeitsleistung des Gehirns dann entlastet und damit effektiver wird.

SELMANN (1984) formuliert eine Entwicklungstheorie des Freundschaftsverständnisses. Sehr eng an PIAGET gebunden ist die verfasste Theorie der Entwicklung des religiösen Urteils von OSER und GMÜNDER (1984). Dieser Ansatz wird von FOWLER (1981) bestätigt und weiter differenziert. Ihnen allen ist gemeinsam, dass sich Entwicklung im Rahmen inner-organismischer Möglichkeiten durch die Auseinandersetzung mit der Umwelt in qualitativ unterscheidbaren Stufen vollzieht. Qualität und Intensität der Entwicklung können durch bewusste Gestaltung und Auswahl der Umwelteinflüsse gesteuert werden. Immer aber muss dem Individuum die aktive eigene Auseinandersetzung und die Selbsterfahrung in Form eines Spielraumes für Assimilation und Akkomodation ermöglicht werden.

1.7 Persönlichkeit als Motor ihrer eigenen Entwicklung

Neben Anlage und Umwelt haben auch die persönlichen Entscheidungen des Individuums Einfluss auf seine Entwicklung. Diese werden durch Handlungen sichtbar und stellen bewusste, zielorientierte und kontrollierte Teilmengen von Verhaltensweisen dar. Ziel der Handlungen sind Veränderungen der Umwelt. Die menschliche Entwicklung enthält folglich Freiheitsgrade für jedes Individuum.

1.7.1 Humanistische Entwicklungstheorie

Zu den wichtigen Vertretern der humanistischen Entwicklungstheorie zählen Bühler und Allen (1982), Maslow (1973) sowie Rogers (1961, 1982). Sie entwerfen eine Entwicklungstheorie, die alternativ sowohl zum Behaviorismus als auch zur Psychoanalyse zu verstehen ist. Dabei bildet der Humanismus Goethes, Schillers, Herders und W. v. Humboldts, in welchem das Individuum im Zentrum der Betrachtung steht, die ideologische Grundlage. Die humanistische Psychologie ist im engeren Sinne keine Theorie, sondern beschreibt beliebig wiederholbare Prozesse auf dem Weg zu einer entfalteten erfüllten Persönlichkeit. Der neue Schwerpunkt ist die Selbstbestimmung des Menschen. Die Natur liefert die Basis einer lebenslangen ganzheitlichen Entwicklung, wie ein innerer Kompass. Die Menschen entwickeln sich abhängig von den äußeren Bedingungen und spezielle Förderungen sind nur als Fixierungen nötig. Entwicklung vollzieht sich als individuell gestalteter Weg des Menschen zum Besseren (Krüger, Gruner 2002)

1.7.2 Selbstkontrolle der Entwicklung

Havighurst formuliert Entwicklungsaufgaben, die sich aus körperlicher Entwicklung, kulturellem Druck als Erwartungen der Gesellschaft sowie individuellen Wünschen und Werten ergeben (Havighurst 1956, S. 215). Entwicklungsaufgaben sind alters-, gruppen- und klassenspezifisch und manchmal auch individuell. Brandstädter und Schneewind (1977) sprechen nachfolgend von individuellen Entwicklungszielen. Im Prozess ihrer Verwirklichung kommt es zu bewussten und unbewussten Folgeentwicklungen und Nebenwirkungen, die wiederum die Entwicklung beeinflussen.

Kegan (1982, 1986) formuliert in seiner Theorie der Identitätsentwicklung in Übereinstimmung mit Piaget, Erikson und Kohlberg eine besondere Bedeutung von Krisen. Kegan hält sie für die größten Chancen der Entwicklung. Jedes Individuum entwickelt durch Kenntnisnahme und Ausbau ein eigenes souveränes Selbst. Krisen ergeben sich zwangsläufig durch die Souveränität, die Kegan als nicht einsehbare Innerlichkeit und Privatheit eines Individuums versteht und seiner Kontakte zu anderen „Selbsten" (Kegan 1982, S. 344 ff.). Diese Kontakte ergeben sich aus zwei Tendenzen, welche alle Menschen betreffen, dem Verlangen, unabhängig zu sein und dem Bedürfnis, mit anderen verbunden zu sein. Der daraus entstehende Konflikt ist prinzipiell nicht lösbar und Basis immer neuer Krisensituationen. In Auseinandersetzung mit den psychoanalytischen Postulaten Freuds und Eriksons weist Stern (1985) die Entwicklung der menschlichen Selbsterfahrung bereits von Beginn an nach. Die Entwicklung des Selbst erfolgt dual und sozial in Auseinandersetzung mit anderen Menschen über basale, amodale Wahrnehmungserfahrungen. Auf dieser Basis entwickelt sich stufenweise ein umfassendes Selbst. FLAMMERS Selbstkontrolltheorie, deren Kernbegriff die Identität eines Menschen ist, beschreibt den stufenweisen Aufbau eines „Selbstkonzepts des kompetenten Selbst“ (Flammer 1996, S. 257). Entwicklung ist für ihn der Erwerb von Kompetenzen, die erfolgreiche Transaktionen mit der Umwelt ermöglichen. Aufbauend auf SELIGMANNS (1983) Theorie der erlernten Hilflosigkeit hält FLAMMER eine (Selbst-) Kontrolle oder eine (Selbst-) Wirksamkeitsüberzeugung des Individuums für die wesentliche Voraussetzung seiner Entwicklung.

1.8 Systemischer Ansatz

Ein System ist eine Struktur von Austauschprozessen zwischen Elementen. Der Austausch verändert die Struktur eines Systems. Lebende und damit auch menschliche Systeme sind dynamisch und offen, d. h. von außen beeinflussbar. Sie streben bevorzugte Zustände an. Offene Systeme haben eine Umwelt, ebenfalls mit Systemcharakter, deren Veränderungen das System beeinflussen und die ebenfalls von dem veränderten Verhalten des Systems beeinflusst werden. Kern der Betrachtung dieses Ansatzes sind die Kommunikationsprozesse, ihre Inhalte und die verschiedenen Kommunikationstypen.

Vertreter der Systemtheorie sind MILLER (1978) und LASZLO (1972). Sie charakterisieren hierarchische Eigenschaften von Systemen. Ihre Theorien finden in der Gestaltpsychologie und Organisations- und Familienpsychologie praktische Anwendung. Weiterentwickelt wird dieser Ansatz von BISCHOF (1994), LERNER (1991 und VAN GEERT (1991). Zu dieser Denktradition gehören außerdem PARSONS (1981) und LUHMANN (1984). PARSONS unterscheidet zwischen organischen, psychischen und sozialen Systemen. Entwicklung vollzieht sich für ihn im „Durchlaufen einer Hierarchie unterschiedlich strukturierter und sich zunehmend differenzierender sozialer Rollenbeziehungen“ (Hurrelmann 1998, S. 43).

Während dieses Prozesses verinnerlicht das Individuum das soziale System bis zum Gesamtsystem der Gesellschaft. Unterschiedliche Rollenübernahmen erwarten jeweils anderes Verhalten und ermöglichen zunehmend auch Alternativverhalten. Diese Handlungsalternativen nennt PARSONS „pattern variables“ (Parsons 1951, S. 58 ff.) und unterscheidet sie in:

- partikularistische Orientierungen (im Kontext von Familie)
- universelle Orientierungen (in Schule und Gesellschaft).

Sein Ansatz wird auch als struktur-funktional bezeichnet. LUHMANN führt den Begriff der Interpenetration, der gegenseitigen Durchdringung, in seine Systemtheorie ein und erweitert damit PARSONS Ansatz. „Personen können nicht ohne Systeme entstehen und bestehen, und das Gleiche gilt umgekehrt“ (Luhmann 1984, S. 92).

1.9 Interaktionistischer Ansatz

Kern dieses Entwicklungsverständnisses ist das „interaktive Handeln“ (Hurrelmann 1998, S. 49) zwischen Individuum und Gesellschaft als aufeinander bezogene Dimensionen, in deren Wechselspiel sich die Entwicklung eines Menschen vollzieht.

1.9.1 Verhaltenstheorie

Begründer dieser auf sozialphilosophischer Basis entwickelten Handlungstheorie ist MEAD (1968). Er versteht den menschlichen Geist als Ergebnis eines gesellschaftlichen Prozesses mit Sitz in einem einzelnen menschlichen Organismus. MEAD bezeichnet seine Theorie als symbolischen Interaktionismus, weil für ihn der Prozess der Interaktion mittels Symbolen (hier Sprache) abläuft. Er entwickelt FREUDS Theorie weiter und sieht den Menschen als Wesen mit reflexivem Bewusstsein, dessen individuelle und soziale Anteile sein Handeln und Verhalten beeinflussen. Seine Theorie der Untersuchung des menschlichen Verhaltens distanziert sich vom Behaviorismus WATSONS und SKINNERS, „unser Ansatz [...] ist behavioristisch, sieht jedoch [...] auch jene Teile der Handlung, die der Beobachtung von außen nicht zugänglich sind, und betont die Handlung des menschlichen Wesens innerhalb seiner natürlichen gesellschaftlichen Situation“ (Mead 1973, S. 46). Er verbindet in seiner Theorie individualistisch-handlungstheoretische mit gesellschaftlich-strukturtheoretischen Aspekten (Krappmann 1985).

Diese Theorie wird von BLUMER (1969, 1973) und GOFFMANN (1967) weiterentwickelt. Persönlichkeitsentwicklung ist für GOFFMANN die Herausbildung einer Ich-Identität. Diese bildet sich aus einer Balance zwischen personaler und sozialer Identität, die mittels folgender Fähigkeiten erworben wird:

- Rollendistanz (reflektierend und interpretierend)
- Empathie (kognitive Fähigkeit des Perspektivwechsels)
- Ambiguitätstoleranz (Fähigkeit, eigene Bedürfnisse und Vorstellungen in Interaktionen zurückzustellen) (Goffmann 1967).

1.9.2 Gesellschaftstheorie

Die Theoretiker der Frankfurter Schule um Weber und Habermas führen eine kritische Auseinandersetzung mit den marxistischen Theorien, die in der Sowjetunion entstanden. Neben einer kritischen Gesellschaftstheorie entwickeln sie unter Leitung von Habermas die marxistische Persönlichkeitstheorie Leontjews weiter, zu einer Theorie der Sozialisation. Sie führt die soziologischen und psychologischen Traditionen zusammen und enthält die handlungs- und gesellschaftstheoretischen Konzeptionen der philosophischen und soziologischen Traditionen sowie psychoanalytische und entwicklungstheoretische Ansätze der psychologischen Traditionen. Habermas (1976, 1981) entwickelt sie zu einer interdisziplinär orientierten Theorie (Hurrelmann 1998)

1.10 Konstruktivistische Theorien

Neuer Fokus der Untersuchungen ist der aktive Umgang der Kinder mit ihrer Umwelt. Kinder werden als Personen verstanden, die in konkreten aktuellen Verhältnissen leben, ihre sozialen Beziehungen mitgestalten und eigene Muster der Verarbeitung ihrer Umwelt entwickeln (Honig, Neu, Nissen und Zeiher 1996). Erkenntnistheoretische Grundlage ist dafür der Konstruktivismus. Ausgehend von der subjektorientierten konstruktivistischen Psychologie Piagets (1969, 1975) über Wygotskys (1977) soziokulturellem Verständnis und Deweys pragmatisch handlungsorientierter Betrachtung (1985, 1991) tritt er heute in verschiedenen Strömungen auf (Reich 2005, S. 18 ff.).

Der radikale Konstruktivismus versteht Wahrnehmung als Konstruktion und Interpretation. Die Wirklichkeit ist individuell kognitiv konstruierte Wirklichkeit. Dieser Ansatz basiert auf wissenschaftlichen Quellen der Kybernetik, Biologie und Kognitionspsychologie. Er hat weit reichende Konsequenzen für die Pädagogik, weil er diese als nicht planbar begreift und die Eigenaktivität der Lernenden postuliert (Möller 2001, S. 18) Hauptvertreter sind Maturna und Valera (1987), Foerster (1993) sowie Glasersfeld (1996).

Der soziale Konstruktivismus geht davon aus, dass die Konstruktionen von Wirklichkeiten soziale Prozesse sind, die über Interaktionen erfolgen. Wissen wird nicht individuell erworben, sondern in Gemeinschaften und sozialen Kontexten (Möller 2001, S. 19). Dieser Ansatz wird auch als interaktionistisch-systemisch bezeichnet, weil Konstruktionen immer sozial eingebunden sind und auf einem kulturgeschichtlichen Kontext basieren. Laut Reich (2005) bestätigt dieser Ansatz die Relativität von Wahrheit. Er unterteilt den konstruktivistischen Lernprozess in drei Phasen:

- Konstruktion (aktive Wahrnehmung und Auseinandersetzung in
- Interaktionen)
- Rekonstruktion (individueller Verarbeitungsprozess)
- Dekonstruktion (kritische Neuorientierung der individuellen Konstruktion von Wirklichkeit).

Dieser Ansatz wird vertreten von Habermas (1992), Garrison (1998), Gergen (1991) und Reich (1998).

Der moderate Konstruktivismus erklärt den Wissenserwerb auf der Grundlage von Vorerfahrungen als aktiven und eigenständigen Prozess innerhalb sozialer Kontexte. Lernen ist konstruierende Aktivität. Das Kind ist Subjekt seines eigenen Lernprozesses, wobei Pädagogen die Aufgabe der Gestaltung lernanregender Umgebungen zukommt. (Gerstenmaier, Mandl 1995 und Eberwein, Knauer 1998)

1.11 Neuropsychologische Erkenntnisse

Im ausgehenden 20. Jahrhundert haben Wissenschaftler der Neurobiologie und Kognitionsforschung mit ihren Erkenntnissen das Verständnis menschlicher Entwicklung umfassend erweitert. Mit der Anwendung computergestützter Verfahren gelang es ihnen, die Lernprozesse im Gehirn zu untersuchen und zu dokumentieren. Darstellende und auswertende Verfahren erlauben es heute auch die vorsprachliche Entwicklung von Kindern anhand ihrer Reaktionen genau festzuhalten, zu analysieren und auszuwerten. Auf Basis ihrer empirischen Untersuchungen formulieren die Wissenschaftler Zusammenhänge von neurophysiologischen Reifungsprozessen, umweltbeeinflusstem Lernen und kognitiver Entwicklung. Kluge bezeichnet diesen Ansatz mit Bezug auf Spitzer als „Theorie der Neuroplastizität" (Kluge 2006, S. 30). Diese Theorie beschreibt „die Anpassungsvorgänge im Zentralnervensystem an die Lebenserfahrung eines Organismus" (Spitzer 2003, S. 94).

Als Begründer der Neuropsychologie gilt Luria (1992). Er analysiert den Zusammenhang von Hirntätigkeit und körperlichen Prozessen als Voraussetzungen für höhere geistige Prozesse. Dabei unterscheidet er drei Einheiten des Gehirns, die an jeder psychischen Tätigkeit beteiligt sind:

- Einheit zur Steuerung von Tonus und Wachheit (Formatio reticularis, Stammhirn)
- Einheit zur Aufnahme, Verarbeitung und Speicherung eintreffender Informationen der Außenwelt (primäre, sekundäre und tertiäre Zonen)

- Einheit der Programmierung, Steuerung und Kontrolle psychischer Tätigkeit (gegenläufiger Prozess von tertiärer über sekundärer zur primären Zone) (Luria 1992, S. 42, 65 ff.).

Luria ordnet diesen drei Einheiten Hirnregionen zu und formuliert folgende drei Gesetze der Zusammenarbeit der individuellen Hirnfelder:

- Gesetz des hierarchischen Aufbaus der kortikalen Bereiche und ihre Vernetzung in Abhängigkeit von neurologischen Reifungsprozessen und individuellen Umwelteinflüssen
- Gesetz der abnehmenden Spezifität und zunehmenden integrativen Leistungsfähigkeit der hierarchisch angeordneten Zonen
- Gesetz der zunehmenden Funktionslateralisierung von primären zur tertiären Zone (Luria 1992, S. 74).

Lurias Erkenntnisse über neurologische Reifungs- und Abbauprozesse haben großen Einfluss auf weitere neuropsychologische Forschungen. Kolb und Whishaw (1993) befassen sich besonders mit der Hemisphärenentwicklung und stellen Hypothesen dieses Prozesses auf. Auch sie gehen von hierarchisch organisierten kognitiven Funktionen aus. Während die auf unteren Ebenen liegenden Funktionen von parallelen Rindenarealen beider Hemisphären übernommen werden, unterliegen die komplexesten Funktionen der stärksten Lateralisierung und entwickeln sich am langsamsten in Folge von Reifungsprozessen (Kolb, Whishaw 1993, S. 437)

1.11.1 Neuronale Entwicklung

Die Sinnesrezeptoren des menschlichen Körpers sind sensorische Empfänger zum Sammeln von Informationen über ihre Umgebung. Diese werden aus dem ganzen Körper von sensorischen Neuronen als Input über den afferenten Funktionskreis zum Gehirn übermittelt. Die sensorischen Neuronen übermitteln ihre Informationen mittels synaptischer Verschaltungen an intermediäre Neuronen, die eine Netzwerkfunktion haben. Sie geben über Dendriten die Informationen an Netzwerke anderer intermediärer Neuronen weiter. Diese tragen Informationen zusammen und verarbeiten sie. Intermediäre Neuronen sind die Kommandozentrale oder der integrative Funktionskreis und animieren den Körper, Muskeln und Drüsen zu Reaktionen. Dazu geben sie Impulse an motorische Neuronen ab, welche die Impulse mit Output über den efferenten Funktionskreis an die Muskeln und Drüsen weiterleiten um diese zu steuern. Reaktionen auf Reize aus der Umwelt lösen im Körper die Kommunikation zwischen Neuronen aus. Sie bilden Dendriten, welche die Kommunikation mit anderen Nervenzellen zustande bringen. So entstehen neuronale Gruppen als Kommunikationsmuster und bauen damit neuronale Netzwerke (Hannaford 2002).

Im Verlauf dieses Prozesses der Kommunikation zwischen äußerer und innerer Umgebung erwachsen aus sensorischen Erfahrungen multisensorische Bündel, die als neuronale Netzwerke die Vorstellungen von der eigenen Person und der Umgebung liefern. Ihre Grundmuster werden in den ersten Lebensjahren gebildet. Ankommende Informationen werden in Arealen der Hirnlappen als kortikale Karten gespeichert. Nach Spitzer (2007, S. 105) gibt es 735 kortikale Karten, welche differenzierte Informationen speichern. Ihre Größe und Ausprägung ist abhängig von den gemachten Erfahrungen des Menschen. Sie werden nur in sensiblen Phasen bestimmter Lebensabschnitte ausgebildet und entstehen durch Erfahrungen. Diese Karten unterliegen einer ständigen Umorganisation und stellen die Rohmasse für Wissen, Denken, Vorstellungen und Kreativität dar. Dafür werden sie im intermediären Netz in die Assoziationsbereiche der einzelnen Hirnlappen integriert. Der Bereich der Entscheidungsfindung sammelt aus allen vier Hirnlappen die Informationen und verbindet sie.

Diese neuronale Kommunikation lässt das innere Bild von der Welt komplexer werden und kann darum als Lernprozess verstanden werden. Die neuronalen Netzwerke entstehen als direkte Antwort auf persönliche Lebenserfahrungen und sind darum immer individuell (Hannaford 2002, S. 19).

Für Spitzer (2002) ist Neuroplastizität die lebenslange Anpassung an Begebenheiten und Umweltbedingungen. Die neuronale Architektur im Kortex entwickelt sich durch seine Nutzung. Hebb (1949) entwickelt eine Theorie der Kontinuität und der Konsolidierung für die neuronalen Strukturen, welche Phänomene des Kurzzeit- und Langzeitgedächtnisses zu klären versucht. Grundlegendes Konzept der Informationsspeicherung sind für ihn synaptische Zellverbände, welche aufgrund von sensorischen Reizen entstehen und durch wiederholte Aktivierung ihre Effektivität erhöhen können, sich strukturell verändern und so konsolidieren. Laut Spitzer ist die Informationsspeicherung oder der Lernprozess gekennzeichnet durch die Veränderungen der Stärken synaptischer Verbindungen zwischen Nervenzellen (Spitzer 2007, S. 94) Dieser Optimierungsprozess erfolgt anhand intrinsischer Bewertungskriterien, welche als „Vorwissen in der funktionellen Architektur der Bewertungssysteme gespeichert und genetisch festgelegt" sind (Singer 2003, S. 70).

Die Konsolidierungsphase, in der Gedächtnisinhalte nachbereitet und verfestigt werden, bedarf jedoch Perioden relativer Ruhe. Diese werden mit dem Schlaf gewährleistet, wobei die unterschiedlichen Schlafphasen, der Tiefschlaf und der

REM - Rapid Eye Movements-Schlaf, differenzierte Konsolidierungsaufgaben wie die emotionale Neubewertung der Inhalte und deren Verknüpfungen an bestehende neuronale Netze übernehmen (Spitzer 2007, S. 121 ff.). Nach der Konsolidierung können dann diese Zellverbände durch andere aktiviert werden, ohne dass sensorische Reize dafür notwendig sind (Kolb, Wishaw 1993, S. 301 ff.) Diese Idee liefert die theoretische Basis, um psychologische Funktionen anhand physiologischer Prozesse zu erklären.

Nach Hüther und Krens (2007) kann das Gehirn nichts wirklich Neues lernen, sondern immer nur etwas Neues zu vorhandenem Wissen hinzufügen. Hüther betont als besonders bedeutsame kognitive Lernphase die vorgeburtlichen neun Monate und stärkt damit die Position von Gopnik, Kuhl und Meltzoff (2001), dass Babys schon mit sehr komplexen kognitiven Mustern auf die Welt kommen.

Eine weitere wichtige Erkenntnis der Neurowissenschaften ist das Zusammenspiel von Reifungsphasen des Gehirns mit der Entwicklung kognitiver Leistungen. Der Erwerb jeder komplexen Fähigkeit ist abhängig vom Wechselspiel zwischen Reifung und Lernen. Kritische Perioden oder sensible Phasen sind Zeitfenster der Entwicklungsbiologie in denen bestimmte Erfahrungen gemacht werden müssen, damit Fertigkeiten bzw. Fähigkeiten erworben werden können (Singer 2003)

1.11.1.1 Einfluss der Emotionen

Obwohl das Gehirn dem Prinzip der Arbeitsteilung unterliegt, findet die Aufnahme und Speicherung von Informationen nicht in separaten Hirnregionen statt. Ab dem 15. Lebensmonat beginnt das limbische System die sensorischen Grundmuster und motorischen Funktionen durch Emotionen zu erweitern. Es entstehen Beziehungen zwischen diesen einzelnen Komponenten, die gespeichert werden. Emotionen sind körperliche Zustände, die mit der Information gespeichert werden, so dass der Geist die Erinnerungen daran als Prüfstein bei späteren Entscheidungen abruft. Sie sind mit dem Denken untrennbar physiologisch verbunden. Die Markierung von Erfahrungen mit Emotionen stellt Kriterien bereit, nach denen lebenswichtige Entscheidungen gefällt werden. Das Gehirn macht aus flüchtigen Eindrücken, die als emotional wichtig bewertet wurden, bleibende Verbindungen zwischen den Nervenzellen (Hannaford 2002) Die Verbindung neuronaler Netze mit kortikalen Zentren für Denken und kognitive Funktionen stellen sicher, dass Erinnerungen immer mit Gefühlen verbunden bleiben. „Emotionen sind nicht eine besondere Form von Gedanken, kein zusätzlicher Weg des Denkens, kein spezieller kognitiver Prozess, Emotionen sind vielmehr grundlegend mit dem Denken verwoben“ (Gelernter 1994, S. 46 f.).

Erinnerungen werden nicht nur an einer Stelle des Gehirns gespeichert. Werden ankommende Informationen als wichtig bewertet, werden sie zur Schablone für die Reorganisation des jeweiligen bisherigen Musters im Langzeitgedächtnis.

Das wissenschaftliche Verständnis der Bedeutung von Emotionen im Prozess neuronaler Entwicklung wurde im Zusammenhang mit Forschungen über frühkindliche Lernprozesse erweitert. Gopnik, Kuhl und Meltzoff (2001) werten Emotionen als sehr bedeutsam für die Lernbereitschaft. Sie stimulieren die Anstrengungsbereitschaft und sorgen für positive Verstärkung bei Lernerfolgen. Ihrer Meinung nach sorgen „die Qual der Verwirrung und die Ekstase der Erklärung" (Gopnik, Kuhl und Meltzoff 2001, S. 195) für Lernmotivation und als Verstärker für weiteres Lernen. Auch Spitzer (2007) bestätigt den Einfluss von Emotionen auf neuronale Prozesse und Gedächtnisinhalte. Negative Emotionen wie Angst produzieren einen speziellen „kognitiven Stil" (Spitzer 2007, S. 104) der routiniertes Verhalten erleichtert, jedoch das Assoziieren und damit kreatives Denken verhindert. Positive Emotionen können dagegen als Verstärker, der Motivation ‚mehr desselben' angesehen werden. Jüngste Erkenntnisse heben sogar schon den Einfluss von Emotionen während der vorgeburtlichen Entwicklungsphase hervor. Hüther spricht von Schwangeren als „physische und emotionale Matrix" (Hüther 2007, S. 23), innerhalb der sich das Kind entwickelt. Die emotionalen Zustände der Mutter und ihre körperlichen Reaktionen wie beschleunigter Herzschlag, Hormonausschüttung, Sauerstoffzufuhr im Blut gelangen über die Nabelschnur direkt zum Kind und rufen dort physiologische Reaktionen hervor. Diese kindlichen vorgeburtlichen emotionalen Lernerfahrungen bilden grundlegende kognitive Repräsentationen, mit denen es auf die Welt kommt und die als Schablonen für die Einordnung der ersten frühkindlichen emotionalen Erlebnisse dienen. Im weiteren Entwicklungsprozess werden diese permanent aktualisiert, umgeschrieben und erweitert und stellen damit individuelle Repräsentationen emotionalen Erlebens dar.

1.11.1.2 Einfluss von Bewegungen

Bewegung ist ein sensomotorischer und für das Lernen notwendiger Vorgang. Über körperliche Prozesse werden neue Informationen und Erfahrungen in neuronale Netzwerke integriert, verankert und das Gelernte zum Ausdruck gebracht. Entscheidend für die Entstehung neuronaler Netze sind die körperlichen Prozesse. Mentale Prozesse werden durch Bewegungen eingeleitet und unterstützt. Bewegung aktiviert die neuronalen Verbindungen im ganzen Körper. Schon kurz nach der Konzeption ist die stetige Entwicklung des Embryos und später des Fötus an permanente Rückkopplung durch sensomotorische Reize geprägt. Hüther charakterisiert dieses embryonale Verhalten als „entwicklungsimmanentes Üben"

(Hüther 2007, S. 53). Es gewährleistet sowohl das Üben von Körperfunktionen, die motorische Entwicklung als auch die Herausbildung innerer Repräsentationen über den eigenen Körper und seine Umwelt. Die ersten komplexen Verschaltungsmuster des Gehirns sind also Repräsentanzen körperlicher Prozesse. Mit der Herausbildung der Sinnesrezeptoren erhält das Kind schrittweise nicht nur unterschiedlichste sensorische Reize über seinen Körper sondern auch zunehmend über seine intrauterine Umwelt. Pränatal kann der Embryo schon im ersten Trimester taktil-kinästhetische und vestibuläre, später olfaktorische und im dritten Trimester gustatorische, auditive und visuelle Reize aufnehmen und reagiert entsprechend. Sowohl die Reize als auch die körperlichen Reaktionen darauf, werden als integrierte, neuronale Schablonen gespeichert und stehen dem Kind als Verhaltensrepertoire zur Verfügung. Sie bilden die Ausgangsmuster für kindliches Verhalten nach der Geburt (Hüther 2007).

1.12 Theorie der angeborenen Theoriefähigkeit

Die amerikanische Kognitionsforschung um die Entwicklungspsychologen Gopnik, Kuhl und Meltzoff (2001) geht davon aus, dass Kinder mit einem intuitiven Wissen über die belebte und unbelebte Natur, zwischenmenschliches Verhalten und Sprache zur Welt kommen. Sie verstehen auf naive Art bereits die Grundregeln der Physik, der Psychologie und der Sprache. Laut ihren Untersuchungsergebnissen ist das menschliche Gehirn schon bei der Geburt mit viel grundlegenderen kognitiven Mustern ausgestattet als bisher angenommen. Mit Hilfe dieser Muster sind Babys in der Lage ihr Wissen über Menschen und Dinge ihrer Umgebung und der Sprache zu erweitern.

Babys haben eine angeborene Fähigkeit zur Theorienbildung. Sie konstruieren ihre Theorien intuitiv und weitgehend unbewusst. Anhand dieser Theorien, welche für Gopnik, Kuhl und Meltzoff individuelle kognitive Repräsentationen der Wirklichkeit darstellen, erforschen die Kinder die Welt, um sie besser zu verstehen, gesicherte Vorhersagen treffen und besser mit ihr umgehen zu können. Die Vorgehensweise der Kinder bei ihrer Welterkundung lässt sich mit der von wissenschaftlichen Forschungen vergleichen. Kinder wiederholen ein Experiment viele Male, um ihrer Theorienbildung sicher sein zu können. Das kindliche Gehirn findet so die Regeln der Welt. Sie werden permanent überprüft und schließlich der Realität angepasst. Zu Beginn haben die Kinder eine Idee, die sie nach und nach abarbeiten, ähnlich wie Wissenschaftler ihre Hypothesen zu beweisen suchen. Diese Leistung wird den Autoren nach motiviert von einem starken Lerntrieb und der Freude an gewonnener Erkenntnis. Die Theorie der angeborenen Theoriefähigkeit und des eigenaktiven Lernens gilt heute für zahlreiche Psychologen und Entwicklungsforscher als Schlüssel zur Erforschung kognitiver

Leistungen (Gopnik, Kuhl, Meltzoff 2001) Laut der Kognitionsforschung sind einerseits angeborene Programme notwendig, um aus der soziokulturellen Umwelt zu lernen, andererseits ist das Gehirn in der Lage, sich auf Basis der vorhandenen Programme selbst weiter zu programmieren, sich erfahrungsbasierend zu adaptieren. Das Kind filtert eigenaktiv aus den jeweiligen Umwelteinflüssen die Reize, die es für seine aktuellen Lernprozesse benötigt, indem es seine Aufmerksamkeit fokussiert und seine Bezugspersonen zu ko-konstruktivistischem Verhalten animiert. Das Potenzial des Gehirns wächst mit den Herausforderungen, die das Kind sich stellt und den Anforderungen der natürlichen und kulturellen Umwelt mit. „In gewisser Weise spiegelt damit das individuelle Gehirn die Möglichkeiten wider, die es im Laufe seiner Geschichte erfahren hat" (Schäfer 2006, S. 42).

Diese gemachten Erfahrungen bestimmen ihrerseits den weiteren individuellen Entwicklungsweg jedes Kindes und die Art seiner Auseinandersetzung mit seiner soziokulturellen Umwelt.

1.13 Zusammenfassung des Entwicklungsverständnisses

Die Entwicklung des Menschen steht im Zentrum unterschiedlicher Wissenschaften mit ihren jeweiligen speziellen Zugängen. So entstanden psychoanalytische, entwicklungs- und lerntheoretische, gesellschaftstheoretische ökologische sowie neuropsychologische Konzeptionen. Diese liefern sehr differenzierte Modellvorstellungen des menschlichen Entwicklungsprozesses. Während die psychologischen Theorien die biologischen und organismischen Faktoren betonen, befassen sich die soziologischen Theorien stärker mit den gesellschaftlichen Bedingungen der Persönlichkeitsentwicklung. In vielen Dimensionen und Aspekten gibt es Berührungen und Übereinstimmungen.

Beim integrativen Ansatz liegt das Ziel der Entwicklungsforschung im Erkennen der Gesetzmäßigkeiten von Veränderungen psychischer Phänomene(Erleben, Verhalten, Motivation etc.) während des menschlichen Lebenslaufes unter Einbeziehung sozialer Umweltfaktoren (Dollase 1985, S. 8) So unterschiedlich die Frage nach den Wirkanteilen von genetischen Faktoren, Umwelt und Selbststeuerung in der Vergangenheit auch beantwortet wurde, das wechselseitige Abhängigkeitsverhältnis wird allgemein anerkannt.

Entwicklung wird heute als eigenaktiver lebenslanger Prozess differenzierter Wechselwirkungen zwischen Person und sich verändernder Umwelt verstanden. Entwicklungsfortschritte werden durch Reifungsvorgänge, aktive Lernprozesse und Umwelteinflüsse bestimmt.

2. Persönlichkeitsentwicklung des Kindes

Der Mensch entwickelt sich lebenslang, wobei frühere Lebensphasen auf spätere Entwicklungsabschnitte als zeitlich geordnetes Geschehen einwirken. Neben dieser diachronen Betrachtung ist die menschliche Entwicklung auch ein komplexer Prozess zwischen exogenen, endogenen und psychischen Komponenten, die sich als Reaktionen und Handlungen des Individuums manifestieren.

Olbrich definiert Persönlichkeit als „ein Ganzes [...] in dem jene ‚Einzelprogramme' integriert zusammengefasst sind, mit denen der Mensch eine Abstimmung zwischen seinen Bedürfnissen und den (sachlichen und sozialen) Anforderungen seiner Situation und Maßgabe seiner Verhaltensmöglichkeiten oder -potenziale vornimmt" (Olbrich 1979, S. 302). In der Vergangenheit wurden in unterschiedlichen Forschungsansätzen der einzelnen Wissenschaftsdisziplinen menschliche Entwicklungsprozesse in einzelnen Dimensionen erforscht, wobei immer wieder Zusammenhänge zwischen den Dimensionen nachgewiesen wurden. Die Erkenntnisse der Neurowissenschaften heben die Trennung zwischen körperlichen und geistigen Prozessen auf und schaffen damit die Voraussetzung, die Komplexität gegenseitiger Beeinflussung einzelner Dimensionen im ontogenetischen Entwicklungsverlauf besser zu erfassen und die Wirkung von Umwelteinflüssen zu hinterfragen.

Der folgende Abschnitt gibt einen Überblick der motorischen, kognitiven und sozial- emotionalen Entwicklung der ersten sechs Lebensjahre. Die Auswahl wurde aufgrund des Untersuchungsschwerpunktes dieser Arbeit getroffen und ließe sich weiter differenzieren. Alle Persönlichkeitsbereiche stehen in Interdependenz zueinander und können nur theoretisch isoliert voneinander betrachtet werden.

2.1 Motorische Entwicklung

Die menschliche Motorik ist ein „hochkomplexes psychophysisches Phänomen [...] umfasst alle an der Steuerung und Kontrolle von Haltung und Bewegung beteiligten Prozesse und damit auch sensorische, perzeptive, kognitive und motivationale Vorgänge" (Baur, Bös, Singer 1994, S. 14). Nach Frostig (1973) differenziert sich Motorik in folgende Merkmale: Koordination, Rhythmus, Flexibilität, Geschwindigkeit, Geschicklichkeit, Gleichgewicht, Kraft und Ausdauer. Die motorische Entwicklung unterliegt folgenden Prinzipien:

- Prinzip der cephalo-caudalen Entwicklungsrichtung (beginnend vom Kopf über Rumpf zu den Extremitäten)

- Prinzip der proximo-distalen Entwicklungsrichtung (Kontrolle der Muskeln von zentralen zu peripheren Muskeln)
- Prinzip der reziproken Verflechtung (paarige Muskulatur und Bewegungsorgane bedingen einer periodischen Abstimmung)
- Prinzip der funktionellen Asymmetrie (Entwicklung der Lateralität)
- Prinzip der festgelegten Reihenfolge der motorischen Entwicklung
- Prinzip der individuellen Unterschiede in der Geschwindigkeit der motorischen Entwicklung
- Prinzip der Nichtumkehrbarkeit der motorischen Entwicklung
- Prinzip der negativen Beschleunigung der motorischen Entwicklung (Schmidt 1970, Vogt 1978).

Die motorische Entwicklung beginnt pränatal und manifestiert sich zuerst in angeborenen Reflexen. Der Grund dafür liegt im Entwicklungsstand des Zentralnervensystems. Es ist zum Geburtszeitpunkt noch nicht voll entwickelt und der Kortex kann tiefer liegende Hirnanteile noch nicht beeinflussen. Darum werden die ersten Bewegungsmuster als unwillkürliche Reaktionen auf Umweltreize bezeichnet. Mittels der Reflexbewegungen ist der Säugling in der Lage alle zur Lebenserhaltung notwendigen Körperfunktionen auszuführen. Einige Reflexe sind schon zum Geburtszeitpunkt funktionsfähig, andere erscheinen erst später. Viele Reflexe verschwinden in den ersten Lebensmonaten, sie werden in die Willkürmotorik integriert, andere wiederum bleiben lebenslang erhalten. Zu den wichtigsten Reflexen gehören:

- Such-, Saug-, Schluckreflex und Kaureflex
- Fußgreifreflex und Babinski-Reflex
- Stehbereitschaft und Schreitreaktion
- Tonische Labyrinthreflexe
- Tonische Nackenreflexe
- Abstützreaktionen der Extremitäten
- Greifreflex (Holle 1988).

Im Laufe der ersten 18 Monate sind die wichtigsten Entwicklungsaspekte das Erlernen der Körperkontrolle und die Fortbewegung. Durch die Wechselwirkung zwischen Gehirnentwicklung und seinem praktischen Gebrauch durch permanente Übung entwickelt sich die willkürliche Einflussnahme des Kindes auf seine Motorik. Die Entwicklung der Körperkontrolle (hier synonym für Gehen lernen) vollzieht sich in einer relativ stabilen Reihenfolge von ungerichteten Massenbewegungen zu ersten Hals-Kopf-Stellreaktionen in den ersten drei Lebensmonaten. Bis zum siebten Lebensmonat ist die Kopfkontrolle aus allen Körperlagen, auch Sitzen und Stehen voll entwickelt. Um den dritten Lebensmonat lassen sich erste symmetrische Armbewegungen beobachten. Das Kind lernt ausgehend von den Beugemustern die Arme zu strecken. Um den fünften Lebensmonat kann das Kind seinen Kopf und den Oberkörper in Bauchlage auf gestreckten Armen halten. Parallel zur Armkontrolle lernt der Säugling über das unwillkürliche Strampeln innerhalb der ersten vier Lebensmonate seine Beine zu strecken. Im vierten Lebensmonat lernt das Kind über die zunehmende Rumpfkontrolle sich-vom Rücken auf den Bauch zu rollen. War dies anfangs eine passive Gesamtbewegung ohne Wirbelsäulenrotation, so wird dieses Bewegungsmuster allmählich immer differenzierter und ist bis zum sechsten Lebensmonat als willkürliche Drehbewegung ausgebildet. Mit zunehmenden Willkürbewegungen der Arme erwirbt das Kind als erstes Fortbewegungsmuster das Robben in der Bauchlage. Gleichzeitig hat es nach ungefähr einem halben Lebensjahr mit entwickelter Kopfkontrolle die Voraussetzung zum Sitzen lernen. In diesem Abschnitt werden die Abstützreaktionen der Arme geübt, bis sie sich als Reflexe manifestieren und lebenslang erhalten bleiben. Im Alter von neun Monaten hat das Kind gelernt, sich allein aufzusetzen, diese Position sicher zu halten und sich ggf. in alle Richtungen abzustützen.

Über das noch symmetrisch ablaufende Robben mittels der Arme entwickelt das Kind als Vorstufe zum Krabbeln das kreuzkoordinative Kriechen auf dem Bauch. Dieses Bewegungsmuster, das heißt ein Arm und das entgegen gesetzte Bein bewegen sich zeitgleich, wird mit Erreichen des Fersensitzes zum Krabbeln weitergeführt. Die meisten Kinder können um den 10. - 11. Lebensmonat krabbeln. Über das Hochziehen an Gegenständen lernt das Kind zu stehen und bald darauf macht es seine ersten seitlichen Gehversuche, wobei es sein Gleichgewicht unterstützt, indem es sich mit den Händen an Gegenständen (Wänden, Möbelkanten) festhält. Über diese Versuche lernt das Kind sich ohne Hilfe aufzurichten und um den ersten Geburtstag ist es in der Lage, erste freie Schritte zu machen.

Bis das Gehen als sehr komplexes Bewegungsmuster mit ausgewogenem Gleichgewicht, Rotation der Wirbelsäule, Abrollen der Füße voll ausgebildet ist, vergehen ca. drei bis vier Jahre. Die Bewegungsmuster Hüpfen und Laufen werden parallel mit erworben. Das Hüpfen entwickelt sich vom Landen auf der flachen Fußsohle bis zu einer differenzierten abgefederten Landungsfähigkeit und ist die Voraussetzung für das Laufen lernen. Hierfür benötigt das Kind die erworbenen Bewegungsmuster der Fußstreckung und der federnden Landung sowie ein sicheres Gleichgewicht und eine schon entwickelte Muskulatur der Beine. Den Abschluss in der Entwicklung dieses Bewegungsmusters bildet der Hopserlauf, der eine Kombination aus Laufen und Hüpfen mit guter Koordination erfordert.

Die Entwicklung der Handmotorik und des Greifens verläuft parallel zur gesamtkörperlichen Entwicklung. Auch an den Händen ist das Neugeborene mit einem starken Greifreflex ausgestattet. So kann man das Kind schon in den ersten Wochen an den Armen hochziehen, wenn man ihm einen Finger in die Hand legt. Es greift so fest zu, dass es sich hochziehen lässt. Erst nach ca. zwei Monaten lassen sich die Finger des Kindes strecken. Danach lernt es erste Gegenstände ulnar (mit Klein-, Ring- und Mittelfinger) mit einer Hand zu umfassen. Die andere Hand schließt sich dabei noch zur Faust. Diese Bewegung wird nur von Berührungsreizen ausgelöst. Die Handkontrolle ist eine sehr komplexe Bewegung, an der viele Muskelgruppen beteiligt sind, die erst allmählich vom Kortex kontrolliert werden. Um den vierten Lebensmonat beginnt sich der Greifreflex zu integrieren und das Kind lernt Gegenstände loszulassen, d. h. seine Finger zu strecken. Allmählich werden auch Daumen und Zeigefinger am Greifen beteiligt und das Kind kann beide Hände gleichzeitig nutzen.

In den nächsten Monaten lernt das Kind mit den fünf Fingerspitzen zu greifen und nur eine Hand zu benutzen. Die andere Hand ist nun auch nicht mehr unwillkürlich an der Bewegung beteiligt. Um den zehnten Lebensmonat erlernt das Kind den Pinzettengriff mit Daumen und Zeigefinger.

Parallel zur motorischen Entwicklung verläuft die Entwicklung der Wahrnehmungsbereiche. Damit gelingt nach und nach die Auge-Hand-Koordination und das Kind lernt begreifen, was es in den Händen hält. Die Handmotorik differenziert sich in den ersten Jahren weiter und entwickelt sich:

- vom innenrotierten Griff zum außenrotierten Griff
- vom palmaren Griff zum Fingergriff
- von maximaler Finger- und Ellenbogenstreckung zur passenden Streckung
- von der Schwierigkeit loszulassen zum freien Loslassen
- vom ulnar-palmaren Griff ohne Mitwirkung von Daumen und Zeigefinger über den radial- palmaren Griff mit Beteiligung aller Finger zum Fingergriff bis zum Pinzettengriff
- vom hoch angesetzten zum tief angesetzten Griff (Holle 1988, S. 51).

Über diese Entwicklungsschritte erlernt das Kind die Haltung von Essbesteck, Schreibzeug und Schere.

Zur gesamtmotorischen Entwicklung eines Kindes gehört auch die Entwicklung des Sprechens. Die Sprache des Menschen ist eine komplexe Fähigkeit an der Perzeption, Motorik und Kognition gleichermaßen beteiligt sind. Ihre Entwicklung verläuft aus diesem Grund zeitgleich in diesen Dimensionen und wird hier nicht separat aufgezeigt. Es wird zwischen der impressiven Sprache (dem Sprachverständnis), welches sich vorrangig mit der Entwicklung der perzeptiv-akustischen und kognitiven Fähigkeiten des Kindes herausbildet, und der expressiven Sprache (dem Sprechen), unterschieden. Das Kind wird durch die Bewegungen während seiner Nahrungsaufnahme, dem Saugen und Schlucken, die als Reflexe vorhanden sind, und später dem Kauen aber auch durch das Weinen, Atmen, Niesen und Gähnen motorisch auf das Sprechen vorbereitet. Gaumen, Zunge und die beteiligten Muskeln der Atmung werden trainiert. Das Sprechen beginnt mit Lautbildungen, die noch undifferenziert, später unter Einbeziehung von Lippen und Zunge differenzierter angewendet und geübt werden. Nach ca. sechs Monaten plappert das Kind und übt in dieser Zeit neue Lautverbindungen und differenziert dabei zunehmend seine Stimmstärke.

Laute können nach und nach in verschiedenen Lautstärken, Rhythmen und Tonhöhen variiert werden. Dieses ständige Üben stellt ein intensives Training von Motorik und auditiv- kinästhetischer Wahrnehmung dar. Durch diese Übung ist das Kind um das erste Lebensjahr in der Lage nicht nur eigene Laute zu erzeugen, sondern auch gehörte Sprachlaute nachzuahmen. Es wiederholt nun Silben und Worte, anfangs ohne ihren Inhalt zu erfassen, und verfügt mit zwei Jahren über einen Wortschatz von ca. 200 - 300 Wörtern. Dabei kann das Kind jedoch viel mehr Wörter verstehen (passiver Wortschatz) als selbst sagen (aktiver Wortschatz), denn die Sprechfähigkeit bestimmter Laute und Lautkombinationen entwickelt sich erst allmählich (Holle 1988).

Nach Erlernen der grundlegenden motorischen Fertigkeiten vervollkommnet und modifiziert das Kind diese, was wiederum die Basis für den Erwerb neuer Bewegungsmuster ist.

2.2 Kognitive Entwicklung

Die kognitiven Fähigkeiten und ihre Herausbildung im menschlichen Entwicklungsprozess werden im Folgenden skizziert. „Kognitive Prozesse können durch entsprechende gedankliche Konstrukte beschrieben werden, wie z. B. Wahrnehmung, Aufmerksamkeit, Gedächtnis, Denken, Problemlösung, Lernen, Sprache. Qualität und Quantität so genannter höherer kognitiver Prozesse [...] finden im Intelligenzbegriff ihren Niederschlag“ (Ziegler, Heller 2001, S. 272 ff.).

Die Komplexität kognitiver Prozesse und die Schwierigkeit diese direkt nachzuvollziehen, was oft nur über Äußerungen und Handlungen des Individuums möglich ist, sind Ursache für vielfältige, sich teilweise widersprechende Theorien menschlicher Intelligenz.

Nach Dörner „meint man im Bereich der Wissenschaft mit Denken wohl meist denjenigen geistigen Vorgang, in dem sich ein Individuum darum bemüht, einen Zielzustand zu erreichen, der mit eingefahrenen, gelernten Verhaltensweisen nicht erreichbar ist" (Dörner 1979, S. 95).

Piaget schafft mit seinem Stufenmodell die Grundlage für das heutige Verständnis der kognitiven Entwicklung. Die Herausbildung kognitiver Fähigkeiten entwickelt sich nach Piaget in folgenden Stufen:

- sensomotorische Intelligenz
- präoperationale Stufe
- operationale Stufe
- Stufe der formalen Operationen (Piaget 1973, S. 62 ff.).

Die sensomotorische Intelligenz: Sie stellt für Piaget die grundlegende Stufe der Intelligenz dar. Sie entwickelt sich in folgenden sechs Phasen, die unterschiedliche Formen der Koordination von Wahrnehmung und Motorik beinhalten:

Phase der Reflexe: Sie ist gekennzeichnet durch progressive Assimilation durch wiederkehrende, generalisierende und reproduzierende, nahezu unveränderliche Automatismen (Reflexe). Die Übung und Anwendung vorhandener Reflexe enthält nur minimale Akkomodationsmöglichkeiten an die Außenwelt.

Primäre Zirkulärreaktion: Die sich in dieser Phase entwickelnde Koordination von Handlungsschemata nennt Piaget „Zirkulärreaktion", er verwendet diesen Begriff als Funktionstätigkeit, die zur Repetition oder Neuentdeckung führt und definiert sie als erste erworbene und funktionale Betätigung eines Reflexes (Piaget 1991, S. 75). Diese stellen erste, auf den Körper bezogene Willkürreaktionen als Adaptationen dar. Die Bemühungen bringen Zufallsprodukte hervor, die beibehalten werden. Vorhandene Verhaltensschemata werden so neu koordiniert und bei visuellen Reizen antizipiert. Dies bildet für Piaget den ersten „Übergang zwischen dem organischen und dem intellektuellen Bereich" (Piaget 1991 S. 130).

Sekundäre Zirkulärreaktion: Diese Phase ist gekennzeichnet durch fortschreitende komplexer werdende Koordinationen von Verhaltensschemata. Sie sind jetzt als Reaktionen auf die Außenwelt gerichtet und werden möglich durch das Bewusstsein der Handlung. Die Handlungen sind primäre einfache Organbewegungen, die als abhängig vom eigenen Tun erfahren werden, weil die zufällige Wirkung der Handlung als ihr Ergebnis erlebt wird. Aus dem positiven Erleben dieser Wirkungen entwickelt sich das Bedürfnis nach Wiederholung als einfache Generalisierung des Verhaltens, als Bedürfnis etwas andauern zu lassen.

Piaget schreibt dieser Phase reziproke Assimilationen und progressive Akkomodation zu, als „gewollte und systematische Fixierung zufällig entstandener Differenzierungen" (ebenda, S. 182). Sie sind die ersten Erscheinungsformen von kognitiven Strukturen, die später als Klassen oder Begriffe bezeichnet werden.

Koordination sekundärer Verhaltensschemata und Anwendung auf neue Situationen: In diesem vierten Stadium geht es nicht mehr bloß um einfache Wiederholung von Verhaltensschemata, sondern um Unterordnung von Übergangsschemata unter ein Hauptschema, der Unterscheidung von Mittel und Ziel. Durch diese absichtliche Koordination bilden sich erste räumliche, zeitliche und kausale Beziehungen. Die Zuordnung von Mitteln zu bestimmten Zielen nennt Piaget praktische Intelligenz. Die Assimilation der Verhaltensschemata führt zur Ausbildung symmetrischer Serien, bei denen das Individuum lernt, die Gegenstände zu unterscheiden und sie miteinander in neue Beziehungen zu bringen. Die Entdeckung neuer Beziehungen kennzeichnet laut Piaget den größten Fortschritt der Akkomodation in diesem Stadium (ebenda, S. 247).

Tertiäre Zirkulärreaktion: Diese Phase beschreibt Piaget als „Experiment, um zu sehen", der Gegenstand wird endgültig unabhängig von der eigenen Handlung (ebenda, S. 264). Das Individuum versucht mit der Absicht etwas zu entdecken, sich den Gegenstand zu erarbeiten. Es sucht nach neuen Mitteln durch aktives Ausprobieren und bildet auf diese Weise neue Handlungsschemata. Es ist eine Phase von Versuch und Irrtum als progressive Akkomodation. Der Gegenstand wird in kohärente kausale und temporale Reihen eingeordnet. Das eigene konstruktive Element, das in dieser Phase vom Individuum eingebracht wird, bezeichnet Piaget als „erfindungsfähige Intelligenz" (Piaget 1991, S. 283).

Erfindung neuer Mittel durch kognitive Kombination: In dieser Entwicklungsphase, die Piaget als entscheidenden Punkt in der Intelligenzentwicklung ansieht, lernt das Individuum einsichtige Erfindungsakte aufgrund rein geistiger Kombination zu vollziehen (ebenda, S. 334). Diese kognitive Leistung vollzieht sich in rhythmischer Abwechslung der Neubildung von Verhaltensschemata und der Anwendung bekannter Mittel auf neue Situationen. Die neuen Situationen bringen Hindernisse zwischen den Absichten und der Zielerreichung. Das Individuum versucht adäquate Mittel zu finden und „sieht a priori durch geistige Kombination von Verhaltensschemata, noch bevor es sie versucht hat voraus, welche gelingen und welche misslingen werden" (ebenda, S. 342). Diese Erfindungen setzen Vorstellungen von Verhaltensschemata voraus, die das Individuum geistig neu kombiniert. Es ist ein Prozess sensomotorischer Deduktion durch spontane Reorganisation vorhandener Verhaltensschemata, ein ‚geistiges Experiment'. Bis zu diesem Entwicklungsstadium verändern sich die äußeren Einflüsse im kognitiven Prozess des Kindes:

- von Reizen (auf die mit Reflexen reagiert wurde)
- zu Signalen (die an eigene Bewegungen gebunden waren)
- zu Anzeichen (als konkrete Bedeutungsträger unabhängig vom eigenen Handeln)
- zu Zeichen und Vorstellungen (welche Eigenschaften von Gegenständen enthalten)
- zu symbolischen Bildern (die unabhängig von der eigenen Wahrnehmung sind) (Piaget 1991).

Piaget betrachtet in dieser Phase die sensomotorische Intelligenz als abgeschlossen. Nun beginnt für ihn die Entwicklung der rationalen Intelligenz. Er unterteilt diese in eine präoperationale, eine operationale Stufe und in eine Stufe der formalen Operationen.

Präoperationale Stufe: In diesem Abschnitt der kognitiven Entwicklung bleibt das Denken in hohem Maße an die konkrete Situation gebunden. Die Effekte von einzelnen Handlungen werden antizipiert, aber noch nicht analysiert und kombiniert. Das Individuum kann sich die Folge einer bestimmten Handlung in einer konkreten Situation vorstellen, kann diese aber weder kombinieren noch kognitive Alternativen erproben. Das Experiment wird nach der augenscheinlichsten Eigenschaft der Gegenstände in einer Dimension bewertet. Diese praktische Intelligenz sucht den Erfolg in der konkreten Handlung. In der präoperationalen Phase verwendet das Kind intern erzeugte Vorstellungen. Es ist die Phase der Als-ob-Spiele. Der in diese Phase integrierte Spracherwerb bietet dem Individuum einen neuen Weg für seinen Zugriff auf sensomotorische Gedächtnisinhalte. Das neue Sprachschema enthält neben den früher gespeicherten sensomotorischen Schemata auch eine semiotische Funktion. Beide werden nun als Komplexergänzung von Begriff und Bezeichnetes (konkreter Gegenstand) abgerufen. Sprache bildet dabei ein eigenes kohärentes System, welches über Strukturierungsregeln verfügt und über Sprachsymbole eigene Schemata bilden kann. Mit dem Erwerb der Sprache wird das Denken mit Begriffen und neuen Schemata ausgestattet. Es nutzt Begriffe und Beziehungen und bildet Regeln. Das verbal-begriffliche Denken kommt zu feststellenden Urteilen als Darstellung einer Handlung (Dörner 1979) Die praktische Handlung des Individuums bleibt in dieser Phase noch unter den schon verbal und begrifflich ausgedrückten Realitäten. Diese haben für die eigene Aktivität an sich noch keine Bedeutung. Das

Kind kann nicht in Worten und Begriffen über seine Handlungen nachdenken. Es muss in Wiederholung der sensomotorischen Adaptation in dieser Entwicklungsphase neue Koordinationen zwischen Assimilation (Wiederholungen der Handlungen) und Akkomodation (Veränderung vorhandener Schemata) vornehmen. Der Prozess verläuft als Assimilation der Realität an das Individuum mittels konkreter Lernerfahrungen und der Akkomodation an das Denken der anderen.

Die kognitive Entwicklung dieser Phase manifestiert sich in der Entwicklung der Kategorien für Sachverhalte. Steuerungsprinzipien sind die Analogieübertragung, die Anwendung gleicher Strukturen auf verschiedene Inhalte und die Transduktion als spezifische Formen der Komplexergänzungen interner Schemata (Dörner 1979). Diese stellen vorrangig Assimilationsleistungen dar. Für die präoperationale Entwicklungsphase unterscheidet Piaget drei charakteristische Denkformen:

- Realismus (Konfusion zwischen Innen und Außen, zwischen physischer und psychischer Welt, zwischen Denken und Sprechen) (Piaget 1931, S. 377)
- Animismus (Beseeltheit, Belebtheit aller Dinge aus der Umwelt)
- Artifizialismus („Glaube, dass alle Dinge durch den Menschen oder durch eine göttliche Aktivität nach Art der menschlichen Herstellungsprinzipien gemacht sind“ (Piaget 1974, S. 174).

„Zusammengenommen sind sie für den Egozentrismus des Kindes – also für eine Einschränkung in der Funktion des Denkens“ in dieser Phase verantwortlich (Aebli 1981, S. 8).

Operationale Stufe: In der konkret-operationalen Phase wird das Denken konkret. Es werden Gruppierungsgesetze durch Koordinationen von wenigstens zwei Dimensionen erworben (Experimente zur Mengen-, Flüssigkeits- und Gewichtsinvarianz, in Flammer 1996, S. 128).

Piaget versteht unter Gruppierungen Verbindungen von Operationen zu Operationsreihen, die bestimmten Regeln unterliegen:

- direkte Reihung (Ergänzung von Fehlendem zum Ganzen)
- Umkehrung (Reversibilität internen Probehandelns)
- Identität (Wiederherstellungsfähigkeit der Ausgangssituation)
- Tautologie (Effektgleichheit von Wiederholungen)
- Assoziativität (Verschiebung einzelner Operationen innerhalb von Operationsreihen ohne Einfluss auf den Effekt der ganzen Reihe)

Das Verständnis dieser Regeln erlaubt eine Flexibilisierung bei der Modifikation von Operationsreihen. Damit wird eine weitgehende Steuerung internen Probehandelns möglich. Das Individuum kann die in seinem Gedächtnis vorhandenen Operationsketten zerlegen, umgruppieren und neu zusammensetzen. „Das Kind befreit sich aus der Abhängigkeit der unmittelbaren Gebundenheit an die Situation“ (Piaget, Inhelder 1973, S. 130).

Diese Fähigkeit beschleunigt den Prozess der Kategorienbildung und der Erweiterung des sprachlichen Begriffsapparates des Kindes. Es kann nun verschiedene Merkmale beurteilen, miteinander in Beziehung bringen und klassifizieren. „Wir nennen jene Gruppierungen elementare Gruppierungen, die noch keinen kombinatorischen Charakter aufweisen“ (Piaget 1966, S.174).

„Kognitive Leistungen bleiben in dieser Phase aber immer „ausgangspunktfixiert, [der Ausgangspunkt ist] von essentieller Bedeutung als Ankerpunkt für den Denkprozess“ (Dörner 1979, S. 108).

Stufe der formalen Operationen: Diese Phase wird von Piaget als Endphase der kognitiven Entwicklung verstanden. Nun kann das Kind völlig unabhängig von einer konkreten Ausgangssituation hypothetisch mit Sachverhalten operieren. Piaget sieht dafür als Voraussetzung die Beherrschung der INCR-Gruppe an:

I = Identität (Mach es genau so!)
N = Negation (Mach es nicht mehr so, wie bislang!)
C = Correlation (Mach es in ähnlicher Weise!)
R = Reziprozität (Mach genau das Gegenteil!)

In dieser Phase werden geistige Operationen bewusst und das Nachdenken über das Denken möglich. „Es kann sein Denken zum Objekt seines Denkens machen, es kann mit Operationen operieren“ (Piaget 1966, S. 168). Der Fähigkeit zur kritischen Selbstreflexion und Selbstkontrolle schreiben Reither (1979), Dörner und Staedel (1979) und Dörner (1978) eine große Bedeutung für die Organisation des Denkablaufs zu.

Piagets Theorie bildet die Grundlage für weitere theoretische und empirische Arbeiten und leitet nach Oeveste (1987) mit Verweis auf Aebli (1981) eine „kognitive Wende“(Oeveste 1987, S. 13) in der Psychologie ein. Piagets strenge hierarchische Organisation der kognitiven Prozesse synchronisiert die Entwicklung von unterschiedlichen, inhaltlich trennbaren Bereichen der Kognition als übergeordnete Struktur. Obwohl diese Theorie Ausgangspunkt zahlreicher nachfolgender Forschungen und Weiterentwicklungen in den sechziger und siebziger Jahre des vergangenen Jahrhunderts ist, fehlte lange Zeit ein umfassender empirischer Nachweis, der von Lienert und Oeveste (1985) erstmalig mit 120 Kindern im Alter von 4 - 12 Jahren erbracht wurde. Ziel war es, Piagets Theorie durch empirische Daten zu bestätigen oder zu modifizieren. Im Zentrum der Untersuchung standen die hierarchischen Sequenzen der logischen, arithmetischen und raum-zeitlichen Operationen und ihre Altersmarkierungen. Zuvor waren in Arbeiten der Genfer Schule teilweise Revisionen an Piagets Theorie erfolgt, so dass die Frage nach der Gültigkeit einer gemeinsamen hierarchisch geordneten Struktur für das kognitive Entwicklungsverständnis immer bedeutsamer wurde. Auch der Einfluss des Lernens auf die kognitive Entwicklung wurde in den Nachfolgeforschungen von Sigel, Brodzinsky und Golinkoff (1981) sowie Brainerd (1983) untersucht. Sie weisen nach, dass Lernen die kognitive Entwicklung beeinflusst und die strukturellen Begrenzungen, welche Piaget und die Genfer Schule postulieren, weitaus geringer sind. Neben dieser Korrektur wird von Greenfield (1966), Maccoby und Modiano (1966, dt. 1971) sowie Greenfield, Reich und Olver (1966) das soziale und kulturelle Universalitätspostulat revidiert und ein nachhaltiger Einfluss der kulturellen Zugehörigkeit auf die kognitive Entwicklung nachgewiesen. Ihnen zufolge scheint die kognitive Bewältigung der Umwelt in verschiedenen sozialen Kontexten unterschiedlich zu verlaufen, in Abhängigkeit von den jeweiligen Herausforderungen.

Piagets hierarchische Strukturen sind somit keine festgelegten geschlossenen Systeme, sondern Entwicklungsmöglichkeiten. Damit belegen ihre Ergebnisse den Standpunkt amerikanischer Lernpsychologen, welche in der Strukturtheorie das Fehlen von Lerneinflüssen kritisieren. Lienert und Oeveste (1985) revidieren die kognitive Entwicklungstheorie Piagets differenziert und warnen vor einer Verallgemeinerung des entwicklungspsychologischen Stufenmodells. Sie widerlegen die Hypothese einer Entwicklungssymmetrie kognitiver Strukturen. Auch ihre Ergebnisse hinsichtlich der Altersmarkierungen unterscheiden sich teilweise erheblich von Piagets Vorgaben. In ihrer Auswertung stellen sie den Sinn einer übergeordneten Untergliederung einzelner Konzepte der kognitiven Entwicklung in Frage und entwerfen ein Modell von fünf hierarchischen Ebenen der kognitiven Entwicklung:

- 1 Kindergartenalter: einfache Klassifizierung, Verständnis zeitlicher Sukzession und Dauer
- 2 Vorschulalter: einfache Seriation, kardinale Korrespondenz, einfache euklidische Beziehungen
- 3 frühes Grundschulalter: Invarianz der Substanz, multiple Seriation, einfache projektive Beziehungen
- 4 mittleres Grundschulalter: Invarianz des Gewichts und des Volumens,

multiple Klassifizierung, ordinale Korrespondenz, komplexe euklidische Beziehungen
- 5 spätes Grundschulalter: Verständnis der Klasseninklusion, multiple projektive Beziehungen (Oeveste 1987, S. 136).

Nach dem skizzierten Forschungsstand ist die kognitive Entwicklung von Mehrdimensionalität geprägt und unterliegt vielfachen kulturellen und sozialen Einflüssen, einschließlich des Lernens. Es gibt „deutliche Hinweise darauf, dass mit vielfältigen Entwicklungsverzweigungen und differenzierten Hierarchien in Teilpopulationen zu rechnen ist [und] der Prägnanz gemeinsamer Entwicklungshierarchien kognitiver Teilkonzepte sehr enge Grenzen gesetzt sind" (Oeveste 1987, S. 141).

Die Kognitionsforschung der vergangenen 30 Jahre hat übereinstimmend die Bedeutung des Lernens als eigenaktiven Selbstbildungsprozess hervorgehoben (Gopnik, Kuhl, Meltzoff 2001, Spitzer 2007, Hüther 2007, Roth 2007) Die Wissenschaftler kennzeichnen diesen als konstruktivistischen Prozess, in dessen Verlauf aus äußeren Eindrücken und Erfahrungen kognitive Repräsentationen entstehen und permanent verändert werden. Dabei kooperieren genetische und epigenetische Faktoren in untrennbarem Wechsel, sodass eine Unterscheidung unmöglich ist (Singer 2007, S. 70). Entscheidend für die individuellen Repräsentationen ist die Umgebung. Sowohl das Ausmaß des Explorationsverhaltens, welches ebenfalls von der Umweltsituation abhängt, als auch die Umweltreize selbst, bestimmen den Habituationsverlauf. Die Forscher sind sich einig darin, dass die Reize optimal aufgenommen und verarbeitet werden können, wenn sie in der Zone der nächsten Entwicklungsschritte liegen und eine geringe Diskrepanz zu vorhandenem Wissen aufweisen, also die äußeren Reize auf die sensiblen Phasen der Hirnentwicklung abgestimmt sind (Kasten 2003, S. 63). Die Wissenschaftler betonen in diesem Zusammenhang die Bedeutung des ko-konstruktivistischen Verhaltens der Betreuungspersonen besonders in den ersten Lebensmonaten. Neben seinem aktiven Explorationsverhalten erwirbt das Kind über seine Imitationsfähigkeit kognitive Schablonen des Verhaltens zu anderen Menschen, des Umgangs mit Dingen seiner Umgebung und der Sprache. Das ko-konstruktivistische Verhalten seiner Bezugspersonen, z. B. die Ammensprache, erleichtert dem Kind diesen eigenaktiven Prozess (Gopnik, Kuhl, Meltzoff 2001).

2.3 Emotionale Entwicklung

„Emotion ist ein aus mehreren Komponenten bestehender Prozess, der wichtige Funktionen für das Überleben und die Daseinsbewältigung des Organismus erfüllt. Emotionale Prozesse dienen hauptsächlich als Schnittstelle zwischen der Umwelt und dem Organismus“ (Scherer 1979, S. 212). Unter diesem Blickwinkel bewerten die Emotionen die permanenten Umweltreize und stimmen diese mit den psychischen Zuständen des Individuums ab. Sie sind die Vorbereiter von Handlungen. Emotionen trennen die Reizaufnahme von der Verhaltensreaktion, indem sie eine flexible und differenzierte Reizbewertung ermöglichen. In diesem Zeitfenster wird eine Auswahl zwischen Handlungsalternativen getroffen, welche auch die Bewertung möglicher Handlungsfolgen einschließt. Das Ergebnis ist eine hohe Flexibilität hinsichtlich einer Einschätzung und Neubewertung von Umweltreizen und Situationen (Scherer 1979, S. 214) Die bewertende Funktion der Emotionen hat eine große Bedeutung bei Lernprozessen.

Reize welche in der Vergangenheit negative Emotionen hervorgerufen haben, werden künftig vermieden, positive Reize werden gesucht. Emotionen werden von körperlichen Gefühlszuständen begleitet, die sich in der frühkindlichen Entwicklung differenzieren. Rudimentäre Strukturen entwickeln sich zu komplexen und differenzierten emotionalen Mustern. Emotionen entwickeln sich immer im Zusammenhang mit den anderen Systemen. Laut Sroufe (1979) kann die emotionale Entwicklung eines Kindes kaum von seiner kognitiven und sozialen Entwicklung getrennt werden, da diese Systeme sich gegenseitig beeinflussen und in ihrer Entwicklung aufeinander beruhen. Frühe emotionale Forschungen von Darwin (1872) sowie Watson und Rayner (1920) befassen sich mit der emotionalen Entwicklung im ersten Lebensjahr. Bridges (1932) stellt eine Differenzierungshypothese auf, laut der die verschiedenen Emotionen sich allmählich aus einem vagen und undifferenzierten emotionalen Zustand der Erregung entwickeln. Die Art der emotionalen Verhaltensreaktion für jede spezifische Emotion verändert sich langsam mit der Entwicklung der Fähigkeiten und Gewohnheiten des Kindes. Emotionales Verhalten wird auf verschiedenen Altersstufen durch unterschiedliche Situationen ausgelöst, wobei Situationen, die eine bestimmte Emotion zur Folge haben, einander gleichen (Bridges 1932, S. 324 ff.) Nachfolgende Forschungen von Spitz (1959) sowie Emde, Gaensbauer und Harmon (1976, S. 23) befassen sich mit den ‚behavioral shifts‘, den Entwicklungssprüngen in der menschlichen Entwicklung, die sich anhand differenzierterer emotionaler Verhaltensweisen verfolgen lassen.

Die kognitiv-aktivationale Differenzierungstheorie von Sroufe (1979) betont das integrative Zusammenspiel von kognitiven und sozialen mit den affektiven

Faktoren. Er belegt, dass kognitive Interpretationen die emotionalen Reaktionen steuern. Dies bestätigen auch ARNOLD (1960) und MANDLER (1979). Daraus postuliert SROUFE eine enge Beziehung zwischen Stadien der emotionalen Entwicklung und bedeutsamen Stufen kognitiver und sozialer Entwicklung. Er setzt die von PIAGET vorgenommenen Stadien der kognitiven Entwicklung und die von SANDER (1962, 1969) vorgeschlagenen Stufen der sozialen Entwicklung mit der emotionalen Entwicklung synoptisch in Beziehung (Sroufe 1979, S. 476). In seiner Theorie der diskreten Emotionen betont IZARD (1971) die grundlegende Bedeutung von Emotionen für die menschliche Persönlichkeit. Er geht von etwa acht bis zehn grundlegenden Emotionen aus, die sich aufgrund von Reifungsprozessen entwickeln und nur sekundär Lernerfahrungen darstellen. IZARD betont ebenfalls die enge Beziehung zwischen kognitiver, sozialer und emotionaler Entwicklung und geht davon aus, dass Emotionen die Informationsverarbeitung und Reaktionsbereitschaft beeinflussen und in den jeweiligen Entwicklungsstadien bestimmte Arten von Lernprozessen und Entwicklungsfortschritten darstellen.

Emotionen sind nach ULRICH und MAYRING (1992) subjektive Erlebniszustände, die in primäre und sekundäre Emotionen unterschieden werden. Zu den primären Emotionen gehören nach DAMASIO (2000) Freude, Trauer, Angst oder Furcht, Ärger, Überraschung und Ekel. Sie stehen in direktem Bezug zur Umwelt. Ihr Erleben und vor allem der kompetente Umgang mit ihnen in sozialen Bezügen werden als emotionale Entwicklung verstanden. Emotionale Entwicklung teilt sich nach WERTFEIN (2007) in drei Fertigkeitsbereiche, die sich unter permanenter gegenseitiger Beeinflussung gleichzeitig entwickeln:

- Emotionsausdruck nonverbal und sprachlich (eigene und emotionsrelevante Ausdrucksformen der Bezugspersonen)
- Emotionswissen (über Auslöser von Emotionen)
- Emotionsregulation (innere und äußere Strategien) (Wertfein 2007, S. 2).

In allen drei Fertigkeitsbereichen erwirbt das Kind in den ersten Lebensmonaten zunächst nonverbale Kenntnisse und Fähigkeiten. Über sprachliche Gefühlsäußerungen ab dem 2. Lebensjahr erweitert sich sein Repertoire und das Kind ist in der Lage anhand der Versprachlichung emotionalen Erlebens konkreter Situationen emotionale Schablonen zu entwickeln. Diese stellen wichtige Informationen bereit, durch die das Kind spätere emotionale Situationen und Reaktionen von anderen Menschen einschätzen, voraus sehen und sich entsprechend verhalten lernt (Ulich, Kienbaum, Volland 1999). Sie bilden damit die Grundlage des kindlichen emotionalen Wissens. Emotionsregulation erlernt das Kind durch soziale Interaktion. PETERMANN und WIEDBUSCH (2003) kennzeichnen neben dem kindlichen Temperament die familiären Einflüsse als bedeutsame Faktoren emotionaler Entwicklung. Von einer internalen Emotionsregulation lernt das Kind über emotionale Kommunikation die Anwendung sozialer Darbietungsregeln, welche als externale Emotionsregulation bezeichnet wird (ebenda, S. 56). Forschungen belegen, dass gerade mit Fokus auf unangenehme Gefühle wie Wut, Trauer, Enttäuschung das Repertoire an Regulationsstrategien als wichtige Ressource zu werten ist. So belegt Wertfein (2006) dass Kinder mit guter Emotionsregulation von ihren sozialen Kontaktpersonen als prosozialer, kooperativer und kompetenter wahrgenommen werden. Auch Petermann und Wiedbusch (2003) sowie Eisenberg et al. (2000) kommen zu Ergebnissen, dass Kinder mit eingeschränkter Emotionsregulation bei Gleichaltrigen eher unbeliebt und darum in ihrer sozialen Entwicklung als beeinträchtigt zu sehen sind. Laut Murphy et al. (2004) bleiben diese Zusammenhänge zwischen emotionalen und sozialen Kompetenzen zwischen 6 und 12 Jahren stabil und korrelieren mit dem Schulerfolg der Kinder.

Einen wesentlichen Meilenstein stellt die Entwicklung der Empathiefähigkeit des Kindes dar. Diese ist eng an kognitive Fähigkeiten gebunden. Sie entwickelt sich von Ich-bezogener Sichtweise zur kontextbezogenen Empathie, welche auch die Lebenssituation des Gegenübers einschließt. Hoffmann (2000) sieht einen engen Zusammenhang zwischen Empathie und erworbenen emotionalen Darbietungsregeln, welche das Wissen impliziert, dass in bestimmten Situationen die tatsächlichen Gefühle verborgen werden können oder sollten. Hoffmann (2000) entwickelt ein Stufenmodell für Kinder bis zu sechs Jahren:

- 1. Lebensjahr: globale Empathie (Gefühle werden durch emotionale Situationen hervorgerufen)
- 2. - 4. Lebensjahr: egozentrische Empathie (aus eigenem Erleben, später Vermischung mit fremden Gefühlen, Beginn prosozialen Verhaltens)
- 4. - 6. Lebensjahr: emotionale Empathie (eigene und fremde Gefühle werden differenziert, reziproke Perspektivübernahme möglich)
- ab dem 7. Lebensjahr: kontextuelle Empathie (unterschiedliche Situationen, Kontexte werden berücksichtigt) (Hoffmann 2007, S. 3).

Emotionale Entwicklung ist eng an soziale Kontakte gebunden, denn emotionales Lernen ist Imitationslernen und die Kontaktpersonen sind dafür das Vorbild. Laut Golemann (2002) spiegelt ein Kind zuerst nur die emotionalen Äußerungen der Kontaktperson und lässt sich von deren Gefühlen anstecken. Dabei lernt es allmählich, seine eigenen Befindlichkeiten zu erkennen und auszudrücken. Wichtigstes Vorbild ist die engste Kontaktperson (Mutter), zu ihr entwickelt sich das so genannte ‚Bonding'-Sicherheitsgefühl oder Urvertrauen, eine Bindung, die auch anhält, wenn die Mutter nicht anwesend ist. Dieser

Bindungsaufbau ist ein phylogenetisch entstandener Prozess zur Selbst- und Arterhaltung des Menschen. Forscher sprechen heute von einer angeborenen Prädisposition, sich an eine Bezugsperson zu binden. Diese erste Bindung ist eine neuronale Schablone für alle weiteren sozialen Kontakte. Je positiver und stabiler sie ist, desto mehr positive Verstärker hat ein Kind und desto besser sind Wohlbefinden, Selbstvertrauen und damit nach Bowlby (1980) und Ainsworth et al. (1978) sein Explorationsverhalten, die Offenheit für seine Umwelt. Frühe Bindungserfahrungen bilden die Grundlage späterer sozialer Kontakte.

Ainsworth et al. (1978) und Main (1995) unterscheiden vier Bindungstypen, die sich in Abhängigkeit vom Verhalten der Mutter oder der anderen engsten Bezugsperson, in den ersten Lebensmonaten entwickeln:

- sicher gebundene Kinder
- unsicher-vermeidend gebundene Kinder
- unsicher-ambivalent gebundene Kinder
- desorganisiert, desorientiert gebundene Kinder.

Bowlby und Ainsworth et al. (1978) unterscheiden dabei vier Entwicklungsphasen der sozial-emotionalen Bindung:

- Vorphase (0 - 3 Monate): Das Kind sendet undifferenzierte Bindungssignale an alle Kontaktpersonen
- Phase der personenunterscheidenden Ansprechbarkeit (3 - 6 Monate): Das Kind zeigt differenziertes Verhalten und die Bevorzugung einer Kontaktperson, meist der Mutter
- Phase der eigentlichen Bindung (7. Monat bis 3 Jahre): Das Kind strebt nach aktivem Kontaktaufbau und sucht die räumliche Nähe zur engsten Bezugsperson
- Phase der zielkorrigierten Partnerschaft (ab dem 3. Lebensjahr): Dem Kind gelingt aktive Einflussnahme auf das Verhalten des Bindungspartners.

Positive Bindungserfahrungen beeinflussen das spätere Sozialverhalten und das sich entwickelnde Selbstkonzept (Thompson 1999). Die emotional-motivationalen Gehirnsysteme, die dabei aktiviert werden, beeinflussen durch hormonelle Reaktionen die Entwicklung des Gehirns. Positive Emotionen unterstützen durch ihre körperlichen Zustände kognitive Lernprozesse. Durch das aktivere Explorationsverhalten (Bowlby 1980) haben die Kinder optimalere Voraussetzungen für das Erkunden der Umwelt und vielfältigere soziale Kontakte, die für das Lernen des Kindes wichtige Voraussetzungen darstellen. Negative Gefühle unsicher gebundener Kinder tragen zu verstärktem Bindungsverhalten bei und vermindern damit die Qualität und Quantität des Explorationsverhaltens und die Lernerfahrungen dieser Kinder. Das Wissen über Gefühle im Sinne von subjektiven Erfahrungen stammt aus verbalen Äußerungen der Menschen über ihre Bewusstseinsinhalte. In den vorsprachlichen Entwicklungsphasen von Kindern muss die Wissenschaft darum auf messbare oder äußerlich sichtbare Kriterien zurückgreifen um nonverbale emotionale Äußerungen analysieren zu können. Untersuchungen zur emotionalen Entwicklung von kleinen Kindern wiesen in der Vergangenheit stark spekulative Aspekte auf.

Schon Wolff (1966) weist auf vorhandene Schwierigkeiten hin, Emotionszustände von Kleinkindern anhand ihrer lautlichen und motorischen Ausdrucksäußerungen eindeutig zuzuordnen. Oster und Ekman (1977) messen der kindlichen Mimik die größte Bedeutung zur Untersuchung emotionaler Entwicklungsstände bei. Ekman und Friesen (1978) entwickeln daraufhin ein Kodierungsschema, welches die Gesichtsmuskelkontraktionen kodiert, um danach anhand eines Konfigurationsschemas auf Emotionszustände zu schließen. Stern et al. (1975) und Schaffer (1977) untersuchen emotionale Zustände anhand der Lautäußerungen der Kinder.

Ausgehend von Darwins Forschungen untersuchen Green (1975) und Scherer (1977) Zusammenhänge von emotionalen Zuständen und Lautäußerungen. Lewis und Brooks (1978) kommen zu der Vermutung, dass unterschiedliche kulturelle Normen und Sozialisationspraktika starke Unterschiede zwischen Emotionen und ihren physiologischen Ausdrücken hervorrufen und darum nicht verallgemeinernd analysiert werden können, sondern immer im jeweiligen sozialen Kontext zu verstehen sind.

2.4 Soziale Entwicklung

„Soziales Verhalten umfasst einen Komplex von Verhaltensweisen, der sich auf Kenntnis von Regeln des Zusammenlebens, das Übernehmen von alters- und geschlechtsspezifischen Rollen und der damit verbundenen Verhaltensnormen sowie die Entwicklung sozialer Einstellungen bezieht“ (Seiffge-Krenke 1979, S. 254). Soziales Verhalten, welches durch unterschiedliche Sozialpraktika erworben wird, ist abhängig von Standards, Normen und Konventionen der jeweiligen Kultur. Soziale Entwicklung beschreibt das Hineinwachsen in soziale Beziehungsnetze und die kulturelle Umwelt wie Familie, Kindergarten, Schule und Gesellschaft. Als soziale Kompetenzen werden darum das Wissen und die notwendigen Verhaltensweisen bezeichnet, die dafür wichtige Voraussetzungen sind (Heim, Stucke 2003) Diese Kompetenzen und Verhaltensweisen entwickeln sich in einem lang andauernden Lernprozess mit sich permanent verändernden Interaktionen. Soziale Entwicklung beginnt nach Gopnik, Kuhl und Meltzoff (2001) mit der Fähigkeit des Säuglings zwischen Gegenständen und Personen zu unterscheiden. Laut Meltzoff s Experimenten sind dazu schon Neugeborene in der Lage. Das Baby entwickelt zunächst ein noch unspezifisches Interesse an sozialer Stimulation. Erste soziale Interaktion findet laut Spitz (1960) mit dem so genannten Antwortlächeln (Smiling-response) des Säuglings statt. Das Gesicht der Bezugspersonen stellt die erste Kontaktbrücke für den Säugling dar. Er lernt auf unterschiedliche Gesichtsausdrücke zu reagieren, Gesichter voneinander zu unterscheiden und nach Lewis (1977) in den ersten 24 Monaten sein eigenes Gesicht zu erkennen. Papoušek formuliert dazu: „Der menschliche Säugling ist im biologischen Vergleich in Bezug auf seine integrativen und kommunikativen Fähigkeiten ein Frühentwickler, der aus dem frühen dyadischen Austausch optimal profitieren kann, wenn seine Fähigkeiten und Grenzen und Entwicklungsprozesse darauf abgestimmt sind“ (Papoušek 1994, S. 34). Schon die Entwicklung des ersten Antwortlächelns ist umweltabhängig von der Stimulation. Ambrose (1969) weist nach, dass bei Heimkindern dieser Prozess verzögert abläuft. Dies bestätigt frühere Forschungen von Harlow (1965), der bei Kindern ohne mütterliche Zuwendung und ausreichenden Ersatz auffallende Entwicklungsveränderungen im motorischen, intellektuellen und emotionalen Verhalten diagnostiziert, die sich laut Tizard und Joseph (1970), Langmeier und Metejcek (1970) sowie Ispa (1977) in gravierenden Retardierungen manifestieren.

Die ersten sozialen Verhaltensweisen werden mit den Begriffen ‚attachment‘ (als Anhänglichkeit und Bindung) und ‚dependency‘ (als Suche nach körperlicher Nähe zu Personen) besetzt. Das Baby versucht über aktives Verhalten (lächeln, strampeln, schreien) engen physischen Kontakt herzustellen bzw. zu erhalten. Diese Phase wird laut Müller-Braunschweig (1975) in die zwei Abschnitte ‚undiskriminiertes attachment‘ (jede Person wird Gegenständen vorgezogen) und ‚spezifisches attachment‘ (Bindung an eine spezifische bevorzugte Pflegeperson) unterteilt. Spitz (1973) führt den Begriff ‚Dialog‘ für die frühen Interaktionen zwischen Mutter und Kind ein, um den Prozess der Aktion-Reaktion-Wideraktion zu beschreiben. Müller-Braunschweig schreibt der Mutter eine ‚Spiegelfunktion‘ für das emotionale und soziale Erleben des Säuglings zu. „Der Säugling (kann) sich nur freuen, wenn die Mutter sich freut“ (Müller-Braunschweig 1975, S. 67). Berk (2003) verknüpft die Fähigkeit des emotionalen Ausdrucks von Kleinkindern mit der Entwicklung ihrer Wahrnehmungsfähigkeit emotionaler Hinweisreize bei ihren Bezugspersonen. Sie spricht von „emotionaler Ansteckung“ (Berk 2003, S. 241).

Der Nachweis so genannter Spiegelneuronen oder „Empathie-Neuronen“ (Ramachandran 2006, S.108) durch die Neurowissenschaften im ausgehenden

20. Jahrhundert liefert für diese Theorie den biologischen Beweis und die wahrscheinliche Voraussetzung zur zielgerichteten Nachahmung und damit zur Entwicklung von Sprache, Empathie und dem Erwerb sozialer Verhaltensweisen und kultureller Techniken. Gopnik, Kuhl und Meltzoff (2001) konnten nachweisen, dass Kinder schon in den ersten Lebensmonaten Gesichtsausdrücke, Stimmungen und Reaktionen ihrer Bezugspersonen differenziert wahrnehmen und sich entsprechend verhalten. Später regulieren sie bewusst diesen Imitationsprozess, indem sie auf Dinge oder Personen zeigen und die Reaktion ihrer Bezugsperson beobachten, um diese adäquat einzusetzen. Dieser Prozess wird als soziale Bezugnahme definiert und stellt ein wirkungsvolles Lernwerkzeug dar (Berk 2003). Nach Hurlok (1964, dt. 1970) sowie Brook und Lewis (1974) erleichtert diese Imitationsleistung den Aufbau neuer sozialer Kontakte.

Eine gelungene frühe Interaktion verhilft dem Baby zur Entwicklung eines Gefühls der Sicherheit und des Urvertrauens, welches nach Erikson für die soziale Entwicklung notwendig ist. Die frühe Interaktion zwischen Mutter und Kind verhilft dem Säugling zum Aufbau von kognitiven Schemata, einem inneren mütterlichen Bild, das auch in deren Abwesenheit Schutz und Sicherheit vermittelt und den Aufbau von Schemata für soziale Reaktionen zu anderen Personen ermöglicht. In der weiteren Entwicklung verändern sich die ‚attachment structures' von proximalen (enger körperlicher Kontakt, Berührungen) zu distalen Formen (anblicken, lächeln, sprechen). Cairns (1979) findet die proximalen Formen unter gleichaltrigen Kindern bis zu maximal vier Jahren, danach sinken sie abrupt ab, während die distalen Formen zunehmen. Piaget (1972) und Müller-Braunschweig (1975) erklären dies mit kognitiven Lernprozessen, welche die zunehmende Differenzierung sozialer Normen ermöglichen und mit emotionaler Entwicklung, in welcher die Person sich als eigenständig definiert und soziale Kontakte nicht mehr ausschließlich über Körperkontakt hergestellt werden müssen.

Seiffge-Krenke hat für die soziale Entwicklung vom 2. Lebensjahr bis zum Schuleintritt folgende Aspekte zusammengefasst, die sich sowohl quantitativ verändern als auch neue Qualitäten erreichen:

- Enge des körperlichen Kontaktes
- Kenntnis sozialer Normen und Regeln
- Fähigkeit zur Antizipation der Perspektive anderer Interaktionspartner
- direkte und indirekte aggressive Auseinandersetzung
- Kooperation und Kompention
- Struktur der Freundschaftsbeziehungen
- Struktur der Beziehungen zu den Eltern (Seiffge-Krenke 1979, S. 266 f.).

Mit zunehmenden Fähigkeiten sich in andere hinein zu versetzen und deren Verhalten und Gefühle zu antizipieren, gelingt es dem Kind besser reziproke Beziehungen aufzubauen und Kontakte zu Gleichaltrigen zu suchen (Piaget 1972). Die Rückentwicklung des kindlichen Egozentrismus und der Aufbau sozialer Perspektiven ist ein komplexer längerfristiger Lernprozess, den PIAGET (1923) noch als ein „Umkippen" definiert. MEAD (1973) und KELLER (1976) widerlegen dies mit ihrem Prozessverständnis.

Sowohl die zunehmende kognitive Differenzierungsfähigkeit als auch Verstärkungsmechanismen der Erwachsenen und durch die Gleichaltrigengruppen (Peers) beeinflussen die Entwicklung kooperativen Verhaltens und die Reife des moralischen Urteils. PIAGET (1932) formuliert zwei Stufen der moralischen Entwicklung von heterogener Moral (moralische und soziale Normen sind von Eltern vermittelt und unantastbar) zur autonomen Moral (Normen beruhen auf Übereinkünften, zuerst mit Gleichaltrigen, und sind veränderbar). MEAD (1973) führt diesen Ansatz weiter und gesteht bei dieser Entwicklung der Sprache eine besondere Bedeutung zu.

In den 50er Jahren des vergangenen Jahrhunderts werden die Entwicklungen von Vorstellungen über Selbstbewusstsein, Freundschaft, Peer-Gruppe, Autorität und Gerechtigkeit untersucht (Damon 1984, Selman 1984). Von grundlegender Bedeutung für alle sozial-kognitiven Prozesse wird die Entwicklung der Fähigkeit der Perspektivübernahme gesehen. SELMAN (1982) entwickelt dazu ein Stufenmodell für Kinder zwischen 4 und 12 Jahren:

1. Stufe: Kinder können zwischen Selbst und Anderen unterscheiden
2. Stufe: Kinder erkennen, dass Andere einen anderen Standpunkt haben
3. Stufe: Kindern gelingt die reziproke Perspektivübernahme
4. Stufe: Perspektivübernahme in wechselseitigen Bezügen möglich

DOYLE (1975) und CAIRNS (1979) können sowohl die Zunahme kooperativer wie auch aggressiver Verhaltensweisen durch den Einfluss von Verhaltensmodellen und Verstärkerplänen nachweisen und damit das Imitationslernen von sozialem Verhalten bestätigen. Die Entwicklung des moralischen Bewusstseins wird von KOHLBERG (1996) auf der Grundlage von PIAGETS Entwicklungstheorie erklärt. Er konstruiert dazu ein Stufenmodell:

Vorkonventionelles Niveau:
1. Stufe: Bezugspunkt für moralische Beurteilung ist der materielle Nutzen oder Schaden im Sinne von Bedürfnisbefriedigung
2. Stufe: Optimale Bedürfnisbefriedigung für alle

Konventionelles Niveau:
3. Stufe: Erwartungen einer bestimmten Gruppe werden zum Bezugspunkt
4. Stufe: Bezugspunkt ist die gegebene soziale Ordnung
Postkonventionelles Niveau:
5. Stufe: Bewusstsein orientiert sich an dem Gedanken des Vertrages und des konsensuellen Rechts
6. Stufe: Orientierung an universellen ethischen Prinzipien wie Würde der Person.

KOHLBERGS Thesen werden in nachfolgenden Untersuchungen von UHL (1996) sowie von GARZ, OSER und ALTHOF (1999) relativiert. Die moralische Entwicklung wird durch Erfahrungen aus der Umwelt angeregt und damit werden mehrere Entwicklungspfade möglich. Die Strukturtheorien PIAGETS und KOHLBERGS erweitern HOERNING (2000) und GEULEN (2000) in ihren Untersuchungen auf den gesamten Lebenslauf des Menschen. Auch der soziale Konstruktivismus, in dessen Fokus die durch Interaktionen konstruierten subjektiven Strukturen sozialen Zusammenlebens stehen, berücksichtigt die unterschiedlichen situativen Randbedingungen, unter denen sich die Interaktionen ergeben (Grundmann 1999, Breidenstein, Kelle 1998).

Für ROTH (2007) beginnt soziale Entwicklung schon vorgeburtlich, weil schon während der Schwangerschaft soziales Verhalten der Mutter und ihrer Bezugspersonen als differenzierte Reize vom Embryo oder Fötus aufgenommen und gespeichert werden.

2.5 Entwicklungstheoretische Grundannahmen

Für diese Arbeit wird von folgenden entwicklungstheoretischen Grundannahmen ausgegangen:

I. Die Entwicklung der Persönlichkeit ist biologisch präformiert. Das heißt, dieser lebenslange Prozess wird vom genetischen Erbe des Menschen, von seinen Wachstums- und Reifungsprozessen beeinflusst.

II. Menschliche Entwicklung vollzieht sich ab ihrer Konzeption in eigenaktiver Auseinandersetzung mit Einflüssen der physikalischen und sozialen Umwelt. „Die menschliche Persönlichkeit bildet sich in keiner ihrer Dimensionen gesellschaftsfrei heraus, sondern stets in einer konkreten Lebenswelt, die historisch vermittelt ist und die sich auf die Entfaltung der Persönlichkeitsmerkmale auswirkt" (Hurrelmann 1998, S.15).

III. Jede Persönlichkeit entwickelt einen individuellen charakteristischen Weg der Auseinandersetzung mit der sozialen und materiellen Umwelt sowie des Selbst- und Welterlebens (Bronfenbrenner 1976)

IV. Die menschliche Entwicklung verläuft als ganzheitlicher, komplexer Prozess, in dem die einzelnen Dimensionen der Persönlichkeit lebenslang dem Prinzip der Interdependenz unterliegen.

3. Sozialisationsverständnis

Die Sozialisation stellt einen wesentlichen Einflussfaktor im menschlichen Entwicklungsprozess dar. Einzelne Sozialisationsbereiche von Kindern und ihr Einfluss auf deren Entwicklung werden in dieser Untersuchung analysiert. Aus diesem Grund werden in einem Abriss die Entwicklung der Sozialisationsforschung und ihr aktueller Wissensstand dargestellt.

3.1 Sozialisationsbegriff

„Menschen, die in verschiedenen Kulturen, Gesellschaften, Milieus, auch in verschiedenen historischen Epochen aufgewachsen sind, unterscheiden sich voneinander hinsichtlich ihres Verhaltens, ihrer Denkweisen, ihrer Wertvorstellungen und vieler psychologischer Merkmale. [...] Diese Unterschiede hängen offenbar mit bestimmten Gegebenheiten und Erfahrungen unserer Kindheit und Jugend zusammen [...] Die Gesamtheit dieser Prozesse nennt man Sozialisation" (Geulen 2002, S. 83).

Geulen umschreibt damit das Themenfeld, in dem Wissenschaftler die Einflüsse der menschlichen Kultur auf die ontogenetische Entwicklung untersuchen. Hier wird dabei eindeutig von der Umwelt als Einflussfaktor ausgegangen und nach der Art und Weise ihrer Einflussnahme geforscht. Menschlicher Entwicklungsprozess ist also immer auch Sozialisationsprozess. „Er umfasst [...] alle Prozesse der Persönlichkeitsgenese, in denen Umweltbedingungen relevant sind, bzw. die Gesamtheit aller entsprechenden Lernprozesse, gleichgültig, ob diese bewusst oder von irgendwem gewünscht und geplant sind, ob andere direkt daran beteiligt sind oder nicht" (Geulen 2002, S. 86).

Diese Aussage beinhaltet ein sehr komplexes Verständnis von Sozialisation. Um diese Komplexität erfassen, erforschen und ggf. beeinflussen zu können, versuchen unterschiedliche Schulen der menschlichen Sozialisationsforschung differenzierte Umwelt-Modelle zu entwickeln. Diese erklären das Hineinwachsen in eine Gesellschaft als lebenslangen Prozess, der in primäre, sekundäre und tertiäre Sozialisation unterschieden werden kann.

Primäre Sozialisation findet hauptsächlich in der Familie und im Kontakt zu Gleichaltrigen statt. Sie beginnt mit der Entwicklung des so genannten Urvertrauens zur engsten Kontaktperson und endet mit der Herausbildung einer personalen Identität.

Sekundäre Sozialisation ist der Prozess der Vergesellschaftung eines Menschen. In dieser Zeit werden alle Normen, Regeln und Techniken (z. B. Sprache, Schule, Medien etc.) der kulturellen Umwelt erlernt und verinnerlicht.

Tertiäre Sozialisation umfasst die permanenten Anpassungen des Individuums an die jeweilige soziale Umwelt. Sie setzt im Erwachsenenalter ein und dauert lebenslang (Berger, Luckmann 1980).

3.2 Entwicklung der Sozialisationsforschung der Kindheit

Von einer systematischen eigenständigen Sozialisationsforschung kann ab den 40er Jahren des vergangenen Jahrhunderts gesprochen werden. Ausgelöst durch die Konzentration vieler vor dem Nationalsozialismus geflohener europäischer Sozialwissenschaftler in den USA waren Fragestellungen um einen Nationalcharakter, um die Wirkung politischer Systeme, um Gehorsam und Zustimmung menschenverachtender Politik die ersten sozialisationstheoretischen Forschungsthemen (Veith 2001). Nach dem zweiten Weltkrieg fokussierte sich die Sozialisationsforschung auf die Bedingungen der menschlichen Entwicklung zu sozial integrierten und trotzdem frei entscheidenden Persönlichkeiten im offenen amerikanischen Gesellschaftssystem. Ab den 1960er Jahren gelang es dann kulturanthropologische und sozialpsychologische Studien zur Charakterentwicklung und Kindererziehung zu bündeln und mit dem Ziel der Begabungsförderung, diese bildungspolitisch nutzbar zu machen. Seitdem stand das Kind im Zentrum der Sozialisationsforschung (Geulen 2002). Heute differenziert die internationale Sozialisationsforschung:

Kognitive Sozialisation: Ausgehend von Piaget werden die Entwicklung des Realitätsverständnisses und bereichsspezifischer Wissenserwerb zum kohärenten, teils intuitivem, kindlichen Wissenssystem untersucht.

Moralische Sozialisation: Auf der Grundlage von Kohlbergs Theorie stehen Inhalte des Gerechtigkeitsbegriffs und Fähigkeiten der stufenweisen Perspektivübernahme im Fokus.

Emotionale Sozialisation: Themen wie Objektbeziehungstheorien, Bindungsforschung und affektive Reaktionsbereitschaft charakterisieren diesen Bereich.

Motivationale Sozialisation: Ausgehend von Leistungs- und Selbstständigkeitsmotivationsuntersuchungen der 1960er Jahre werden heute Selbstwirksamkeit und die Effekte sozialer Anerkennung und Erfolge untersucht.

Sprachliche Sozialisation: In Weiterentwickelung vom behavioristischen Sprachlernverständnis des Imitationslernens wird heute über intuitive Sprachintegration in biologischen Zeitfenstern und die Bedeutung frühkindlicher Eltern-Kind-Kommunikation geforscht.

Geschlechtsspezifische Sozialisation: Sie hat sich von der Untersuchung des Erwerbs des Geschlechterrollenkonzeptes, der Reproduktion patriarchalischer Herrschaft, der Koedukation zur Genderforschung entwickelt.

Selbstentwicklung untersucht u. a. die Herausbildung eines reflexiven Selbstverständnisses und dessen lebenslange Entwicklung (Veith 1996).

3.2.1 Funktionalistisches Sozialisationsverständnis

In der Sozialisationsforschung des vergangenen Jahrhunderts wurde zunächst von einem funktionalistischen Sozialisationsverständnis ausgegangen. Es wurde angenommen, dass Menschen einer Gesellschaft die in ihr gültigen Werte und Verhaltensweisen verinnerlicht haben und über diese ein Konsens herrscht.

In der Kindheit läuft ein Prozess der Verinnerlichung der geltenden Normen ab, aus dem dieses „kollektive Bewusstsein" entsteht (Parsons 1951). Durch die schrittweise Internalisierung lernen die Individuen sich in den sozialen Rollensystemen zu positionieren und zu handeln. Diese Theorie basiert auf der Stabilität des sozialen Systems. Außer Acht gelassen wird hierbei die historische Entwicklung von Gesellschaften. Damit verändern sich auch deren Normen und Werte und können nicht als absolut gültig anerkannt werden. Dieser Ansatz erklärt auch nicht das innerhalb jeder Gesellschaft vorkommende abweichende Verhalten von Individuen. Der Prozess der Verinnerlichung von Erfahrungen und die Übernahme von Einstellungen in sozialen Interaktionen mittels Sprache stehen im Zentrum weiterer soziologischer Untersuchungen in Amerika (Child 1954, Sewell 1963).

3.2.2 Genetisches Sozialisationsverständnis

Ein genetischer Erklärungsansatz für unterschiedliche Sozialisation in anderen Kulturen nutzt Freuds Psychoanalyse, indem die Unterschiede von Verhaltensweisen und Persönlichkeitsstrukturen Erwachsener in anderen Kulturen mit unterschiedlichen Erfahrungen der frühkindlichen Erziehung erklärt wird (Mead 1981). Dieses Erklärungsmodell wird in den 50er Jahren des vergangenen Jahrhunderts auf westliche Gesellschaftsstrukturen übertragen, um Unterschiede in den Wertvorstellungen und Verhaltensweisen von Menschen unterschiedlicher sozialer Schichten und Gruppen, z. B. polnischen Einwanderern, zu erklären. Geulen nennt das Zusammentreffen eines ontologischen mit einem ethnologischen Forschungsansatz „die Geburtsstunde empirischer Sozialforschung“ (Geulen 2002, S. 88). Zu Vertretern dieses Ansatzes zählen Benedict (1934), Kardiner (1939) und Dubois (1944).

3.2.3 Kausalistisches Sozialisationsverständnis

Aus der kritischen Auseinandersetzung mit dem Funktionalismus entwickelt sich ab den 60er Jahren des vergangenen Jahrhunderts in Deutschland unter Federführung der Frankfurter Schule ein kausalistisches Sozialisationsverständnis. Es sieht die jeweils gegebenen gesellschaftlichen Bedingungen als Ausgangspunkt der Untersuchungen und erforscht die tatsächlichen sozialisatorischen Auswirkungen auf die Individuen. Frühere Forschungen von Fromm (1929) und Horkheimer (1936) zu historisch bestimmten Familienstrukturen und ihrem Einfluss auf die Persönlichkeitsentwicklung ihrer Kinder liefern dazu die theoretische Basis. Habermas (1961) und Adorno (1950) erweitern die Sozialisationsfunktion von der Familie auf die gesellschaftlichen Bereiche der Bildungsinstitutionen und des politischen Systems. Im Unterschied zum physikalischen Kausalprinzip wird der kausalistische Determinismus in der Sozialisationsforschung nicht so einseitig verstanden, dass das Individuum ein von der Umwelt geprägtes und abhängiges Wesen ist, vielmehr wird er als dialektische Wechselbeziehung innerhalb komplexer Prozesse gesehen, an denen die Individuen aktiv beteiligt sind. Es werden Begriffe wie Rollendistanz, Kommunikation, Identität und das gesellschaftlich handlungsfähige Subjekt in die Sozialisationstheorie eingeführt. Der Begriff Umwelt wird unterteilt in die materiellen, kulturellen und persönlichen sozialen Rahmenbedingungen (Geulen 2002, S. 84). Sozialisation ist ein lebenslanger Prozess, in dem die Fähigkeiten zum gesellschaftlichen Handeln erworben werden. Dies geschieht durch die psychische Verarbeitung gemachter Erfahrungen. Sie bilden die Grundlage für Handlungsentscheidungen, die wiederum zu neuen Sozialisationserfahrungen führen. Diese komplexen innerpsychischen Prozesse, welche an der Sozialisation des Menschen beteiligt sind, stellen eine persönliche, individuelle Komponente dar, die jedem Individuum die Freiheit zu seiner eigenen Entwicklung lässt und den einfachen Determinismus der Umwelt auf den Menschen ausschließt. Besonders wichtig für die Sozialisation eines Menschen sind aufgrund des Multiplikatoreffektes für spätere Handlungsentscheidungen seine in früher Kindheit gemachten Erfahrungen.

Mit diesem Verständnis wird Piagets Theorie der kognitiven Entwicklung als weiteres Erklärungsmodell in die Sozialisationstheorie integriert (Geulen 2002).

3.2.4 Ökologische Wende in der Sozialisationsforschung

Eingeleitet wird ein neues soziologisches Verständnis durch umweltpsychologische Untersuchungen der so genannten Kansas-Schule um Barker (1968), welche erstmals Beziehungen zwischen der räumlich-dinghaften Ausstattung der Umwelt und den in ihnen dominierenden Verhaltensmustern von Menschen untersucht.

Die Chicago-Schule, u. a. mit McKenzie (1926) und Park (1936) befasst sich erstmals systematisch mit den ökologischen Bedingungen von Sozialisation. Im Fokus steht eine Analyse der Stadt als Einflussfaktor von sozialräumlichen Differenzierungen und spezifischen Nutzungsformen. Die Forscher erkennen, dass für die Entwicklung der Menschen nicht nur die Zugehörigkeit zu Sozialschichten, sondern auch das Leben in unterschiedlichen Sozialräumen wichtig ist. Bronfenbrenners (1976) zuerst psychologische Untersuchungen zur kindlichen Entwicklung konzentrieren sich nicht wie bisher üblich auf Laborsituationen, sondern beziehen die kindlichen Lebenssituationen mit ein. Er versteht die Umwelt als einen „Satz ineinander verschachtelter Strukturen" (Bronfenbrenner 1981, S. 19) und es ist sein Anliegen, die tatsächlichen komplexen Einflussfaktoren aus der Umwelt in ihrer Relevanz für die kindliche Entwicklung zu erfassen. Bronfenbrenner geht davon aus, dass die Interaktionen zwischen dem aktiven Kind und Objekten, Symbolen und anderen Personen seiner unmittelbaren Umwelt die „primären Motoren der Entwicklung" (Bronfenbrenner, Morris 1998, S. 996) sind.

Beeinflusst von Bronfenbrenners Modell werden in der Soziologie die Bedingungsstrukturen der Sozialisation komplexer erfasst und auch die vorgelagerten gesellschaftlichen Rahmenbedingungen als Einflussfaktoren in die Untersuchungen einbezogen. Die Bezeichnung ökologisch, übertragen aus der Biologie, wird synonym für dialektisch verwandt und soll die wechselseitige Abhängigkeit und permanente gegenseitige Beeinflussung von Individuum und Umwelt erfassen. Der ökologische Ansatz ermöglicht eine wesentlich differenziertere Sicht sozialisationsrelevanter Bedingungen und wird als Kontextuierung bezeichnet, weil die Entwicklung eines Menschen sich innerhalb ihres ökologischen Kontextes vollzieht und nur unter Berücksichtigung dieses Kontextes analysiert werden kann (Bronfenbrenner 1986, S. 724).

3.2.5 Beginn der Sozialisationsforschung in Deutschland

Auf der oben genannten Basis wendet sich die Sozialisationsforschung zunächst der frühen Kindheit in den Familien zu. Angeregt durch Fürstenau (1967) beginnt sich auch in Deutschland Mitte der 60er Jahre des vergangenen Jahrhunderts eine Tradition soziologischer Kindheitsforschung zu etablieren. Diese zuerst schichtenspezifische Sozialisationsforschung in Deutschland liefert die wissenschaftliche Erklärung für unterschiedliche Bildungskarrieren von Kindern. Die Ergebnisse belegen bei Mittelschicht- und Unterschichtkindern Entwicklungsunterschiede in ihrer:

- familialen Sozialisation
- Sprachentwicklung
- Motivationsstruktur
- kognitiven Entwicklung
- Schullaufbahn (Steinkamp 1991).

Mit diesen Ergebnissen, so schlussfolgern die Sozialwissenschaftler, lässt sich eine permanente Reproduktion bestehender Klassengesellschaften erklären. In kritischer Auseinandersetzung mit diesen Ergebnissen werden nachfolgend weitere Aspekte untersucht:

- Grad der Autonomie am Arbeitsplatz des Vaters (Kohn 1981)
- Religionszugehörigkeit
- regionale Bedingungen wie Stadt-Land-Umfeld
- Wohngegend
- kultureller und ethnischer Hintergrund der Eltern.

Es wird nicht mehr von einer einfachen Kausalität, sondern von komplexen systemhaften Zusammenhängen ausgegangen (Bertram, Bauereiß, Bayer 1993). Durch diese Forschungen können vielfältige Verbindungen zur aktuellen Kinderpsychologie hergestellt werden.

Wurde Kindheit bis dato als Phase der Vorbereitung auf das Erwachsenenalter, als Abschnitt des Rollenlernens und zunehmender gesellschaftlicher Integration verstanden, so wird sie zunehmend als eigenständiger Lebensabschnitt postuliert. Mit der Etablierung dieses komplexen Sozialisationsverständnisses wird ein Paradigmenwechsel der Kindheitsforschung in den 80er Jahren des vergangenen Jahrhunderts eingeleitet. Nun richtet sich der Fokus des wissenschaftlichen Interesses auch auf kindliche Alltagserfahrungen, ihre Sozialbeziehungen und die Bedingungen ihrer alltäglichen Lebensführung (Honig, Leu, Nissen 1996).

In ihrer Untersuchung „Kinderalltag und Familienumwelt. Eine Studie über die Lebenssituation von Vorschulkindern" stellt Engelbert (1986) Kindheit als eigenständigen Lebensabschnitt in seiner gesellschaftlich-umwelt-bedingten

Verfasstheit dar und legte damit den Grundstein für eine sozialwissenschaftliche Kindheitsforschung.

3.2.6 Neue Kindheitsforschung in Deutschland

„Das Konzept der Sozialisation zielt [...] primär auf die wechselseitigen Beziehungen zwischen Subjekt und gesellschaftlich vermittelter Umwelt und fasst das Individuum als produktiven Verarbeiter dieser Realität" (Krüger, Grunert 2002, S. 18). Die Sozialisationsforschung entwickelt sich als interdisziplinäres Themenfeld von Psychologie, Soziologie und Pädagogik und wird von verschiedenen Wissenschaftsdisziplinen stark beeinflusst, z. B.:

- Lerntheoretische Konzepte (Bandura)
- Entwicklungstheorie (Piaget)
- Interaktionisches Konzept (Mead)
- Struktur- funktionalistisches Konzept (Parsons)
- Sozial-ökologisches Konzept (Bronfenbrenner) (Bertram 1982, Vaskovics 1982, Engelberth, Herlth 1993).

Im Zentrum der sozialen Forschung stehen jetzt die ineinander verschachtelten Strukturen einer differenzierten Umwelt, sowie einzelne Aspekte der kindlichen Lebensbedingungen wie:

- räumlich-dinghafte Merkmale der Umwelt von Kindern
- Einflüsse personaler Beziehungen, darunter besonders die Einflüsse der Eltern und Familien und die Gruppe der Gleichaltrigen (Krappmann, Oswald 1989, Zeiher, Zeiher 1991).

Auch langfristige Veränderungen der Sozialisationsbedingungen aus generationenvergleichender Perspektive von Kindern bilden Forschungsschwerpunkte (Preuss-Lausitz 1983, Rolff, Zimmermann 1985, Fend 1988, Büchner 1990).

Die soziologischen Untersuchungen der 1990er Jahre konzentrieren sich auf:

- Raumaneignung von Kindern (Zeiher, Zeiher 1994)
- Formen kindlicher Alltagsorganisation und ihren Veränderungstendenzen (Lange 1996, Büchner, Fuhs 1994, Zeiher, Zeiher 1994)
- schulische Handlungszusammenhänge wie Lerngewohnheiten, Lernschwierigkeiten, Lehrer-Kind-Beziehungen und -Interaktionen (Petillion 1993, Ziegler 1996)
- Modernisierungs- und Pluralisierungsprozesse von familialen Beziehungs-

mustern (Bois-Reymond 1998)
- Wandel von Verhaltensstandards in Eltern-Kind-Beziehungen
- soziale Ungleichheiten in kulturellen Freizeitpraxen (Bois-Reymond, Büchner, Krüger 1994, Sünker 1993, Zinnecker 1995)
- Interaktionsprozesse zwischen Gleichaltrigen, spezifische Regeln, Erfordernisse und Funktionen (Breidenstein, Kelle 1998, Krappmann, Oswald 1995)
- Analyse unterschiedlicher Aufwachsbedingungen von Kindern in beiden Teilen Deutschlands (Nauck 1993, Krüger, Ecarius, Grunert 1994, Büchner et al. 1998, Kötters 2000).

Erstmalig werden die gesamtgesellschaftlichen Bedingungen von Kindheit in den 1990er Jahren in Berichterstattungen über die Lebenslagen von Kindern in der Bundesrepublik analysiert (Nauck 1995, BMFSFJ 1998, Joos 2001). In Kindersurveys werden auch subjektive Sichtweisen der Kinder selbst ausgewertet (Zinnecker, Silbereisen 1996, Büchner, Fuhs, Krüger 1996). Parallel entwickelt sich eine psychologische Familienforschung, welche theoretische Modelle von familienrelevanten Sozialisationsbedingungen aufstellt und auch hierfür ein systemisches Verständnis erarbeitet. (Richter 1970, Bank, Kahn 1994, Forer, Still 1982, Toman 1991, Schneewind 1999).

3.3 Soziale Einflussfaktoren auf die kindliche Entwicklung

Die Sozialisationsforschung hat mit dem umfassender werdenden Verständnis die Untersuchung sozialer Einflussfaktoren auf die kindliche Entwicklung immer weiter differenziert. Zu den wesentlichen Einflussfaktoren zählen heute die sozial-räumliche Umgebung, die Herkunftsfamilie und öffentliche Bildungs- und Betreuungsinstitutionen. Die aktuellen wissenschaftlichen Erkenntnisse zu diesen Bereichen werden im Folgenden dargestellt.

3.3.1 Einfluss der sozialräumlichen Umwelt auf die kindliche Entwicklung

In den vergangenen Jahrzehnten hat sich die äußere Wohnumgebung vom „erweiterten Wohnraum“ (Zinnecker 1979, Berg-Laase, Preuss-Lausitz 1985) zu spezialisierten Orten gewandelt. Dieses Zerfallen städtischer Räume und Teilräume, die nicht mehr multifunktional genutzt werden können, sondern nur noch einzelnen Aktivitäten wie Einkauf, Wohnen, Arbeit und Freizeit dienen, sind durch ein dichtes Verkehrsnetz miteinander verbunden. Der Straßenraum ist heute durch fahrende und stehende Autos besetzt. Im Jahr 1960 kam auf drei Kinder ein Auto, heute kommt auf drei Autos ein Kind (Limbourg et al. 2000). Die veränderten Lebensplanungen von Familien, die erhöhten Quoten der Ein-Kind-Familien und Alleinerziehenden verändern und lockern verwandtschaftliche Netzwerke und familiäre Solidarsysteme. Um diese Entwicklungen zu kompensieren, benötigen Kinder vermehrt Kontakte zu Gleichaltrigen. Genau dies ist für jüngere Kinder nicht mehr so einfach möglich. Der soziale Nahraum kann nicht mehr durch selbst organisiertes Spielen erkundet und kennen gelernt werden. Nachbarskinder unterschiedlichen Alters werden nicht mehr durch die räumliche Nähe zu selbst gewählten Spielpartnern.

Zinnecker (1979) sowie Behnken, Bois-Reymond und Zinnecker (1989) belegen einen Rückgang der Straßensozialisation als freies, unkontrolliertes Straßenspiel im wohnungsnahen Umfeld der Kinder. Sachs (1981) und Hentig (1975) beschreiben durch diese räumlichen Veränderungen den Verlust elementarer materialer und sozialer Erfahrungen. „Mit diesem Verlust an Straßenkindheit ging ein unersetzlicher Freiraum für spontanes, unbeaufsichtigtes und altersübergreifendes Spielen und damit eine natürliche Bewegungssozialisation der Kinder weit gehend verloren“ (Wetterich, Eckl 2005, S. 12). In ihren Untersuchungen haben auch Krappmann und Oswald (1989) auf die Gefahr hingewiesen, dass die kleiner werdenden sozialen Kinderwelten sich negativ auf die Entwicklung ihrer sozialen Beziehungen auswirken können. Im freien Spiel innerhalb des sozialen Nahraums werden soziale Kompetenzen erworben. Neben Kindergarten und Schule wird zunehmend auch die Freizeit der Kinder institutionell gestaltet und verlangt damit eine Anpassung der Familie an äußere Zeitstrukturen (Rabe-Kleberg, Zeiher 1984).

Zeiher charakterisiert diesen Prozess als „Verinselung von Kindheit“ (Zeiher 1983, S. 176 ff.). Er erstellt ein Modell verinselten Lebensraumes zur Beschreibung kindlicher Lebenswelten heute, in dem die Kinder von der Familienwohnung zu anderen Aktionsinseln wie z. B. Schule, Freunde, Verwandte, Musikkurs, Fußballverein nur mittels passiver Mobilität gelangen. Dies verlangt von den Familien umfassende Koordinierungsfähigkeiten und Anpassung an gesellschaftliche Zeit- und Raumstrukturen.

Die Untersuchungen von Zeiher (1988) sowie Büchner, Brake und Fuhs (1992) bestätigen ein hohes Maß an Zeitplanung und Terminkoordination für die Familien. Damit wird im Gegenzug die tatsächlich frei verfügbare Zeit der Kinder immer geringer. Diese wird laut Krappmann und Oswald (1989) sowie Büchner (1990) dann auch immer häufiger im häuslichen Innenraum mit einem gleichaltrigen Spielpartner verbracht. Zinnecker (1990) beschreibt diese Tendenz als „Verhäuslichung“. Neben oben beschriebener Veränderung der äußeren Umgebung hat das veränderte Spielzeugangebot daran erheblichen Einfluss.

Die hohe Attraktivität technischer Spielmaterialien und der Bedarf von nur einem Spielpartner fördern das Spiel in Kleinstgruppen in Innenräumen.

3.3.2 Einfluss der Herkunftsfamilie auf die kindliche Entwicklung

Als zentrale Sozialisationsinstanz der Kindheit wird zunächst ausgehend von Parsons (1951) die Familie verstanden. Sie hat neben der Pflege und Versorgung auch für die Verinnerlichung gesellschaftlicher Normen und die Vorbereitung von Rollenübernahmen zu sorgen. Erst mit der historisch vergleichenden Kindheitsforschung kommt es zu einer „Abkehr vom unhinterfragten Naturgedanken" (Mierendorf, Olk 2002, S. 124), welcher Familie als permanente anthropologische Instanz erfasst. Nun wird auch der Bereich der Familie als historisch und gesellschaftsabhängig bewertet. (Gillis 1974, dt. 1980, Ariès 1960, dt. 1975) Mit diesem Fokus finden die umfassenden gesellschaftlichen Veränderungsprozesse des 20. Jahrhunderts auch für das System Familie Berücksichtigung (Cain 1964, Clausen 1972, Mayer, Müller 1989). Familie unterliegt einem historischen Entwicklungsprozess und bedingt als heutige moderne intime Privatinstanz eine andere Sozialisation als unter vergangenen gesellschaftlichen Rahmenbedingungen. Der Begriff Familie steht heute für eine wachsende Vielfalt von Lebensformen und Familienverhältnissen.

Trotz dieser individualisierten und pluralisierten Ausdifferenzierungen gilt Familie für die überwältigende Mehrheit der Heranwachsenden in Deutschland als Grundmuster kindlicher Lebensrealität und bedeutungsvollste Umwelt. Die Form der bürgerlichen Kernfamilie hat sich in der zweiten Hälfte des vergangenen Jahrhunderts herausgebildet. Ab dann kann man von einer „Durchsetzung des bürgerlichen Familienmodells für breite Schichten der Bevölkerung ausgehen" (Büchner 2002, S. 478). Möglich wurde dies u. a. durch die Abschaffung der Kinderlohnarbeit, die politische Durchsetzung der allgemeinen Schulpflicht, die Einführung der 5-Tage-Arbeitswoche und den Wandel der Erziehungsvorstellungen (ebenda).

Für die Sozialforschung stellt die Familienkindheit einen zentralen Bestandteil kindlicher Sozialisation und Erziehung dar. Aus diesem Grund ist sie mit ihren Erscheinungsformen und Funktionen Thema zahlreicher Untersuchungen. Diese lassen vielfältige Facetten und Veränderungsprozesse von Familien erkennen, welche im Zusammenhang mit gesellschaftlichen Modernisierungsprozessen gesehen werden müssen. Als wesentliche Einflussfaktoren gelten:

- Abnahme der Heiratsneigung und Häufigkeit
- Anstieg nichtehelicher Lebensgemeinschaften mit Kindern

- Kinderlosigkeit vieler Ehen
- Sinken der Kinderanzahl pro Ehe
- steigende Anzahl der Einzelkinder
- Zunahme der Scheidungen
- wachsende Anzahl von Scheidungskindern und Stiefelternschaften
- Wandel der Frauenrolle
- Zunahme der Erwerbstätigkeit von Müttern
- Verbreitung vorschulischer Erziehung
- Veränderung partnerschaftlichen Zusammenlebens (Herlth et al. 2000).

Fuchs-Heinritz fasst die charakteristischen Merkmale von Familiensituationen und -konstellationen in folgender Definition zusammen: „Als Familie wird derzeit (noch) eine historisch gewordene soziale Lebensform definiert, die mindestens ein Kind und ein Elternteil (auf Verwandtschaft beruhend) umfasst und im Inneren einen dauerhaften, durch persönliche Verbundenheit und Solidarität gekennzeichneten Zusammenhang aufweist“ (Fuchs-Heinritz 1994, S. 197).

Moderne Familienformen entwickeln sich zu Beginn des 21. Jahrhunderts zu Mehrgenerationenfamilien, die an verschiedenen Wohnorten lebend, den Standardtyp Haushalts- und Kernfamilie ablösen. „Die Verbesserung der Kommunikations- und Interaktionsmöglichkeiten in postindustriellen Gesellschaften erlaubt es, an verschiedenen Orten zu leben und dennoch miteinander in Kontakt und Beziehung zu stehen“ (Bertram 1995, S. 15). Als ein wesentlicher Veränderungsaspekt gilt das neue Eltern-Kind-Verhältnis. Dieses ist geprägt von einer Enthierarchisierung und damit einer Veränderung von Erziehungsnormen und -praktiken. Büchner, Fuhs und Krüger (1997) belegen, dass sich der Übergang von der Elternbestimmtheit der Kinder zur Kindbezogenheit der Eltern auf breiter Ebene in der Gesellschaft vollzogen hat. Auch wenn es eine große Vielfalt dieser Kindorientiertheit von sehr normgeleiteter bis zu eher subjektbezogener Ausprägung gibt, welche den Kindern unterschiedliche Freiheitsgrade von selbstbestimmtem und selbstkontrolliertem kindlichen Handeln innerhalb ausgehandelter Grenzen ermöglicht, sind diese als individuelles Verständnis von Kindeswohl zu werten (Büchner, Fuhs, Krüger 1997). Der soziale Status und die Schichtzugehörigkeit der Herkunftsfamilie sind von zentraler Bedeutung, wenn es um die Frage des höheren schulischen und außerschulischen Bildungserwerbs von Kindern geht (Hansen, Pfeiffer 1998) Aber „neben einer ökonomisch begründeten Ungleichheit gibt es auch eine Variante von sozialer Ungleichheit, die sich über die kinderkulturelle Praxis, den gelebten familialen Lebensstil und über dabei entstehende und sich verfestigende biografische Muster interaktionsbezogen im Kinder- und Familienalltag realisiert“ (Büchner 2002, S. 492). Neuere Untersuchungen belegen einen großen Einfluss dieses familialen Lebensstils als kulturelle Ressource für spätere biografische Optionen und Wahlentscheidungen. Berger (1994) spricht in diesem Zusammenhang von einer ‚Signal- und Katalysatorfunktion' im Prozess der Reproduktion sozialer Ungleichheiten.

Neben dem Wandel des Eltern-Kind-Verhältnisses spielt auch die Veränderung der Rollenmuster im Interaktionssystem Familie eine große Rolle. Die Veränderung der Rolle der Frau in Gesellschaft und Familie, die einher geht mit steigender Müttererwerbstätigkeit, bringt weitere wesentliche familiale Sozialisationsveränderungen und Individualisierungsprozesse mit sich. Die Zunahme berufstätiger Mütter bedingt die Inanspruchnahme familienergänzender Versorgungs- und Betreuungsangebote für jüngere Kinder und forciert damit deren Etablierung in der Gesellschaft. Größere Kinder müssen zunehmend selbstversorgerische Aufgaben übernehmen und in stärkerem Maße selbstständiger agieren. In diesem Zusammenhang wird den Kindern eine systemintegrierende Funktion in der modernen Erwerbsgesellschaft zugesprochen (Zeiher 2000, Zelizer 1985, Solberg 1990). Diese Entwicklung bringt schon zu einem sehr frühen Zeitpunkt in der kindlichen Genese eine Bipolarität zwischen Familienkindheit und Institutionalisierung hervor. Der zeitliche Anteil, den Kinder mit ihren Eltern verbringen, wird geringer, während die elternunabhängigen Anteile wachsen (Büchner, Fuhs 1994). Damit steigt auch die Bedeutung des außerfamilialen Einflusses auf die kindliche Sozialisation.

Mit den steigenden Scheidungsquoten in Deutschland nimmt die Anzahl der allein erziehenden Frauen mit Kindern zu. Sie hat im Jahr 2000 eine Quote von 33,2 % in den neuen und von 18,8 % in den alten Bundesländern erreicht (Schmidt 2003, S. 21 ff.). „Diese Familienform ist diejenige, die in den letzten Jahren und Jahrzehnten am schnellsten und nachhaltigsten angewachsen ist" (Bründel, Hurrelmann 1996, S. 90). Alleinerziehende sind in besonderem Maße auf institutionelle Betreuungs- und Erziehungsangebote angewiesen und müssen zudem außerordentliche koordinierende und integrierende Fähigkeiten entwickeln. In diesem Zusammenhang verweisen die Sozialwissenschaftler auf ein Paradox.

Indem Kindheit einerseits innerhalb der Gesellschaft ein hohe Anerkennung besitzt und Kindern ein großer Prestigewert zugeschrieben wird, stellen sie andererseits eine strukturelle Rücksichtslosigkeit in der Gesellschaft fest, die für die Vernachlässigung von Kinderbelangen und Kinderinteressen verantwortlich ist (Kaufmann 1995, Büchner 1996). Diese Rücksichtslosigkeit trifft besonders die Familien, die nur erschwert ihre Versorgungs- und Betreuungsaufgaben bewältigen können. Trotz vielfältiger Angebote der Kinder- und Jugendhilfe können materielle und personelle Defizite im Familiealltag oft nicht ausreichend kompensiert werden. Ende des vergangenen Jahrhunderts wurde das Problem einer überdurchschnittlichen Zunahme des Armutsrisikos von Kindern in Deutschland festgestellt, wobei kinderreiche Familien und Alleinerziehende besonders betroffen sind (Nauck 1995, S. 33 ff.) und dies die kindlichen Entwicklungsprozesse erheblich beeinflusst (Wintersberger 1998, Lauterbach, Lange 1998).

Zu der Veränderung der kindlichen Lebens- und Erfahrungsräume kommen die neuen Lebensgewohnheiten der Erwachsenen, ihr verändertes Mobilitäts- und Freizeitverhalten, ihre Konsum- und Medienorientierung, die als Vorbildverhalten von Kindern übernommen werden. Hengst weist auf eine Angleichung der Mediennutzung von Erwachsenen und Kindern hin und spricht von einer „Zunahme nicht pädagogisch gefilterter Lernprozesse" (Hengst 1981, S.104). In einer Untersuchung hat Hurrelmann (1996) nachgewiesen, dass 43 % aller sechsjährigen Kinder fast jeden Tag mehrere Sendungen hintereinander fernsehen. Jedes zweite Kind verfügt über einen eigenen Fernseher (Peuckert 1994). So dass „wir heute fast von einer Vollversorgung hinsichtlich CD-Player (91 %), Fernseher (74,8 %), Videospielen (69,6 %) und Personalcomputern (58,7 %) sprechen können" (Schmidt 2003, S. 39). Mediennutzung entwickelt sich für Kinder zur neuen Form der Kulturaneignung und in Familien zu dem zentralen gemeinsamen Lebensbereich. Markt und Medien setzen an den Bedürfnis- und Tätigkeitsstrukturen der Kinder an, um auch diese Zielgruppe als Konsumenten und Käufer zu erreichen.

Familialisierung einerseits und Institutionalisierung durch Kindergarten, Schule und Freizeitstätten andererseits sind die Bedingungen moderner westlicher Wohlfahrtsstaaten, unter denen Kinder heute aufwachsen. Der Hauptbetreuungsanteil von jüngeren Kindern liegt nach wie vor bei der Herkunftsfamilie, besonders der Mutter. In den vergangenen drei Jahrzehnten hat sich die außerfamiliale Betreuung von Klein- und Vorschulkindern aus dem so genannten informellen Bereich (erweiterte Familie, Nachbarschaft mit entsprechenden Netzwerken, privat organisierter Betreuungsmarkt) in den formellen Bereich spezialisierter Betreuungsinstitutionen verlagert (Tietze 2002 mit Bezug auf Cochran 1993). Damit entwickelt sich die Kinderbetreuung zunehmend als zweigeteilte Aufgabe, an der Herkunftsfamilie und Öffentlichkeit beteiligt sind. Diese Polarisierung unterliegt einem zunehmenden Vergesellschaftungsprozess und bringt ein Spannungsfeld von „Verhäuslichung" (Behnken, Bois-Reymond, Zinnecker 1989) und Verschulung oder Pädagogisierung von Kindheit hervor (Zeiher 1996, S. 33). Nauck stellt fest, dass dieser Lebensabschnitt die höchste Regulierungsdichte „z. B. im Recht auf einen Kindergartenplatz, in der Schulpflicht, in der stufenweisen Mündigkeit" aufweist (Nauck 1995, S. 16). Aufgrund dieser Befunde postuliert die Sozialisationsforschung heute Kindheit als gesellschaftlichen Prozess. Selbst die von der Gesellschaft abgetrennten Lebenswelten können nicht als isolierte Schutz- und Vorbereitungszonen verstanden werden, sondern unterliegen zunehmenden Vergesellschaftungstendenzen (Hengst 1981, Zeiher 1996, Honig 1999, Hengst, Zeiher 2000).

3.3.3 Einfluss von institutioneller Betreuung auf die kindliche Entwicklung

Standen in den 1970er und 80er Jahren besonders quantitative Gesichtspunkte der öffentlichen Kinderbetreuung Deutschlands im Zentrum des wissenschaftlichen Interesses, so konzentriert sich die öffentliche Diskussion der vergangenen Jahre zunehmend auf die Qualität der Kindertageseinrichtungen. Mögliche Auswirkungen von außerfamilialer Bildung, Betreuung und Erziehung auf die Entwicklung von Kindern sind bisher nur unzureichend untersucht worden (Fried et al. 1992) Noch geringer ist die Datenlage, wenn es um die unterschiedliche Qualität pädagogischer Einflüsse auf die Entwicklung der Kinder geht. Hier fehlen besonders Untersuchungen über längerfristige Auswirkungen auf die Entwicklungen der Kinder über das Kindergartenalter hinaus. Moderate langfristige Effekte früher Förderung auf die kindliche Entwicklung weisen Burchinal et al. (2000) nach, während andere Studien keine längerfristigen Beziehungen belegen (Scarr 1998).

Als repräsentative Längsschnittstudie untersuchten die Forscher in der EPPE – „Effective Provision of Preschool Education"-Studie den Entwicklungsverlauf fremdbetreuter Kinder in England von 1997 bis 2003 (Sylva et al. 2003, 2004 a, b). Eine Folgestudie begleitete ihren Entwicklungsverlauf noch bis 2008. In der Untersuchung wurden ca. 2.800 Kinder aus unterschiedlichen Kindertageseinrichtungen sowie 300 Kontrollkinder, die zu Hause aufwuchsen, zwischen ihrem dritten und siebten Lebensjahr mehrfach getestet. Zusätzlich wurden Daten über Eltern und betreuende Fachkräfte erhoben. Die Ergebnisse der Studie belegen signifikante positive Effekte der Fremdbetreuung für die soziale und kognitive Entwicklung, die bis ins 2. Schuljahr nachweisbar waren und sich dann abschwächten. Zwar erwies sich die Effektstärke der Fremdbetreuung als nur halb so groß wie die der Familienfaktoren, aber gerade sozial schwächere Kinder profitieren von der Fremdbetreuung.

Die Untersuchungsergebnisse weisen auch eindeutige Qualitätsunterschiede der Fremdbetreuung aus. Dies wurde in einer Folgeuntersuchung der REPEY – „Research in Effective Pedagogy in the Early Years"-Studie näher analysiert (Siraj-Blatchford et al. 2002) So konnten die Forscher nachweisen, dass die Inhalte und die Gestaltung der Interaktionen effektiver für die Entwicklungsförderung der Kinder waren, wenn die Fachkräfte ein ganzheitliches Entwicklungsverständnis besaßen, wenn sie die Kinder individuell förderten, ihre Eigenaktivitäten stärkten und mit den Familien der Kinder kooperativ zusammenarbeiteten. „Die Hilfestellung seitens des Erwachsenen ist auch wichtig, um Kinder zu ermutigen, auf aktive und teilnehmende Weise zu lernen" (Siraj-Blatchford et al. 2002, S. 48).

Die bislang einzige deutsche Studie, die parallel auch in Österreich und Spanien durchgeführt wurde, belegt, dass Kinder, die als Vierjährige eine höhere pädagogische Qualität erfahren hatten, am Ende der 2. Klasse als sozial- und gruppenkompetenter beurteilt werden, ein besseres Sprachverständnis aufweisen und in Schulleistungstests besser abschneiden. Ähnliche Werte erreichen auch die Teilnehmer der österreichischen und der spanischen Stichprobe (ECCE STUDY GROUP 2000, S. 220, 230) Aber die Ergebnisse zeigen auch, dass die Effekte der institutionellen Settings deutlich geringer als die der familialen Umwelt ausfallen (Tietze 2002).

Biedinger und Becker (2006) haben in einer Studie einen internationalen Vergleich über den Einfluss des Vorschulbesuchs auf die Entwicklung von Kindern vorgenommen und mehrheitlich positive Einflüsse auf die Entwicklung der Kinder belegt. Sie weisen nach, dass jedoch die Wirkung außerfamilialer Betreuung auf die Entwicklung der Kinder entscheidend von der Qualität der vorschulischen Einrichtungen abhängt. Biedinger und Becker relativieren jedoch die Vergleichbarkeit der Studien aus dem anglo-amerikanischen Sprachraum mit deutschen Verhältnissen, da diese im Vergleich zur Vielfalt der amerikanischen Vorschuleinrichtungen wesentlich homogener sind. Die Autorinnen beklagen einen Mangel an empirischen Studien über die Effekte vorschulischer Einrichtungen auf die Entwicklung von Kindern in Deutschland und formulieren Empfehlungen zur Gestaltung repräsentativer Längsschnittuntersuchungen unter Einbeziehung weiterer wichtiger Einflussfaktoren wie Familienhintergrund, sozialer Nahraum und Wohnumfeld.

3.4 Zusammenfassung der Sozialisationsforschung

In der zweiten Hälfte des vergangenen Jahrhunderts hat es einen umfassenden Wandel der soziologischen Forschungsperspektive auf den Lebensabschnitt der frühen Kindheit gegeben. Kindheit wird heute nicht mehr als biologische Naturtatsache, als individueller Abschnitt in der Genese der Erwachsenen gesehen, sondern als eigenständiger Lebensabschnitt wahrgenommen, der von den Kindern als Akteure ihrer Sozialisation mitgestaltet wird. In der Sozialisationsforschung wird Kindheit zunehmend als gesellschaftliches Phänomen verstanden, welches eine ganze Generation von Minderjährigen betrifft. Damit geht das neue Verständnis weit über Ansätze der Entwicklungspsychologie und der Pädagogik hinaus. Kindheit ist Bestandteil der Sozialstruktur einer Gesellschaft, ist ein Generationenverhältnis (Honig 1999, Alanen 1997, Olk, Mierendorf 1998, Quortrup 2000). Diese strukturtheoretische Untersuchung moderner Kindheitsverhältnisse bricht mit der Vorherrschaft des Entwicklungsgedankens und fokussiert die Forschungsperspektive auf die gesellschaftlichen Verhältnisse von Kindheit.

3.5 Sozialisationstheoretische Grundannahmen

Für diese Arbeit wird von folgenden sozialisationstheoretischen Grundannahmen ausgegangen:

I. Menschliche Entwicklung vollzieht sich in wechselseitigen Beziehungen zwischen Subjekt und gesellschaftlich vermittelter Umwelt.

II. Veränderungen der physikalischen und sozialen Umwelt beeinflussen kindliche Entwicklungsverläufe. Kindheit ist ein historisch determinierter Lebensabschnitt mit gesellschaftlichem Charakter.

III. Die soziale Umwelt ist ein komplexes Gefüge, welches in unterschiedliche Grade der direkten Einflussnahme differenziert werden kann (Bronfenbrenner 1981).

IV. Zu den wesentlichen sozialen Einflussfaktoren der frühen Kindheit zählen neben der Herkunftsfamilie die sozial-räumliche Umgebung und zunehmend auch Institutionen frühkindlicher Betreuung.

V. Soziale Bezugspersonen wirken als Ko-Konstrukteure des individuellen Auseinandersetzungs- und Verarbeitungsprozesses mit den spezifischen Umweltreizen, welche als kognitive Repräsentationen gespeichert werden und dem Individuum als spätere individuelle Handlungsschablonen zur Verfügung stehen.

4. Kindliche Bewegungsentwicklung

Der Untersuchungsfokus dieser Arbeit erfordert eine differenzierte Betrachtung des aktuellen Kenntnisstandes der Bewegungsentwicklung von Kindern, die im Folgenden dargestellt wird. Kinder machen Bewegungserfahrungen im Auseinandersetzungsprozess mit ihrer materialen und sozialen Umgebung.

Diese vorzufindenden, historisch gewachsenen und sich permanent verändernden Bedingungen beeinflussen die kindliche Bewegungsentwicklung. Die unterschiedliche Gewichtung von sozialen Einflussfaktoren in der früheren Forschung zur Bewegungsentwicklung führte zu differenzierten Erkenntnissen, welche heute ein vielschichtiges Bedingungsgefüge erfassen, ohne dessen Beachtung sich die Bewegungsentwicklung von Kindern nicht wissenschaftlich erklären lässt.

4.1 Bewegungsentwicklung in der Forschung

Die Bewegung hat für die menschliche Entwicklung eine herausragende Bedeutung. Nur durch Bewegungen kann der Mensch auf Veränderungen in seiner Umwelt reagieren, auf sie einwirken und sich mit ihr auseinandersetzen. Zielgerichtete Bewegungen können nur effektiv ausgeführt werden, wenn die hierfür notwendige Ausgangsposition des Körpers und der Gliedmaßen gewährleistet ist. Das Erlernen der Steuerung und Kontrolle von Haltung und Bewegung ist daher eine der wichtigsten Entwicklungsaufgaben eines Kindes. Mit dem Ziel genauere Kenntnisse für mögliche Förderungen und Optimierungen von Bewegungsprozessen zu erhalten, wird die kindliche Bewegungsentwicklung intensiv aus sportmotorischem Fokus untersucht.

4.1.1 Bewegungsentwicklung als sportmotorische Entwicklung

Aus sportmotorischer Sicht ist die Bewegungsentwicklung ein additiver Prozess, bei dem in Abhängigkeit von körperlichen Reifungsprozessen konditionelle und koordinative Fähigkeiten ausgebildet werden. Detaillierte Übersichten haben Winter (1987) sowie Willimczik und Roth (1983) vorgelegt.

Winter unterscheidet acht Alterstufen, die er je nach Ausprägungsgrad unterteilt. Das motorische Lernen ist für Winter der Prozess der Aneignung motorischer Fertigkeiten wie Laufen, Springen, Werfen und Fangen. Willimczik beschreibt die Bewegungsentwicklung für die drei Alterstufen Kleinkind- und Vorschulalter, Kindes- und Jugendalter und Erwachsenenalter.

Beide orientieren sich „an den, den menschlichen Organismus prägenden Reifeschüben und einem dazugehörenden Fertigkeitsniveau zur Aufstellung von Stufenmodellen der Bewegungsentwicklung“ (Breuer 2002, S. 14). Da Reifungsschübe als genetisches Programm biologischen Gesetzmäßigkeiten unterliegen, die in gleicher Reihenfolge und annähernd gleichen Zeitabschnitten ablaufen, ist Bewegungsentwicklung unter diesem Fokus weitgehend festgelegt und nur minimal individuell unterschiedlich. Bei dieser eher physikalischen Betrachtungsweise von biologischen Ursachen und sportmotorischen Wirkungen werden individuelle Entwicklungsverläufe nicht untersucht. Das Wissen über die biologischen Vorgänge im Körper des Menschen haben die Trainingswissenschaften in Konzepten zur Verbesserung hauptsächlich konditioneller Fähigkeiten genutzt und die Bewegungsentwicklung durch Training beeinflussbar gemacht. Da für die Entwicklung koordinativer Fähigkeiten weniger empirisch-analytische Daten vorliegen, fehlen hier detaillierte Trainingskonzepte (Willimczik, Roth 1983, S. 53, 69) Diese Betrachtung schließt die Einflüsse kindlicher Lebenswelten bei ihrer Bewegungsentwicklung aus. Die Konsequenz ist, dass bei diesem Forschungsansatz nur die Bewegungsumwelt des Sportes als genormte Standardsituation (Sporthallen, Stadien etc.) beachtet wird und individuelle sozialräumliche Bewegungssituationen und Bedingungen nicht beachtet werden.

4.1.2 Bewegungsentwicklung und Umweltbezug

Für die Vertreter des empirisch-analytischen Ansatzes stehen die konkreten Mensch-Umwelt-Bezüge, in denen sich Bewegungsentwicklung vollzieht, im Fokus ihrer Untersuchungen. Wichtige Arbeiten liegen vor von Baur, Bös und Singer (1994) sowie Scheid (1989). Scheid untersucht bei 2- bis 3-jährigen Kindern die Einflussgrößen ihrer Bewegungsentwicklung. Er berücksichtigt:

- soziale Schicht (berufliche Stellung der Eltern)
- materiale und soziale Umweltbedingungen (Wohnort, Wohnungsgröße, Verfügbarkeit und Nutzungsintensität von Spielorten, Spielsachen)
- sozial-familiale Merkmale (Erziehungseinstellung der Mutter, Geschwister, Betreuungsintensität durch andere Bezugspersonen, Kontakte zu Gleichaltrigen im Nahraum, regelmäßig ausgeübte Aktivitäten)
- personale Merkmale (Alter, Geschlecht, Temperament, Funktionsentwicklung der Motorik, Bewegungsqualität) (Scheid 1989, S. 82).

Sein Ziel ist das Erkennen von Zusammenhängen zwischen Bewegungsentwicklung und sozialen und materialen Umweltgegebenheiten von Kindern. Die sozialökologischen Aspekte werden mittels Fragebögen erhoben und ins Verhältnis zur kindlichen Bewegungsentwicklung gesetzt. Diese Querschnittsanalysen unter standardisierten Bedingungen dienen allgemeinen Aussagen. Sie können das einzelne Kind, seine persönliche Auseinandersetzung in der gegebenen sozialen und materialen Situation nicht erfassen.

4.1.3 Sozialökologische Betrachtung der Bewegungsentwicklung

Baacke (1992) ist Vertreter einer sozialökologischen Betrachtungsweise, die unmittelbar vom Subjekt ausgeht. Für ihn ist die „dingliche Strukturierung der Umwelt mit Gebrauchsgegenständen, Verkehrsmitteln etc." der wesentliche Einflussfaktor kindlicher Bewegungsentwicklung (Breuer 2002, S. 18). In Anlehnung an Bronfenbrenners Umwelttheorie gliedert Baacke die Umwelt in vier sozialökologische Zonen:

- ökologisches Zentrum (Wohnung, Haus, nahe Bezugspersonen)
- ökologischer Nahraum (Nachbarschaft, Wohnviertel)
- ökologischer Ausschnitt (geregelter Umgang durch funktionsspezifische Aufgaben)
- ökologische Peripherie (alltagsferne Orte, z. B. Urlaub).

Baacke hebt die Trennung von Subjekt und Umwelt auf. „Umwelt definiert Verhalten und beeinflusst Handeln; Verhalten und Handeln definieren die Umwelt" (Baacke 1992, S. 84). Er vertritt damit ein dialektisches Verhältnis gegenseitiger Beeinflussung als Forschungsansatz. Dietrich und Landau (1990) konkretisieren diese sozialökologische Betrachtung für die Sportpädagogik. Sie verweisen auf die Abhängigkeit kindlicher Bewegungsentwicklung anhand individueller Chancen seiner Umwelt. Schon die ersten motorischen Fertigkeiten werden im Auseinandersetzungsprozess mit der jeweiligen konkreten sozial-räumlichen Umwelt erworben.

4.1.4 Bewegungsentwicklung als Ausdruck sozialer Bedeutungen

Ein dialogisches Bewegungskonzept, bei dem Sich-Bewegen immer als sinnvolles Tun eines Subjektes gefasst wird, vertreten Gordijn (1975) und Tamboer (1979, 1994). Bewegung steht für sie immer in einem sinnvollen Zusammenhang, im Kontext von Mensch-Umwelt-Beziehung und kann nur dort betrachtet werden. Das Subjekt steht über Bewegungen in einem Dialog mit seiner Umwelt, beide sind Partner und nur im Bezug auf den/das Gegenüber denkbar.

„Sich-Bewegen als dialogisches Geschehen erscheint somit als subjektiv wahrgenommene situative Gestalt von Bedeutungen" (Breuer 2002, S. 21). Für Tamboer kann dieser dialogische Prozess auf drei Arten geschehen:

- -direkt (motorische Bedeutungen werden über handeln, ohne reflexiven kognitiven Prozess erschlossen - typisch für kleinkindliches manipulieren)
- -erlernt (vorgegebene Bewegungsfertigkeiten werden durch Übung und Wiederholung angeeignet - Übungen im Sportunterricht, Techniktraining)
- -erfunden (schöpferische Nutzung und Erweiterung vorhandener Bewegungs fertigkeiten - Bewegungsspiele) (Tamboer 1979, S. 17).

Er verweist besonders auf den Anteil der historisch-sozialen Wirklichkeit beim Bewegungsdialog. Konsequenter vertritt BLUMER (1973) den symbolischen Interaktionismus bei der menschlichen Bewegungsentwicklung. Für ihn stellen Bewegungen nicht einfach Reaktionen auf eine bestimmte Umwelt dar, sondern sind Resultat von spezifischen Bedeutungszuschreibungen, welche kulturell, historisch und individuell veränderbar sind. Schwerpunkt dieses Ansatzes ist die zentrale Kategorie der Bedeutung, welche die Bewegung für das Subjekt hat. „Bewegung, Spiel und Sport sind in hohem Maße auch von gesellschaftlich vereinbarten oder verordneten Bedeutungszuschreibungen geprägt" (Breuer 2002, S. 23).

4.2 Sozialisationseinflüsse auf die Bewegungsentwicklung

Neben der sportmotorischen Entwicklungsforschung und Untersuchungen der Zusammenhänge von Motorik und anderen Persönlichkeitsbereichen wird auch der Einfluss einzelner oder mehrerer ökologischer Umweltfaktoren auf die kindliche Bewegungsentwicklung untersucht. Nachfolgend werden aktuelle Forschungsergebnisse im Überblick dargestellt.

4.2.1 Einfluss der Familie auf die kindliche Bewegungsentwicklung

Die ersten Bewegungserfahrungen macht jedes Kind im Kontext seiner Familie. Diese übt gerade in der frühen Kindheit einen großen Einfluss auf seine Bewegungsaktivitäten und damit auf die motorische Entwicklung aus. JANSEN (1995, S. 274) schreibt besonders in der frühen Kindheit den Eltern die größten Einflüsse auf das Bewegungsverhalten von Kindern zu. BAUR (1985, S. 362) spricht von Bewegungssozialisation durch die Herkunftsfamilien. Die unterschiedlichen Rollen, Modell- und Sozialisationsfunktionen von Müttern und Vätern für die Bewegungsentwicklung stehen im Fokus von Untersuchungen von SIEFFGE-KRENKE (2004). Im Kleinkind- und Vorschulalter sind es besonders die Väter, die einen starken Wert auf die Motorik und Aktivitäten des Körpers legen. Sie pflegen einen qualitativ anderen Umgang mit den Kindern. Väter motivieren ihre Kinder nach BREUER (2002) auch früher und stärker zu sportiven Bewegungen, während Mütter ihren Kindern eher allgemeine Bewegungsförderung in Krabbelgruppen oder Kinderturngruppen ermöglichen. Neben den Eltern bieten auch vorhandene Geschwister Anlässe zum Bewegen und Spielen. Einzelkindern fehlen diese „frühen selbstverständlichen Kontakte zu Kindern“ (Bründel, Hurrelmann 1996, S. 216). Ledig (1992) sowie Wegner und Beirow (1996) weisen nach, dass sportlich aktivere Eltern ihre Kinder früher an den Sport in Vereinen heranführen und ihre gemeinsame Freizeit mit den Kindern aktiver verbringen.

Untersucht wurden auch Zusammenhänge von Bewegungsentwicklung und Größe des Wohnraumes der Familie. Hier belegen Engelbert und Herlth „empirisch nachgewiesene Zusammenhänge zwischen geringer Wohnungsgröße und einer stärkeren Kontrollhaltung der Eltern“ (Engelbert, Herlth 1993, S. 407).

4.2.2 Einfluss der heutigen Lebenswelten auf die kindliche Bewegungsentwicklung von Kindern

Die gesellschaftlichen Veränderungen und die vielfältigen, eigens für Kinder entwickelten Angebote bedeuten eine Kanalisierung ihrer Bewegungshandlungen. Nach Beck (1986) ist der Trend zur Individualisierung von Lebensformen mit einer zunehmenden Außensteuerung durch Institutionen verbunden, die auch schon den Kinderalltag strukturieren und die kindliche Bewegungsentwicklung beeinflussen. Bewegungshandlungen und Spiel sind nicht mehr selbstbestimmt sondern unterliegen zunehmend Prinzipien wie Effizienz und Leistung, Ordnung und Organisation, Pünktlichkeit und Berechenbarkeit.

Die mit steigender Tendenz größeren Bewegungserfahrungen werden heute in häuslichen oder institutionellen Innenräumen gemacht. Kinder verfügen über ein reichhaltiges Spielzeugangebot, mit dem sie hauptsächlich feinmotorisch aktiv sind. Noch stärkeren Bewegungseinschränkungen unterliegen die Kinder während der Mediennutzung. Körperliche Aktivität ist dann auf ein Minimum reduziert. Der Zeitaufwand, den Kinder für das Fernsehen nutzen, beträgt laut einer Untersuchung von Glogauer (1995) bei 35 % der befragten 6- bis 8-jährigen Kinder bis zu 30 Stunden pro Woche.

Diese Mediatisierung hat neben den passiv verbrachten Stunden einen großen Einfluss auf Spielinhalte und Bewegungshandlungen von Kindern. Themen, die im Fernsehen von hoher Attraktivität für Kinder sind, können die Kinder mit Themenspielzeug von Barbie, Playmobil, LEGO etc. nach gestalten. Dabei wird die eigenaktive Bewegung des Kindes auf den Umgang mit beweglichen Modellen minimiert. „Das Spielzeug diszipliniert und domestiziert kindliche Bewegungen“ (Breuer 2002, S. 157).

4.2.3 Einfluss von institutioneller Betreuung auf die kindliche Bewegungsentwicklung

Die Bewegungsentwicklung von Kindern wurde in der frühkindlichen Erziehungs- und Betreuungstätigkeit lange als ein Aspekt von vielen zu fördernden Bereichen betrachtet. Bewegungsförderung von Kindern begrenzte sich hauptsächlich auf den Erwerb praktischer, sich selbst versorgender und später für die Schule notwendiger Fertigkeiten. Ganzheitliche Entwicklungsförderung, bei der Motorik als Weg der Umweltauseinandersetzung und -aneignung, als Kommunikations- und Ausdrucksmittel der kindlichen Persönlichkeit verstanden wird, beginnt sich erst in den 90er Jahren des vergangenen Jahrhunderts in größerem Maße in den Tageseinrichtungen in Deutschland zu etablieren. Den Kindern stehen in den Tageseinrichtungen sehr unterschiedliche materiell-räumliche Bedingungen für ihre Bewegungsaktivitäten zur Verfügung. Das betreuende Personal hat zudem einen entscheidenden Einfluss auf Dauer und Qualität ihrer Bewegungsaktivitäten. Untersuchungen von Zimmer (1981), Ungerer-Röhrich (1997), Breuer, Rumpeltin und Schülert (1998), Prohl und Seewald (1998), Scherrer (2002), Rethorst (2002) sowie Krombholz (2005) belegen, dass sich die motorische Leistungsfähigkeit in bewegungsfreudigen Kindergärten gut entwickelt. Die Ergebnisse zeigen deutliche Entwicklungsfortschritte bei den Kindern der Untersuchungseinrichtungen mit guter Motorikförderung. Besonders deutlich ist die Leistungssteigerung laut Krombholz (2005) bei Gesamtkörperkoordination, Schnelligkeit, Gewandtheit und Kraft. Eine detaillierte Betrachtung der Einflussfaktoren innerhalb der Institution Kindertagesstätte impliziert, dass die materiell-räumliche Ausstattung weniger wichtig, aber die Qualität der motorischen Förderung durch die Erzieherinnen entscheidend für den motorischen Leistungszuwachs der Kinder ist (Scherrer 2002). Bewegungsangebote müssen kindlich bedeutsam und altersgerecht sein (Zimmer 1981). Die in Tageseinrichtungen praktizierte „Organisation von Kindern, ihre Zusammenfassung in überschaubaren Räumen" bewirkt, dass Spiel- und Bewegungsanlässe nicht auf Eigeninitiative der Kinder basieren (Thiemann 2002, S. 163).

Aber gerade selbst organisierte Bewegungsanlässe innerhalb des kindlichen Bedeutungskontextes haben laut Zimmer die größte Relevanz für die motorische Entwicklung von Kindern. Zimmer zeigt eine Tendenz auf, dass es mit Zunahme der motorischen Anregungen in Kindertageseinrichtungen in Kombination mit gemeinsamen Sportaktivitäten mit den Eltern und der eigenen sportlichen Betätigung zu deutlichen Motorikverbesserungen bei Kindern kommt. Dabei sind die selbst organisierten Aktivitäten nachweislich von größter Bedeutung. Nicht die fremd gesteuerte Bewegungstätigkeit fördert, sondern intrinsisch bedeutsame, altersspezifische und kindgemäße Bewegungsspiele (Zimmer 1981).

4.2.4 Einfluss der Aktivität im Sportverein auf die Bewegungsentwicklung von Kindern

Büchner und Fuhs (1994) stellen fest, dass in Deutschland ca. 40 % aller Kinder drei oder mehr feste Termine in der Woche haben. Die Aktivitäten in Sportvereinen gehört dabei zu den häufigsten Terminen. Zudem wird eine Tendenz eines immer früheren Zugangs zu sportlichen Handlungsfeldern beschrieben (Büchner, Fuhs 1993, Schmidt 1993 und Zinnecker 1990).

Schmidt kennzeichnet dieses Phänomen: „Kinder werden trainiert, bevor sie selbst spielen können" (Schmidt 1998, S. 135). Diese Entwicklung eines veranstalteten Bewegungslernens bevorzugt hauptsächlich das zweckorientierte Erlernen von bestimmten Sportfertigkeiten. Breuer belegt, dass „Kinder in Sportvereinen nicht vielfältige, sondern eng zugeschnittene Bewegungserfahrungen sammeln" (Breuer 2002, S. 166). Individuelle Bewegungsbedürfnisse der Kinder werden unterdrückt. Kinder lernen zwischen richtigen (den vorgegebenen und zu erlernenden) und falschen Bewegungen (den unsportlichen, verspielten) zu unterscheiden und übertragen diese in ihr eigenes freies Spiel. Nach Breuer(2002) entwickeln sich äußere Bewegungserfahrungen von Kindern zunehmend zu Anwendungen von sportmotorischen Fertigkeiten.

Auch Behnken et al. (1994) sprechen von einer Anreicherung sportiver Elemente im freien Bewegungsspiel der Kinder. In Sportvereinen erworbene sportartspezifische Fertigkeiten und die hohe, durch Medien beeinflusste Attraktivität einzelner Sportarten beeinflussen die Bewegungsaktivitäten von Kindern in ihrer Freizeit. Einerseits schränkt diese zunehmend sportive Umweltauseinandersetzung die kindlichen Bewegungserfahrungen deutlich ein, reduziert besonders die schöpferisch spielerische Umweltauseinandersetzung und minimiert diese Art Bewegungsentwicklung.

Andererseits weisen Kretschmer, Hagemann und Giewald (2000) in ihrer Untersuchung einen signifikanten Einfluss von nachmittäglichen sportlichen Aktivitäten auf eine bessere motorische Entwicklung nach. Damit liegen sie im Konsens mit Krombholz (2005). Seine Ergebnisse belegen, dass Kinder, die sportliche Angebote in Vereinen nutzen, deutlich bessere Ergebnisse in motorischen und kognitiven Tests erreichen.

4.3 Zusammenfassung des Forschungsstandes

Die Ergebnisse vorhandener Untersuchungen zu den Auswirkungen sich verändernder ökologischer Einflussfaktoren auf die Bewegungsentwicklung von Kindern sind nicht homogen. In vereinfachter Sichtweise zusammengefasst, haben einzelne veränderte Umweltfaktoren keinen oder nur sehr geringe Einflüsse. Nach Kemper (1982) dürfen geringe Einflüsse einzelner Merkmale jedoch nicht unterschätzt werden, da sie kumulierend und zeitverzögert wirksam werden können. So kann die Summe ungünstiger Umweltfaktoren die motorische Entwicklung der Kinder negativ beeinflussen. Es ist hier jedoch von einer unzureichenden Datenlage auszugehen. „Bisher gibt es nur wenige Versuche, diese Ebenen miteinander zu verbinden und Vermittlungsketten zwischen Umweltkontexten, Bewegungsaktivitäten und motorischer Entwicklung zu rekonstruieren“ (Baur, Bös, Singer 1994, S. 46).

Die derzeitige pessimistische und zivilisationskritische Sichtweise, nach der-Veränderungen der motorischen Leistungsfähigkeit kausal mit Veränderungen der Lebens- und Bewegungswelt erklärt werden können, wird von Kretschmer, Hagemann und Giewald (2000) überprüft. Sie stellen geringe Verschlechterungen der motorischen Leistungsfähigkeit von Kindern zu vor 15 bis 20 Jahren fest und diese vorrangig bei jüngeren Kindern. Sie kommen zu dem Ergebnis, dass sich die motorischen Leistungen weniger dramatisch verschlechtert haben und der Einfluss einiger Umweltvariablen weniger stark ist, als oft behauptet. Auch Rethorst (2002) kann keine signifikante allgemeine Leistungsverschlechterung der Kinder nachweisen, betont aber mit einem Verweis auf Untersuchungen mit Grundschulkindern von Dordel (2000) und Eggert (2000), dass diese Effekte erst verzögert in der Grundschule auftreten können. In der differenzierten Betrachtung einzelner Teilaufgaben belegt sie Unterschiede in der Leistungsfähigkeit für Bereiche der Feinmotorik und der Auge-Hand-Koordination. Sie weist nur gering signifikante Beziehungen zwischen Motorikleistungen und Lebensbedingungen der Kinder nach. Auch Scherrer (2002) belegt auffallend geringe Zusammenhänge zwischen veränderten Umweltbedingungen und der Entwicklung des Kindes.

Auswertungen der Schuleingangsuntersuchungen über einen Zeitraum von 16 Jahren belegen in einer Trendanalyse ein leichtes Ansteigen körperlicher Beeinträchtigungen. An zweiter Stelle der Befundhäufigkeit stehen Störungen der Feinmotorik und der Ganzkörpermotorik. (Essener Kinderbericht 1999). Kurz (1993) führt dies auf eine mangelnde Beanspruchung zurück, nach dem Motto: Was nicht belastet wird, kann sich nicht entwickeln. Dazu schreibt Dordel (1991, S. 501): „Bewegungsmangel bzw. die Einschränkung der Bewegungsmöglichkeiten führt bei Kindern im Wachstum dazu, [...] dass sich der Organismus in seiner Gesamtheit nicht entwickeln kann; für die motorische Entwicklung wichtige sensible Phasen verstreichen, ohne dass die notwendige Quantität und Qualität der Bewegungserfahrung gewährleistet wird." Im 1. Kinder- und Jugendsportbericht schreiben SYGUSCH, BREHM und UNGERER-RÖHRICH dazu: „Legt man die wenigen vorliegenden Kenntnisse zum gesundheitsrelevanten Bewegungsmaß für das Kindes- und Jugendalter zu Grunde, so sind für bis zu 20 % der Kinder und Jugendlichen gravierende körperliche Unterforderungen – d. h. ein ausgeprägter Risikofaktor Bewegungsmangel – zu vermuten mit allen negativen Folgen für den Gesundheitsstatus. [...] Neben klassischen Risikofaktoren (wie Übergewicht) sind sensorische und motorische Störungen eine mögliche Folge, die sich bei 15 % bis 20 % der Kinder u. a. in motorischen Ungeschicklichkeiten im Alltag sowie einer Zunahme von Unfällen ausdrückt" (Sygusch, Brehm, Ungerer-Röhrich 2003, S. 65 ff. mit Verweis Kurz, Tietjens 1998).

4.4 Einfluss motorischer Förderung auf die ganzheitliche Entwicklung von Kindern

Unter dem Gesichtspunkt der ganzheitlichen Entwicklung von Kindern wurde in den Forschungen neben der motorischen Entwicklung auch deren Einfluss auf andere Persönlichkeitsdimensionen und die weiterreichenden Effekten ihrer Förderung untersucht. Damit einher geht das wachsende Interesse vom Wechselspiel der Motorik mit kognitiver, sprachlicher und sozial-emotionaler Entwicklung von Kindern, wobei wissenschaftliche Daten dazu erst in Ansätzen vorhanden sind (Heim, Stucke 2003, S. 143 f.).

4.4.1 Motorische Förderung und kognitive Entwicklung

Ausgehend von PIAGET existiert ein Theoriengebäude zum Zusammenhang von motorischer und Intelligenzentwicklung, den zahlreiche Untersuchungen in der zweiten Hälfte des vergangenen Jahrhunderts nachzuweisen suchten. SCHILLING (1973) kann bei seinen Forschungen keinen Zusammenhang zwischen Motorik- und Intelligenzwerten bei gesunden und normal begabten Kindern feststellen. Die Korrelation zwischen Motorik und Intelligenz wird zwar bei abnehmender Intelligenz enger, ist aber keine direkte kausale Abhängigkeit. „Allgemein kann von einem Zusammenhang von Intelligenz und Motorik nicht gesprochen werden" (Schilling 1973, S. 190 f.). Zu ähnlichen Ergebnissen kommen ZAICHOWSKY, ZAICHOWSKY und MARTINEK (1980) in einer Überblickstudie des anglo-amerikanischen Sprachraumes. Sie stellen auch nur leichte Zusammenhänge fest, wobei die Korrelationen bei jüngeren oder retardierten Kindern höher ausfallen. Die

Autoren verweisen zudem auf die große Bedeutung der personellen Umwelt für den Zusammenhang von motorischer und kognitiver Entwicklung, da diese einen großen Einfluss auf Variablen wie Motivation, Selbstkonzept und soziale Beziehungen von Kindern haben. KROMBHOLZ (1985, 1988) kann in seinen Untersuchungen nur leicht signifikante Zusammenhänge belegen. In den Untersuchungen von

EGGERT und SCHUCK (1975), ZIMMER (1981) sowie SCHERRER (2002) wird ein Zusammenhang von motorischer und kognitiver Entwicklung jedoch bestätigt. Dabei weist ZIMMER (1981) signifikante Korrelationen zwischen Motorik und Intelligenz - besonders der Handlungsintelligenz - nach, wobei sie feststellt, dass mit zunehmendem Alter der Kinder dieser Zusammenhang abnimmt. SCHERRER (2002) belegt hochsignifikante Zusammenhänge zwischen Motorik und beiden Intelligenzdimensionen, besonders zwischen Motorik und praktischer Intelligenz des Kindes.

4.4.2 Motorische Förderung und sozial-emotionale Entwicklung

Sehr wenig Datenmaterial existiert zum Zusammenhang von Motorik und sozial-emotionaler Entwicklung der Kinder. Es ist auf Grund des Alters der Kinder schwierig, die Entwicklung dieser Persönlichkeitsbereiche objektiv zu erfassen. Die Kinder selber stehen nur eingeschränkt als Interviewpartner zur Verfügung, die beobachtenden Eltern oder Erzieherinnen sind subjektiv betroffen, unterliegen Störeinflüssen und dem Wiederholungseffekt. Zudem kommen die Elternfragebögen nur in begrenzter Anzahl zurück.

In einer Längsschnittuntersuchung weisen DIEM, LEHR, OLBRICH und UNDEUTSCH (1980) motorisch geförderten Kindern eine bedeutend fortgeschrittenere soziale Entwicklung nach. ZIMMER kann nachweisen, dass die Motorik einen großen Einfluss auf die Emotionalität der Kinder besitzt. Die Ergebnisse von ZIMMER (1981) und RETHORST (2002) bestätigen einen Zusammenhang von motorischer und sozial- emotionaler Entwicklung.

4.5 Zusammenfassung des Forschungsstandes zum Einfluss motorischer Förderung auf die Persönlichkeitsentwicklung

Die Bedeutung von Bewegung für die Entwicklung von Kindern ist heute unumstritten. Bewegung hat einen sehr komplexen Einfluss auf ihre Entwicklung. Dieses Bedingungsgefüge ist umso größer, je jünger die Kinder sind. Alle Bereiche der kindlichen Entwicklung sind davon betroffen. Nachweislich hat die Förderung von Bewegung einen positiven Einfluss auf die motorische Entwicklung. Auch dieser Effekt wirkt umso stärker, je jünger die Kinder sind. Die Ergebnisse der aufgeführten Untersuchungen bilden dazu einen breiten Konsens. Wie sich motorische Leistungsfähigkeit und Entwicklung auf die anderen Persönlichkeitsbereiche auswirken, ist noch nicht ausreichend nachgewiesen.

Rieder schreibt zu der Rolle der Motorik in der Entwicklungspsychologie: „Die multifaktorelle Verflechtung der Motorik mit kognitiven, sozialen und emotionalen Aspekten sowie das Ineinander von hereditären und ontogenetischen Faktoren machen Untersuchungen so schwierig und so reizvoll“ (Rieder 1976, S. 128). Und obwohl die wenigen bisherigen Untersuchungsergebnisse optimistisch klingen, wie bei Rethorst: „bewegte Kinder entwickelten in kürzester Zeit ein größeres Bewegungsgeschick und -repertoire, waren sicherer, selbstbewusster, optimistischer, kreativer und sozialer“ (Rethorst 2002, S. 7, 50 ff.) oder Scherrer: „in jedem Falle [...] ist die Entwicklung der Motorik und der Intelligenz des Kindes eng und nachhaltig mit dem verbunden, was die Kinder im Kindergarten erfahren“ (Scherrer 2002, S. 105 ff.), bedarf es umfassender weiterer wissenschaftlicher Forschungen, um diese komplexen Zusammenhänge zu verstehen und effektiv entwicklungsfördernd nutzen zu können.

5. Motorische Förderung in Tageseinrichtungen für Kinder

Die vorhandenen Erkenntnisse über die Wirkung früher motorischer Förderung auf die motorische Entwicklung von Kindern einerseits und der oben beschriebene Forschungsbedarf über die Effekte für die Gesamtentwicklung andererseits, bilden die theoretische Grundlage für Projekte der Kooperation von wissenschaftlichen Einrichtungen und Sportvereinen als Jugendhilfeträger, die eine motorische Förderung von Kindern in Tageseinrichtungen zum Ziel haben. Die Einrichtung und der Betrieb der Kindergärten ist Aufgabe des Trägers. Die motorische Förderung der Kinder und die wissenschaftliche Begleitung erfolgen durch eine Partneruniversität.

5.1 Sportkindergärten

Die ersten Sportkindergärten in Deutschland entstanden 1972 in Freiburg (Freiburger Turnerschaft 1844 e. V.), 1974 in Osnabrück (Osnabrücker Turnerbund), 1976 in Stuttgart (Turn- und Sportbund 1867 e. V.), 1985 in Göttingen (Universität Göttingen) und 1991 in Weiterstadt (Sportgemeinde Weiterstadt 1886 e. V.). Anfangs stand die sportmotorische Förderung mit dem damals geltenden Verständnis von Bewegungslernen im Vordergrund. Den Kindern wurden im Kindergarten regelmäßige Turnstunden angeboten und der Einstieg in Sportarten wie z. B. Rollschuhlaufen, Schwimmen, Turnen ermöglicht.

Es sind Kindergärten unter freier Trägerschaft mit individuellen Konzeptionen ihrer pädagogischen Arbeit, mit trägerspezifischen Besonderheiten wie z. B. zusätzlich angebotenen Sportgruppen, mit Personal wie Sport- oder Gymnastiklehrern, Trainern, Übungsleitern, besonderen Raum- und Materialausstattungen und individuellen Finanzierungsmodellen über Fördervereine und zusätzliche Elternbeiträge. Diese Einrichtungen haben materielle, räumliche und personelle Bedingungen, welche nicht mit Tageseinrichtungen für Kinder unter Regelstrukturen der jeweiligen Ländergesetze vergleichbar sind.

5.2 Bewegungsfördernde Kindergärten

Die Veröffentlichung der Untersuchungsergebnisse über diese Sportkindergärten, Initiativen von Bildungs- und Interessensvertretungen, das Modell „Bewegte Schule" beschreiben die Bedeutung von Bewegungsförderung in der Kindheit. Auch fachpolitische Gremien, Pädagoginnen und Studierende in Ausbildungseinrichtungen diskutieren den Stellenwert von Bewegungserziehung im Kindergarten. Dies findet heute in den Bildungsplänen der Länder seinen Niederschlag, in denen der Bewegungsförderung in Kindertageseinrichtungen durchgängig eine hervorragende Bedeutung gegeben wird.

Die Deutsche Sportjugend führte 1979 eine Bestandserhebung „Zur Situation der Bewegungserziehung im Kindergarten und Verein" durch und deckte folgende Schwachstellen und Mängel auf:

- räumliche und materielle Voraussetzungen
- Ablauf der Bewegungsangebote
- Qualifikation der Erzieherinnen in Bezug auf die Bewegungserziehung.

Die Auswertung dieser Studie war Anfang der 1980ziger Jahre ein entscheidender Anstoß auch innerhalb der Sportorganisationen, dieses Thema wahrzunehmen und die Zielgruppe der Kinder unter sechs Jahren stärker zu beachten. Verschiedene sportpolitische Handlungsprogramme wurden konzipiert und auf den Weg gebracht. Dabei wurden mehrere Aspekte in die Überlegungen einbezogen. Mit dem Ziel der Verbesserung der Qualifikation der Erzieherinnen wurde in Auswertung der Bestandserhebung eine Sonderlizenz-Ausbildung „Sport im Elementarbereich" entwickelt und ab 1980 angeboten. Diese Sonderausbildung, deren ursprüngliche Zielgruppe Übungsleiterinnen der so genannten „Mutter-Kind-Gruppen" waren, wurde in den folgenden Jahren von den Landessportbünden weiterentwickelt und wird seit 1992 in Nordrhein-Westfalen als „Bewegungserziehung im Kleinkind- und Vorschulalter" (ÜL-BiKuV) auf der zweiten Lizenzstufe angeboten. In anderen Bundesländern gibt es ähnliche Ausbildungen. Damit werden zum jetzigen Zeitpunkt in NRW alle Erziehenden angesprochen, die mit Kindern dieser Altersstufe arbeiten.

Der Prozess der Erarbeitung der Lehrmaterialien für diese Ausbildung war geprägt von einer theoretischen Auseinandersetzung mit dem Leitbild des Deutschen Sportbundes, mit gängigem Sportverständnis der Bewegungsförderung und dessen Übertragung auf die Altersgruppe kleiner Kinder. Es wurde ein Konzept erarbeitet, welches sowohl den ganzheitlichen Entwicklungsbegriff und die Altersbesonderheiten berücksichtigte, als auch die Bedeutung von Bewegung, Spielen, Lernen und Partizipation im frühen Kindesalter mit der motorischen Förderung verband.

5.2.1 Kindergärten in Kooperationen mit Sportvereinen

Tageseinrichtungen für Kinder sind Jugendhilfeeinrichtungen und unterliegen dem Kinder- und Jugendhilfegesetz (KJHG). Damit sind sie kein primäres Handlungsfeld des organisierten Sports. Ihre materielle und räumliche Ausstattung erfolgt unter anderen Vorgaben und entspricht oft nicht bewegungsfördernden Kriterien. Die öffentlichen und freien Träger der Jugendhilfe verfügen nicht über ausreichende finanzielle Ressourcen, diese Situation zu ändern. Aus diesen Gründen kann eine Kooperation von Kindertageseinrichtung und Sportverein positive Auswirkungen haben, die sich bei den Sportkindergärten deutlich zeigen. Eine Bewegungsförderung für Kindergartenkinder zu erreichen und dafür die Ressourcen von Sportvereinen zu nutzen, scheint vorteilhaft für beide Partner. So können die Kindergartenkinder vormittags, wenn kein Trainingsbetrieb stattfindet, leer stehende Hallen, Materialien und Geräte nutzen und nachmittags in bekannten Räumen Vereinsangebote besuchen. Eine gute Elternarbeit im Kindergarten würde möglicherweise auch den Eltern und Geschwistern den Zugang zum Verein erleichtern. Dies könnte eine gute Form von Mitgliederwerbung darstellen und Familien langfristig an Sportvereine binden. Ob dies in der Praxis realisierbar ist und signifikante positive Effekte für die motorische Entwicklung von Kindern und auch für die Mitgliederentwicklung der Sportvereine hat, ist bisher nicht empirisch belegt worden.

5.2.2 Kindergärten unter Trägerschaften von Sportvereinen in NRW

Mit Umsetzung des KJHG und dem darin festgelegten Rechtsanspruch auf einen Kindergartenplatz für alle Kinder ab drei Jahren wurden ab 1996 viele neue Tageseinrichtungen für Kinder in den alten Bundesländern eröffnet.

Träger	Kindertagesstätten	Plätze	Anteil %
DRK	296	6000	3,0
AWO	734	16.355	7,5
DPWV	1.157	26.195	11,9
Diakonie	1.773	23.481	18,2
Kommunen	2.411	59.273	27,4
Caritas	3031	30.673	31,1
Sonstige	-	5935	3,5

TABELLE 01: TAGESEINRICHTUNGEN AUFGETEILT AUF TRÄGER IN NRW

Dabei übernahmen gemeinnützige und kommunale Träger die Verantwortung für diese Einrichtungen. Ende 2002 wurden in Nordrhein-Westfalen 610.617 Kinder in 9.743 Tageseinrichtungen betreut (spi 2005).

Beschäftigte insgesamt	73.709
Erzieherinnen	48.650
Sozialpädagoginnen	1.367
Kinderpflegerinnen	10.507
Sonstige (auch Jahrespraktikantinnen)	13.185

TABELLE 02: BESCHÄFTIGTE IN KINDERTAGESEINRICHTUNGEN IN NRW

Ab 1999 öffneten auch die ersten Kindergärten unter Trägerschaft von Sportvereinen (SV), Stadt- und Kreissportbünden (SSB, KSB) in Nordrhein-Westfalen.

5.2.3 Zusammenarbeit zwischen Kindergärten und Sportjugend in Nordrhein-Westfalen

Die Sportjugend NRW startete1996 ihr umfangreiches Handlungsprogramm *Lobby für Kinder*. Im Verlauf dieser Initiative, die helfen soll, Bewegungs- und Entwicklungsmöglichkeiten von Kindern zu sichern und zu erweitern, wurden schrittweise alle Lebens- und Sozialisationsbereiche von Kindern in Handlungsfeldern dieser Initiative integriert. Ein wichtiger Aspekt war dabei von Beginn an die Nachhaltigkeit. Ziel war nicht nur die befristete Verbesserung aktueller Situationen vor Ort. Zentrales Thema war die Befähigung von Betreuerinnen und Pädagoginnen, selbstständig und partizipierend mit den ihnen anvertrauten Kindern in unterschiedlichen Arbeitsfeldern langfristig positive Veränderungen zu bewirken und diese zu erhalten. Übungsleiterinnen, Lehrerinnen, Erzieherinnen, Betreuerinnen erhielten Angebote, ihr Wissen zu erweitern und zu multiplizieren. Kooperationen, die Bildung von Netzwerken mit anderen Institutionen und die Zusammenarbeit mit den Eltern sind dabei sinnvoll und ausdrücklich erwünscht. Auch in Nordrhein-Westfalen sind Kooperationen zwischen Kindergärten und Sportvereinen initiiert worden, die seit 1999 als ein Kriterium für die Bewegungskindergärten gelten. Von Anfang an entwickelte sich eine enge Zusammenarbeit zwischen dem Personal der Kindergärten und ihren Trägerorganisationen, den Sportvereinen, Stadt- oder Kreissportbünden und deren Landesorganisation, dem Landessportbund (LSB) und der Sportjugend (SJ) in Nordrhein-Westfalen. Die Erzieherinnen profitierten nicht nur von den Ressourcen und dem Fachwissen der Träger, sondern auch vom Aus- und Fortbildungsprogramm der Landesorganisation, ihrer Lobbyarbeit und den Möglichkeiten, die räumlich auf ganz NRW verstreuten Einrichtungen unter ihrer Schirmherrschaft zu vernetzen. So konnten die pädagogischen Mitarbeiterinnen dieser Kindergärten auch die Sonderausbildung „Bewegungserziehung im Kleinkind- und Vorschulalter" nutzen. Durch ihre eigene Fortbildung hinterfragten die Erzieherinnen ihr Verständnis für die Bedeutung der Bewegung für die ganzheitliche Entwicklung der Kinder. Darauf basierend veränderten sie das Profil ihrer Einrichtungen konzeptionell und materiell und richteten ihre pädagogische Arbeitnach den neu erworbenen Erkenntnissen aus. Sie gestalteten Bewegungsbaustellen, Snoezelräume und Wahrnehmungsecken, räumten Tischeund Stühle aus den Gruppenräumen und öffneten Türen für die Kinder. In den Konzeptionen ihrer Einrichtungen haben die Erzieherinnen die Förderung von Wahrnehmung und Bewegung als pädagogisches Handlungsprinzip für eine ganzheitliche Persönlichkeitsentwicklung festgeschrieben. Mit der Bezeichnung Bewegungskindergarten betonen Landessportbund und Sportjugend NRW die Bedeutung von Bewegung, Spiel und Sport für die Kinder.

Damit wurde auch inhaltlich eine Abgrenzung gegenüber den Sportkindergärten angestrebt, die zusätzliche sportartspezifische Angebote für die Kinderin die Tagesgestaltung einbeziehen und dadurch Nachwuchs- und Talentförderung für den Sport betreiben. Über die Sportjugend erhielten die Mitarbeiterinnen der Bewegungskindergärten die Möglichkeit zu regelmäßigen Arbeitstreffen. Diese sicherten einen fachlichen Austausch unter den Pädagoginnen sowie fachpolitische Information und Beratung.

5.2.4 Qualitätsgütesiegel für die pädagogische Arbeit in Kindertageseinrichtungen

Aus anderen Bereichen des öffentlichen Lebens sind Qualitätsgütesiegel der Arbeit seit längerem bekannt. Sie sollen zur Effektivität von Produktions- und Zirkulationskreisläufen beitragen, Arbeitsprozesse und Verantwortlichkeiten transparent machen und eine positive Wirkung für die Institutionen und Betriebe haben. Darum nehmen viele die oftmals sehr teuren, personal- und zeitaufwändigen Prozeduren in Kauf, um anschließend von besseren Auftragslagen, höherer gesellschaftlicher Anerkennung oder finanzieller Bezuschussung zu profitieren.

Auch in der Landschaft der Tageseinrichtungen für Kinder gibt es solche Instrumentarien. Die KES (Kindergarten-Einschätz-Skala von Tietze), die Materialien des Kronberger Kreises, die DIN ISO 9000 ff. oder diverse trägerinterne Instrumente sollen die Arbeit in Tageseinrichtungen bewerten und transparent machen. Die Pädagoginnen nutzen sie auch aus der Annahme, dass die bestätigte Qualität pädagogischer Arbeit einer Tageseinrichtung für Eltern ein wesentlicher Aspekt der Auswahl für die Betreuung ihrer Kinder ist. Sie soll Trägern, Eltern und der Öffentlichkeit in Zeiten sinkender Geburtenraten und knapper werdender öffentlicher Mittel die Qualität, die Richtung und Umsetzung der pädagogischen Arbeit dokumentieren. Aus diesen Gründen unterwerfen viele Kindertagesstätten ihre Konzeptionen und ihre pädagogische Arbeit einer Qualitätsprüfung.

5.2.5 Gütesiegel „Anerkannter Bewegungskindergarten des LandesSport-Bundes in Nordrhein-Westfalen"

Die Bezeichnung Bewegungskindergarten ist kein geschützter Titel, jede Tageseinrichtung für Kinder kann sich so nennen. Um diesen Begriff mit einem Mindeststandard zu versehen, entwickelten die Erzieherinnen der ersten Tageseinrichtungen unter Trägerschaft von Sportvereinen in NRW zusammen mit der Sportjugend NRW einen Kriterienkatalog für die Arbeit nach einem bewegungspädagogischem Ansatz. Der Kriterienkatalog beschreibt heute den Qualitätsstandard von Kindergärten in Nordrhein-Westfalen, die sich als Bewegungskindergärten verstehen und in der Öffentlichkeit so wahrgenommen werden wollen. Die Umsetzung dieser Kriterien muss in einem Prüfungsverfahren nachgewiesen werden. Die Tageseinrichtung und der kooperierende Sportverein erhalten anschließend von der Sportjugend Nordrhein-Westfalen das Gütesiegel „Anerkannter Bewegungskindergarten des Landessportbundes NRW" und der Sportverein das Pendant „Kinderfreundlicher Sportverein". Im Handlungsrahmen für ein bewegungspädagogisches Konzept (Lehmann, 1992, 2003, 2005) werden die Kriterien detailliert beschrieben. Diese Broschüre gibt den Mitarbeiterinnen in Kindertageseinrichtungen ausführliche Hilfen für die Entwicklung und Umsetzung eines bewegungspädagogischen Konzeptes. Außerdem wurde ein Leitfaden für die Kooperation von Kindertageseinrichtung und Sportverein (Balster, Beckmann 1998, 2005) entwickelt. Der Leitfaden gibt den Tageseinrichtungen und Sportvereinen Hilfen für den Aufbau einer effektiven Zusammenarbeit.

Vor Verleihung des Gütesiegels „Anerkannter Bewegungskindergarten desLandesSportBundes Nordrhein-Westfalen" müssen nachstehende verbindliche Kriterien von den Einrichtungen nachgewiesen werden:

- Konzeption
- Sonderausbildung
- Raumgestaltung
- Materialauswahl
- angeleitete Bewegungsangebote
- Freifläche der Tageseinrichtung

-Eltern- und Öffentlichkeitsarbeit
-Kooperation mit dem Sportverein (Balster, Beckmann 2005, S. 18 ff.).

Konzeption: Festschreibung des bewegungspädagogischen Ansatzes der Bildungs- und Erziehungsarbeit in der Konzeption der Einrichtung, die vom Elternrat und Träger bestätigt sein muss (Lehmann 2005). Der pädagogischen Arbeit in den Kindertageseinrichtungen liegt ein umfassendes theoretisches Verständnis zugrunde. Die Grundthesen und Einstellungen finden sich im pädagogischen Profil einer Tageseinrichtung wieder. Die daraus abgeleiteten Grundsätze der Arbeit mit den Kindern, die Gestaltung des Alltagslebens, die Träger-, Eltern- und Öffentlichkeitsarbeit werden in der Konzeption der Einrichtung definiert, in der außerdem das Personal der Einrichtung vorgestellt und die räumlich-materielle Ausstattung beschrieben werden. Die Konzeption einer Tageseinrichtung für Kinder wird von ihrem höchsten Gremium, dem Rat der Tageseinrichtung, erarbeitet und verabschiedet und ist damit Handlungsgrundlage der Arbeit in einer Kindertagesstätte. Die Grundsätze der pädagogischen Arbeit der Bewegungskindergärten werden in den Teams über die Auseinandersetzung mit theoretischen-Ansätzen und eigenem pädagogischen Verständnis entwickelt.

Für die Bedeutung von Bewegungsförderung empfiehlt der Handlungsrahmen die Auseinandersetzung mit folgenden theoretischen Ansätzen und aktuellen gesellschaftlichen Entwicklungen (Lehmann 2005):

Die Bewegungserziehung als unverzichtbare Dimension von Bildung und Erziehung ist grundlegendes Prinzip der pädagogischen Arbeit in den Bewegungskindergärten. Es wird untermauert von sozialpädagogischen und entwicklungspsychologischen Theorien.

Lernpsychologisch orientieren sich die Pädagoginnen an Piaget, dessen Theorie ein Menschenbild zugrunde liegt, welches das Kind als neugieriges und entdeckungsfreudiges, aktiv handelndes Wesen betrachtet. Je jünger die Kinder sind, desto existenzieller ist es für sie, sich ihre Welt über Wahrnehmung und Bewegung zu erschließen. Eigene sensorische und motorische Erfahrungen sind nach Piaget Voraussetzungen für die Entwicklung der Intelligenz und des logischen Denkens, denn: „indem sich das Denken den Dingen anpasst, organisiert es sich selbst, und indem es sich selbst organisiert, strukturiert es die Dinge“ (Piaget 1975, S. 14).

Das Konzept der Bewegungskindergärten von Zimmer (2001), angelehnt am humanistischen Menschenbild und anthropologischen Grundannahmen über das Wesen des Menschen, enthält folgende Grundgedanken:

- dem Streben nach Autonomie und soziale Interdependenz
- der Selbstverwirklichung
- der Ziel- und Sinnorientierung
- der Ganzheit von psychischen, kognitiven, emotionalen, sozialen und somatischen Prozessen (Zimmer 2001, S. 24).

Gesundheitsförderung und -erziehung sind Bestandteile des Bildungs- und Erziehungsauftrages der Tageseinrichtungen für Kinder. Hier fließt die ganzheitliche Gesundheitsdefinition der WHO (1986), die Gesundheit als „Prozess einer möglichst weitgehenden Entfaltung des gesundheitlichen Potenzials jedes Menschen in physischer, psychischer und sozialer Hinsicht anstrebt", mit ein. Die Bewegungskindergärten orientieren sich außerdem an dem ressourcenorientierten Salutogenesemodell Antonowskis (1987). Darin wird die Stärkung des Wohlbefindens der Kinder nicht nur als körperliche Unterstützung von Wachstumsreizen, Anregung des Herz-Kreislauf- und des Immunsystems und als Training von Muskeln und koordinativen Fähigkeiten verstanden. Ressourcenorientierte Gesundheitserziehung stärkt die ganzheitlichen Abwehrkräfte und das individuelle Gesundheitsgefühl. So kann sie den negativen Auswirkungen veränderter Lebensbedingungen, besonders Bewegungsmangelerkrankungen und deren psychosomatischen und sozialen Auswirkungen vorbeugen.

Das Leitbild des LSB und der SJ bekennt sich zum humanistisch geprägten Menschenbild, das Würde und Freiheit der Person wahrt. „Sport dient dem Menschen zur bewegungs- und körperorientierten ganzheitlichen Entwicklung der Persönlichkeit und trägt in einer intakten Umwelt zur Gesundheit in physischer, psychischer und sozialer Hinsicht bei" (2000, S. 2). Dieses Leitbild dient auch als Grundlage der Konzeptionen in den Bewegungskindergärten.

Aus sicherheitserzieherischer Sicht steht heute nicht mehr die Vermeidung und Regulierung von Bewegung im Vordergrund. Bewegung wird als Training der motorischen Fähigkeiten und Fertigkeiten verstanden, damit Kinder Kompetenzen im Umgang mit Alltagssituationen in ihren sozialen Lebensräumen entwickeln. Besonders in Zeiten, in denen der natürliche und soziale Lebensraum der Kinder immer eingeschränkter wird, ist die Bedeutung von ausreichenden Wahrnehmungs- und Bewegungserfahrungen gestiegen. Tageseinrichtungen für Kinder müssen häufig die fehlenden Bewegungsmöglichkeiten kompensieren und dafür Zeit und Räume gezielt anbieten. Bewegungsförderung ist auch als präventive Unfallverhütungsstrategie zu verstehen, bei der den Tageseinrichtungen eine wichtige Verantwortung zukommt (Kunz 1993, 1998).

Aus sozialökologischer Betrachtung erhalten Tageseinrichtungen eine zunehmende Bedeutung, um einen Ausgleich zu den veränderten Lebenswelten von Kindern und den immer stärkeren Einschränkungen von selbst organisierten Bewegungs- und Sozialerfahrungen zu gewährleisten. So müssen in den Kindertagesstätten vermehrt Freiräume für körperlich aktive selbstständige Betätigung und ausreichende Wahrnehmungs- und Bewegungserfahrungen geschaffen werden.

Übungsleiterausbildung „Bewegungserziehung im Kleinkind- und Vorschulalter": Die Leiterin der Tageseinrichtung und jede Gruppenleitung müssen an der Ausbildung „Bewegungserziehung im Kleinkind- und Vorschulalter" bei einem zentralen oder dezentralen Anbieter des LSB erfolgreich teilgenommen haben. Später soll möglichst das ganze Team diese Ausbildung absolvieren. Alle zwei Jahre ist eine Auffrischung dieser Ausbildung durch eine 15 Unterrichtseinheiten umfassende, Fortbildung notwendig (Lehmann 2005).

Das Lizenzsystem des Deutschen Sportbundes und der Landessportverbändeenthält auf der zweiten Stufe eine Übungsleiterausbildung für den Sport mit Kindern von zwei bis sechs Jahren. Diese Ausbildung (ÜL-BiKuV) wird in Nordrhein-Westfalen dezentral und zentral vom Bildungswerk des LSB angeboten und jeweils von zwei innerhalb des LSB qualifizierten Lehrkräften geleitet. Die Ausbildung umfasst 70 Unterrichtseinheiten (UE) á 45 Minuten. Sie enthält eine Kombination von Theorie und Praxis und wird in Turnhallen und Seminarräumen und zunehmend auch in Kindertageseinrichtungen durchgeführt. Folgende sechs Inhaltsbereiche (IB) sind Bestandteil dieser Ausbildung (Musibrink-Berkemann, Deuster-Ehlert, Pape-Driever 1996):

Selbstverständnis der Teilnehmenden (IB1)
- Persönliche Bewegungs-, Spiel- und Sportgeschichte, Sportverständnis
- Persönliche Lebensgeschichte, individuelles Verständnis von Bildung und Erziehung
- Auswirkungen auf Gestaltung und Durchführung von Bewegungsangeboten unter dem Aspekt der ganzheitlichen Persönlichkeitsentwicklung
- Anforderungsprofil, Rollenverständnis für die entsprechende Zielgruppe
- Geschlechts- und gruppenspezifisches Rollenverhalten

Didaktisch- methodische Grundlagen (IB2)
- Bedeutung der Bewegung für die Zielgruppe
- Kenntnisse der veränderten Bewegungsumwelt und ihre Auswirkungen auf das Bewegungsverständnis und die individuellen Bewegungserfahrungen
- Gesundheitsförderung (Salutogenetischer Ansatz)

- Prinzipien der Bewegungserziehung und ihre Auswirkungen auf die Gestaltung von Bewegungsangeboten
- Didaktisch-methodische Grundlagen für Beobachtung, Einschätzung, Erklärung und Förderung kindlichen Bewegungsverhaltens

Individualität des Kindes (IB3)
- Entwicklungstheorien und ihre Auswirkungen auf das Bewegungsverhalten der Zielgruppe
- Sensomotorische Entwicklung (Gestaltwandel)
- Bedeutung des Spiels in der kindlichen Entwicklung
- Kognitive Entwicklung, Lernen im Kindesalter
- Psychosoziale Entwicklung
- Geschlechts- und gruppenspezifische Entwicklung
- Konflikte in (Eltern-Kind-) Gruppen, Umgang mit schwierigen Kindern

Organisation von Bewegungsangeboten und Kooperationen (IB4)
- Auftrag und Aufgabe von Sportvereinen, von LSB und Sportjugend NRW
- Kooperationen mit anderen Betreuungsinstitutionen für die Zielgruppe (Ganztag, Kindertagesstätten, Hort)
- Lobby für Kinder schaffen, um Bewegungsangebote für die Zielgruppe zu sichern und zu erweitern
- Elternarbeit
- Rechtsfragen, Sicherheitsaspekte
- Verletzungslehre, Erste Hilfe

Bewegung, Spiel und Sport in der Praxis (IB5)
- Bewegungsangebote und -anlässe für die Zielgruppe erleben, erproben und reflektieren
- Vielfältige Bewegungs-, Körper-, Sinnes- und Materialerfahrungen erleben, erproben und reflektieren
- Unterschiedliche Bewegungsräume, variierende Geräte- und Medieneinsätze entdecken und reflektieren
- Wechselnde Sozialformen und Spiele erleben, erproben und reflektieren
- Veränderbarkeit von Spielen

Bewegung, Spiel und Sport beobachten und reflektieren, durch eigene Projekte und Angebote unterstützen (IB6)
- Hospitation und Reflexion eines Bewegungsangebotes für die Zielgruppe
- Planung, Beteiligung und Durchführung von Bewegungsanlässen für die Zielgruppe (Projekte, Spielfeste, Aktionen, Elternaktionen etc.)

Die Erzieherinnen der Tageseinrichtungen für Kinder erhalten nach erfolgreichem Abschluss dieser Ausbildung eine qualifizierte Teilnahmebescheinigung.

Zum Erhalt des Gütesiegels des Bewegungskindergartens muss diese alle zwei Jahre mit einer themenrelevanten Fortbildung des Qualifizierungssystems des Landessportbundes mit einem Umfang von 15 Unterrichtseinheiten aufgefrischt werden. Übungsleiterinnen, die im Rahmen des Lizenzsystems diese Sonderausbildung absolvieren, erhalten eine B-Lizenz mit vierjähriger Gültigkeit.

Die Raumgestaltung muss im Tagesablauf für Kinder vielfältige spontane, freie und angeleitete Bewegungsmöglichkeiten gestatten (Lehmann 2005). Die räumliche und materielle Ausstattung der Kindertagesstätten ist laut KJHG § 26 Aufgabe des Trägers der Einrichtungen. Sie wird beeinflusst von:

- seinen finanziellen Mitteln
- seiner über den Rat der Tageseinrichtung gesicherten Entscheidungsbefugnis zur konzeptionellen Ausrichtung und damit der inhaltlichen pädagogischen Arbeit
- seiner Personalauswahl und deren Fort- und Weiterqualifizierung
- seinem Mitentscheidungsrecht zur Kinderaufnahme und Gruppenstruktur

Tageseinrichtungen unterscheiden sich hinsichtlich ihrer Räumlichkeiten erheblich voneinander. Es gibt Kindertagesstätten in alten Villen, Stadthäusern, in umfunktionierten Schulgebäuden, alten Plattenbauten in Stadtrandgebieten sowie neu errichteten und speziell für diese Altersgruppe entworfenen Gebäuden. Die gesellschaftliche Entwicklung bringt für die Tageseinrichtungen erhebliche Veränderungen. Der jeweilige Zeitgeist lässt sich deutlich an den Gebäuden und der Funktionalität der Räume erkennen. Wurde in vergangenen Jahrzehnten das Hauptaugenmerk auf eine gute Betreuung gelegt, waren demgegenüber die Freigelände, die Bewegungs- und Experimentierräume eher beschränkt vorhanden. Es war in vergangenen Jahrzehnten selten üblich, die Kinder ganztags zu betreuen. Größere Küchenbereiche für die Zubereitung einer warmen Mittagsmahlzeit wurden erst mit einer beginnenden Über-Mittag-Betreuung notwendig. Die Umsetzung des Rechtsanspruchs auf einen Kindergartenplatz 1997 brachte eine Vielzahl von Not- und Zwischenlösungen mit sich, die auf Grund fehlender Finanzen etc. dann zu Dauerzuständen wurden. Die kurzfristig notwendige Eröffnung zahlreicher Tageseinrichtungen ist ein Grund für viele Kompromisse, die hinsichtlich der Raum- und Freiflächengestaltung eingegangen werden.

Das im KJHG § 45 geregelte Betriebserlaubnisverfahren prüft neben der Qualifikation des Personals u. a. die Quadratmeter Grundfläche für die Kinderanzahl, die festgelegte Minimalausstattung, die hygienischen und sicherheitsrechtlichen Faktoren. Dass Tageseinrichtungen einen Bewegungs- oder Turnraum haben, ist kein Standard. Oft werden dafür Keller- oder Bodenräume, Foyers, Aulas, Eingangshallen, Gemeindesäle oder Räume in anderen Gebäuden der nahen Umgebung genutzt. Ebenso unterschiedlich wie deren eigentlicher Bauzweck sind deren Nutzungs- und Bewegungsmöglichkeiten. Ob Kinder dort allein und jederzeit Zugang haben und wie viele Kinder sich dort aufhalten können, hängt von Faktoren wie Zugänglichkeit, Aufsichtsoptionen, Bodenbeschaffenheit, Höhe der Räume und vom Decken- und Wandmaterial ab. Ein bewegungsfreundlicher Kindergarten bietet den Kindern nicht nur einmal wöchentlich eine „Turnstunde“ an, sondern schafft tägliche freie Bewegungszeiten in den Einrichtungen und im Außengelände. Für die Zertifizierung zum Bewegungskindergarten muss die Tageseinrichtung über einen Sport- oder Bewegungsraum verfügen. Größen- und dezidierte Ausstattungsvorgaben wie bei Turnhallen bestehen hierzu nicht. Dieser Raum muss den Kindern vielfältige spontane, freie und angeleitete Bewegungsmöglichkeiten gestatten. Das heißt, dass auch Kinder außerhalb der wöchentlichen Turnstunde dort spielen und sich bewegen können, unabhängig davon, ob eine Erzieherin sich dort aufhält oder nicht (Lehmann 2005).

Die Materialausstattung des Sport- oder Bewegungsraumes soll neben standardisierten Turngeräten wie Bänken, Turnkasten, Turnmatten auch vielfältige Kleingeräte, Bälle und Alltagsmaterialien wie Decken, Kästen, Kartons etc. enthalten (Lehmann 2005). Hierbei ist es von großer Bedeutung, wie das Material den Kindern zur Verfügung steht, was sie allein benutzen dürfen oder was nur bei angeleiteten Bewegungsangeboten eingesetzt wird. Ein bewegungsfreundlicher Kindergarten bietet außer dem Bewegungsraum weitere vielfältige sensomotorische Erfahrungsräume. Die Türen zu den einzelnen Gruppenräumen sollten offen sein, damit die Kinder Nebenräume und Flure für Spiel und Bewegung nutzen können. Rückzugsecken, Treppen und vielfältige Spiel- und Bewegungsmaterialien sollen den Kindern im Tagesablauf zur Verfügung stehen.

Angeleitete Bewegungsangebote: Jedes Kind soll einmal wöchentlich an einem angeleiteten Bewegungsangebot teilnehmen können. Außerdem sollen täglich freie Bewegungsmöglichkeiten, wie Bewegungsbaustellen o. Ä. zur Verfügung stehen (Lehmann 2005). Dafür reicht eine Zeitstunde oft nicht aus, da Erzieherinnen in der Regel nicht mit 25 Kindern im Alter von drei bis sechs Jahren turnen gehen. Für eine optimale Kleingruppenarbeit sind zwei bis drei Zeitstunden pro Kindergartengruppe nötig. Dies muss innerhalb der Tageseinrichtung geplant werden, damit sowohl eine Erzieherin mit der erforderlichen Zusatzqualifikation als auch der Bewegungsraum dafür zur Verfügung stehen.

Die Freifläche der Tageseinrichtungen soll neben fest installierten Spiel- und Klettergeräten auch flexible und für die Kinder als Baumaterial verwendbare Dinge wie Reifen, Latten, Kästen, Steine, Baumstümpfe etc. aufweisen. Die Kinder sollen die Grundbewegungsmuster wie Laufen, Kriechen, Klettern, Rollen, Schwingen, Hangeln, Schaukeln, Springen, Rutschen auf dem Freigelände ausführen können (Lehmann 2005). Zudem sollte eine teilasphaltierte Fläche für Fahrzeuge wie Dreiräder, Roller, Fahrräder, Rollschuhe etc. für die Kinder nutzbar sein. Der wesentliche Aspekt neben der materiellen Ausstattung, ist das Zeitfenster, das den Kindern gegeben wird, sich im Freien aufzuhalten. Es bestehen dazu große Unterschiede innerhalb pädagogischer Konzepte. Einige Pädagoginnen ermöglichen den Kindern während der gesamten Öffnungszeit den Aufenthalt im Freien. Andere gehen mit allen Kindern gemeinsam nach draußen. Es ist mittlerweile in vielen Kindertagesstätten üblich, Gummistiefel und Regenkleidung für die Kinder zu haben, um bei jedem Wetter ins Freie zu gehen. Für die Bewegungskindergärten ist pädagogische Arbeit im Außengelände der Kindertagesstätten und in der nahen Umgebung ein wesentlicher Bestandteil und bewegungs- und gesundheitsfördernder Aspekt.

Eltern- und Öffentlichkeitsarbeit: Mindestens einmal jährlich soll ein Elternabend zu bewegungsrelevanten Themen stattfinden (Lehmann 2005). Für die Gütesiegelverleihung ist die Qualität der Eltern- und Öffentlichkeitsarbeit ein wichtiges Kriterium. Die Aufklärung und Lobbyarbeit für die Bedeutung von Bewegung und Bewegungswelten für Kinder, die Zusammenarbeit mit anderen Institutionen, dem Träger und dem Gemeinwesen sollte immer geprägt sein von Parteinahme für Bewegungsförderung. Tage der offenen Tür etc. sollen zur Information und Aufklärung dienen, um die soziale Umwelt der Kinder für dieses Thema zu sensibilisieren.

Kooperation mit einem Sportverein: Die Tageseinrichtung für Kinder soll sich in ihrer Nähe einen Sportverein suchen, mit dem sie auf vielfältige Weise zusammenarbeiten kann (Lehmann 2005). Der Sportverein muss in seinem Leistungsspektrum Kinder- und Jugendsportangebote bereithalten und mindestens eine Übungsleiterin mit der Sonderausbildung „ÜL-BiKuV“ beschäftigen. Diese Zusammenarbeit muss in Form einer Kooperationsvereinbarung schriftlich fixiert und von beiden Institutionen mit den Unterschriften der Verantwortlichen festgeschrieben werden (Balster, Beckmann 2005, S. 21). Sinnvolle Zusammenarbeit mit dem Sportverein kann auf vielfältige Weise geschehen, z. B. gemeinsame oder gegenseitige Hallen- oder/und Gerätenutzung, Sportfeste, personelle Unterstützung, Öffentlichkeits- und Medienauftritte etc.

5.2.6 Evaluation der anerkannten Bewegungskindergärten 2003 in Nordrhein-Westfalen

Seit 1999 verleihen LSB/SJ in NRW das Zertifikat „Anerkannter Bewegungskindergarten des LandesSportBundes Nordrhein-Westfalen". Seit 2001 kann dieses Zertifikat auch von Kindertagesstätten beantragt werden, die in anderer Trägerschaft geführt werden und die die Qualität und die Kriterien der Bewegungskindergärten erfüllen. Bis Ende 2003 gab es 38 anerkannte Bewegungskindergärten. Zum damaligen Zeitpunkt vergab die Sportjugend NRW den Auftrag für eine Evaluation (Jasmund 2004) dieser Einrichtungen. Diese als Bestandsaufnahme angelegte Arbeit sollte:

- „einen Überblick über bisherige Entwicklungen nachzeichnen,
- die bewegungspädagogische Arbeit dokumentieren und
- zukunftsbedeutsame Handlungsempfehlungen geben" (Balster 2004, S. 5).

Das Ergebnis dieser Evaluation war Diskussionsgrundlage für die Sportjugend zur weiteren Zusammenarbeit mit den anerkannten Bewegungskindergärten. Daraufhin wurde im Frühjahr 2005 ein Beratungs- und Handlungskonzept für die Bewegungskindergärten und ihre kooperierenden Sportvereine erarbeitet, in den Gremien des Landesverbandes diskutiert und im Sommer 2005 von Präsidium und Vorstand verabschiedet. (Jasmund, Beckmann 2005)

5.2.7 Koordinierung und Beratung der Bewegungskindergärten

Im September 2005 wurde das Beratungs- und Handlungskonzept für die Bewegungskindergärten mit einer Projektförderung des Sportministeriums und Mitteln des LSB gestartet. Mit sechs regionalen Arbeitskreisen, die jeweils von einer Beraterin und dem örtlichen Kreissportbund (KSB) oder Stadtsportbund (SSB) betreut werden, wurde für die Mitarbeiterinnen der Bewegungskindergärten und ihre Kooperationspartner eine Plattform errichtet. Sie bietet die Bereiche Information, Beratung und Begleitung, Multiplikation, Qualifizierung und Qualitätssicherung nach den jeweiligen örtlichen Gegebenheiten und der individuellen Situation der Einrichtungen an (Jasmund, Beckmann 2005). Ende 2005 wurden in dieses Betreuungs- und Beratungsprojekt 75 anerkannte Bewegungskindergärten integriert. Im Januar 2006 gab es eine weitere Regionalisierung. Ein siebter Arbeitskreis hat der steigenden Anzahl von Bewegungskindergärten im Großraum Rhein-Ruhr Rechnung getragen und die Arbeitsfähigkeit in der Region sichergestellt. Anfang 2007 hat der LSB den 100. Bewegungskindergarten zertifiziert. Mit steigender Anzahl der Bewegungskindergärten kam es im Sommer 2007 zu weiteren Dezentralisierungen auf insgesamt 12 Arbeitskreise mit 150 als Bewegungskindergarten anerkannten Tageseinrichtungen. Geleitet wird diese Arbeit von einem hauptamtlichen Referenten und einer Landeskoordinatorin, welche die regionalen Beraterinnen und die Mitarbeiterinnen der KSB und SSB betreuen, Kontakte zu fachpolitischen Gremien unterhalten und als Multiplikatoren für Informationen, Fortbildung und Qualifizierung verantwortlich sind.

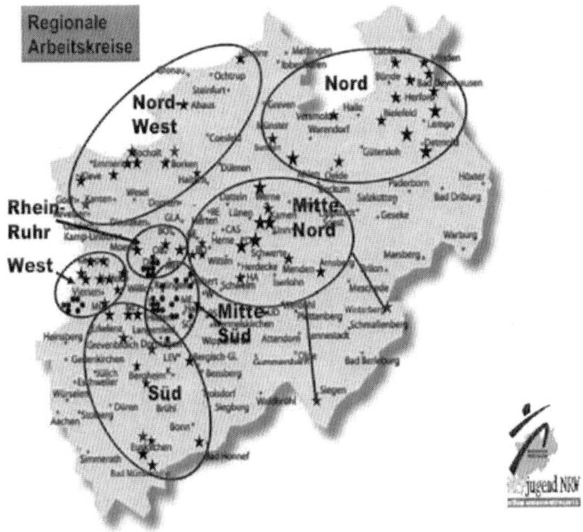

ABB. 01: STAND DER REGIONALISIERUNG ANFANG 2007
LSB / SJ. JASMUND 2007

5.3 Formulierung des Forschungsbedarfes

Vorhandene Erkenntnisse sehen einen Zusammenhang zwischen kindlicher Entwicklung und ihrer körperlichen Aktivität. Dieser scheint umso enger, je jünger die Kinder sind. Inwieweit sensomotorische Aktivität und die Entwicklung motorischer Leistungsfähigkeit dabei die ganzheitliche Persönlichkeitsentwicklung unterstützen können, ist bisher nur in Ansätzen untersucht worden.

Das soziale Umfeld eines Kindes beeinflusst auf vielfältige Weise seine Entwicklung. Auch über dieses komplexe Bedingungsgefüge gibt es nur unzureichende Untersuchungsergebnisse. So werden negative Effekte der veränderten Lebenswelten von Kindern für ihre motorische Entwicklung zwar angenommen, aber tatsächliche und auch längerfristige Effekte sind bisher kaum erforscht. Einzelne Aspekte haben oft keine oder nur geringe Auswirkungen.

Eine kumulierende Wirkung mehrerer gering wirkender sozialökologischer Effekte für die motorische Leistungsfähigkeit nachzuweisen, ist bisher zu wenig versucht worden (Heim, Stucke 2003, S. 144). Diese unzureichende Datenlage lässt wissenschaftlich solide Schlussfolgerungen über positive Effekte von Bewegungsförderung in anerkannten Bewegungskindergärten in Nordrhein-Westfalen für die ganzheitliche Entwicklung von Kindern nicht zu. Die für alle anerkannten Bewegungskindergärten in NRW geltenden Gütesiegelkriterien sichern theoretisch einen gleichen Standard, dessen objektiv nachweisbare positive Wirkung für die Entwicklung der Kinder noch nicht empirisch überprüft wurde. Die vorliegende Untersuchung soll dazu beitragen, diese Forschungslücke zu schließen. Ausgehend von der Entwicklung der vergangenen Jahre ist mit einem weiteren Anstieg von anerkannten Bewegungskindergärten in NRW zu rechnen. Diese Entwicklung vollzieht sich ähnlich in anderen Bundesländern. Da diese Zertifizierungen inklusive der dafür notwendigen Qualifizierungen immer auf finanzieller Grundlage von öffentlichen Mitteln seitens der Trägereinrichtungen und des Landessportbundes vorgenommen werden und nur mit einem großen Engagement der Pädagoginnen der Tageseinrichtungen realisiert werden können, besteht ein berechtigtes öffentliches Interesse über die Effektivität dieser Maßnahmen. Aus diesen Gründen scheint ein wissenschaftlicher Nachweis dringend geboten.

6. Konsequenzen für die Untersuchung

Aufbauend auf den formulierten entwicklungs- und sozialtheoretischen Grundannahmen liegt das Ziel der empirischen Untersuchung dieser Arbeit im Nachweis einer möglichen ganzheitlichen Entwicklungsförderung von Kindern durch bewegungspädagogische Förderung in Tageseinrichtungen.

Die Gütesiegelkriterien der anerkannten Bewegungskindergärten in NRW sichern theoretisch einen gleichen Standard der bewegungspädagogischen Förderung. Sie stellen die Unterscheidungsvariable zu Kindern aus Kontrollkindergärten dar. In dieser Untersuchung werden die motorische und die sozial-emotionale Entwicklung von Kindern aus Bewegungskindergärten und Kontrolleinrichtungen in Nordrhein-Westfalen verglichen. Außerdem werden die Einflüsse der Herkunftsfamilien hinsichtlich des Zusammenhangs zwischen ihren Bewegungsaktivitäten und der Auswahl von Tageseinrichtungen für ihre Kinder untersucht. Für diese Untersuchung werden folgende Dimensionen und deren Verknüpfungen formuliert:

Persönlichkeitsebene:
-Körperliche Entwicklung
-Motorische Entwicklung
-Zusammenhang von motorischer und sozial- emotionaler Entwicklung

Umweltebene:
-Einfluss von Bewegungsförderung in den Bewegungskindergärten
-Einfluss der Eltern

Querschnittuntersuchung:
-interindividuelle Entwicklungen unter verschiedenen Einflussfaktoren

Längsschnittuntersuchung:
-intraindividuelle Entwicklungen unter konstanten Einflussfaktoren.

Diese Arbeit ist als hypothesen-geleitete Untersuchung angelegt. Vor der Formulierung der Hypothesen werden in den Grundannahmen die Kernaussagen des basistheoretischen Wissens des jeweiligen Forschungsaspektes formuliert.

6.1 Grundannahmen und Hypothese zur Persönlichkeitsentwicklung von Kindern

Körperliches Wachstum und Reifung, die motorische Entwicklung eines Kindes und die Entwicklung seiner anderen Persönlichkeitsbereiche stehen in einem untrennbaren Zusammenhang und beeinflussen sich gegenseitig. Die Ganzheitlichkeit kindlicher Entwicklungsprozesse ist die erste Grundannahme. Es wird davon ausgegangen, dass die Wahrnehmungs- und Bewegungshandlungen eines Kindes als Erfahrungsträger wirken, die seine ganzheitliche Persönlichkeitsentwicklung beeinflussen. Damit wird angenommen, dass der Motorik ein zentraler Stellenwert in der kindlichen Entwicklung zukommt.

Hypothese 1: Mit zunehmendem Alter nimmt die motorische Leistungsfähigkeit von Kindern zu. Dies beeinflusst auch die Entwicklung der anderen Persönlichkeitsbereiche. Je besser die motorische Leistungsfähigkeit entwickelt ist, desto positiver sieht ein Kind sich selbst (Selbstkonzept) und desto besser werden auch seine sozial-emotionalen Persönlichkeitsbereiche von den Erzieherinnen bewertet.

6.2 Grundannahme und Hypothese zum Einfluss ökologischer Umweltfaktoren auf die Entwicklung der Kinder

Ausgangspunkt ist die Annahme, dass ökologische Umweltfaktoren die Persönlichkeitsentwicklung von Kindern beeinflussen. Die kulturelle und natürliche Umwelt, das soziale Umfeld der Familie und die Kindergartenbetreuung gehören für Kinder zu den wichtigsten Einflussfaktoren. Veränderungen in diesen Kontexten wirken sich auf die Entwicklung der Kinder aus. Es wird angenommen, dass eine Verschlechterung der Bewegungsmöglichkeiten in den Lebenswelten von Kindern nachweisbare Auswirkungen auf ihre motorische Entwicklung hat.

Hypothese 2: In den vergangenen 20 Jahren hat die motorische Leistungsfähigkeit 3- bis 6-jähriger Kinder deutlich abgenommen. Die motorische Leistungsfähigkeit als theoretisches Konstrukt wird über beobachtbare Bewegungsfertigkeiten, die mit einem Motoriktest gemessen werden, erschlossen.

6.3 Grundannahmen und Hypothese zum Einfluss des Kindergartens auf die kindliche Entwicklung

Eine gültige These ist, dass die Entwicklung der motorischen Leistungsfähigkeit im Kindergartenalter von den Bewegungsmöglichkeiten und Angeboten in den Tageseinrichtungen abhängig ist. Damit kann eine bewegungsfreudige Tageseinrichtung diese Entwicklung positiv beeinflussen. Ausgehend von der Ganzheitlichkeit der Persönlichkeitsentwicklung bewirkt eine gute motorische Förderung auch die positive Entfaltung anderer Persönlichkeitsbereiche von Kindern. Es wird angenommen, dass die anerkannten Bewegungskindergärten als bewegungsfreudige Einrichtungen gelten und durch die Qualität der motorischen Förderung die Entwicklung ihrer betreuten Kinder positiver beeinflussen als andere Tageseinrichtungen.

Hypothese 3: Die Kinder aus Bewegungskindergärten zeigen eine bessere motorische und gesamtpersönliche Entwicklung als Kinder aus nicht zertifizierten Kindertagesstätten.

6.4 Grundannahmen und Hypothese zum Einfluss der Eltern auf die Entwicklung der Kinder

Eltern sind die ersten und wichtigsten sozialen Bezugspersonen der Kinder. Ausgangspunkt ist die Annahme, dass Eltern die Entwicklung ihrer Kinder wesentlich beeinflussen. Ihre Einstellungen und Haltungen, ihr Sport- und Bewegungsverhalten haben eine wichtige Vorbildwirkung. Durch gemeinsame aktive Freizeitgestaltung in den Familien erhalten die Kinder Bewegungsanregungen. Sportlich aktivere Eltern sind auch interessierter an einer gezielten motorischen Förderung ihrer Kinder im Kindergarten.

Hypothese 4: Die Wahl für eine bewegungsfreudige Tageseinrichtung wird vom eigenen Bewegungsverhalten der Eltern beeinflusst. Eltern, die in ihrer Freizeit selbst sportlich aktiver sind, bringen ihre Kinder bevorzugt in Bewegungskindergärten.

7. Vorbereitung, Planung und Durchführung der empirischen Untersuchung

Nachfolgend werden die theoretischen Grundlagen für die empirische Untersuchung und eine Auswahl relevanter testdiagnostischer Instrumentarien vorgestellt. Dabei beschränkt sich die Auswahl auf Messverfahren zur Erfassung der motorischen und der sozial- emotionalen Entwicklung von Kindern. Im Anschluss werden die Auswahl der Stichprobe, die Testverläufe und die Datenermittlung beschrieben.

7.1 Vorüberlegungen zur Methodenauswahl

Ziel der empirischen Kindheitsforschung ist die Erfassung der Beziehungen zwischen Umweltbedingungen und der Entwicklung der Kinder. Dies setzt je nach Fachspezifik einen ganz unterschiedlichen Fokus. Aus soziologischer Perspektive geht es um Unterschiede von Gruppen innerhalb einer Kohorte, um Wandlungsprozesse zwischen Generationen. Die entwicklungspsychologische Sicht richtet sich auf altersspezifische individuelle Veränderungen und interindividuelle Unterschiede. Die pädagogische Sicht richtet sich auf die Evaluation von Handlungsstrategien in verschiedenen Erziehungs- und Sozialisationsinstanzen. Alle drei Perspektiven greifen vielfältig ineinander und haben sich zunehmend zu interdisziplinären Teilbereichen einer umfassenden Kindheitsforschung entwickelt. In der Kinder- und Jugendforschung hat sich ein ergänzendes Nebeneinander von quantitativen und qualitativen Untersuchungsmethoden etabliert. Die Datenerhebung kann über Befragungen, Beobachtungen, Dokumentationsanalysen, standardisierte Tests und physiologische Messungen erfolgen. Die Datenquellen unterscheiden sich in Selbstauskünften und Fremdauskünften von Außenstehenden (Lehrer, Eltern, Freunde). Im Bereich der Kindheitsforschung sind mehrere Datenquellen unabdingbar, da Kinder über bestimmte Aspekte ihrer Umweltbedingungen nicht ausreichend informiert sind und ihre Selbstauskünfte „subjektiven Verzerrungen" (Walper, Tippelt 2002, S. 192) unterliegen, die durch zusätzliche Daten korrigiert werden müssen.

Dazu müssen besonders in der Entwicklungsdiagnostik von Säuglings- und Kleinkindern mehrere Störungsaspekte berücksichtigt werden:

- Motivationsschwankungen der Probanden
- hohe Abhängigkeit von deren Tagesform
- Bekanntheitsgrad des Testleiters (sprachliche Blockaden gegenüber

unbekannten Personen)
-Attraktivität und Schwierigkeitsgrad der Testaufgaben
-Testzeitpunkt, Testort, Testdauer.

Eine kindgerechte Lösung darf nicht zu Lasten der Testqualität gehen. Weiterhin ist zu beachten, dass Tests mit jüngeren Kindern in der Regel Einzeltestssind, die für einen erfolgreichen Verlauf eine positive Interaktion zwischen Testleiter und Proband erfordern. Auch diese wird in jedem Fall subjektiv beeinflusst (Rennen-Allhoff, Allhoff 1987).

Befragungen und Interviews weisen als Interaktionen zwischen zwei Subjekten immer Aspekte aktueller Beeinflussung auf, die erhebliche Fehlerquellen umfassen. Bekannt sind:

Interviewereffekte: Geschlecht, Alter, ethnische Herkunft, persönliche Charaktereigenschaften, Erwartungen (z. B. Rosenthal-Effekt) der Interviewer können unvorhersagbare Effekte auf Antworttendenzen haben.

Settingeffekte: Ort des Interviews, Anwesenheit von Erziehern, Lehrern, Eltern, Freunden beeinflussen die Antworten.

Hawthorne-Effekte: die Tatsache, an einer Untersuchung teilzunehmen, bewirkt Veränderungen des Verhaltens und der Antworten trotz Offenheit der Untersuchung, Distanz und Fremdheit zum Interviewer (Walter, Tippelt 2002, S. 213).

Neben der unterschiedlichen Art der Datenerhebung wird hinsichtlich des Untersuchungsdesigns zwischen Querschnittstudien, Längsschnittstudien und Zeitwandelstudien unterschieden. Querschnittuntersuchungen behandeln unterschiedliche Zielgruppen in einer einmaligen Datenerhebung. Längsschnittstudien sind wiederholte Erhebungen von denselben Personen zu unterschiedlichen Zeitpunkten. Zeitwandelstudien sind wiederholte Erhebungen mit vergleichbaren Personengruppen zu unterschiedlichen Zeitpunkten. Die Datenanalyse erfolgt in komplexer Form über multifaktorelle und multivariate Auswertungsverfahren. Ziel ist es, die komplexen Einflussfaktoren in die Analyse einzubeziehen und Zusammenhänge anhand von Mehrebenenmodellen (z. B. ökologisches Umweltmodell von Bronfenbrenner 1981) zu erfassen.

Querschnittstudien gelten, da sie ihre Datenerhebungen nur zu einem Messzeitpunkt durchführen, als die ökonomische Variante empirischer Forschung. In der Regel geht es um altersbezogene Unterschiede in Entwicklungsverläufen, also interpersonelle Aspekte. Nachteile treten insofern auf, als andere Merkmale, wie soziale Herkunft etc., als Einflussfaktoren das Alter teilweise überlagern. Diese Konfundierungen stellen neben der Vergleichbarkeit von Messungen ein Problem von Querschnittstudien dar. Trotz allem nehmen sie in der Jugend- und Kindheitsforschung einen festen Platz ein. Beispiel dafür sind die Shell-Studien, die seit Jahrzehnten ein repräsentatives Bild von der Situation der deutschen Jugend liefern. Im Ländervergleich sind Querschnittsuntersuchungen problematisch, weil die Vergleichbarkeit von Messungen nicht gesichert ist, aber auch die länderspezifischen amtlichen statistischen Erhebungen deutlich voneinander abweichen. Als eine in der Vergangenheit sehr effektive Variante erwiesen sich Regionalstudien (z. B. des Stadt-Land-Gegensatzes). Gruppenvergleichende Studien haben in Deutschland mit der Schichtenforschung eine lange Tradition. Dabei wurden unterschiedliche kovariable Einflussfaktoren mit untersucht (Klocke, Hurrelmann 2001, Zinnecker, Silbereisen 1996).

Längsschnittstudien untersuchen als intrapersonelle Aspekte die individuellen und gruppenbezogenen Veränderungen im Zeitverlauf und stellen die Hauptuntersuchungsvariante der Jugend- und Kindheitsforschung dar. Auch in dieser Untersuchungsform sind Alter und Erhebungszeitpunkte konfundiert. Weitere zentrale Probleme sind Schwierigkeiten bei der Stichprobengewinnung, der Kostenfaktor, der drop-out-Effekt und die sinnvolle Auswahl von Messzeitpunkten. Nicht zu unterschätzen ist das Problem der Testungseffekte, dem Einfluss der früheren Testungen und der damit einher gehenden Routinisierung der Testpersonen.

Zeitwandelstudien erfordern, dass an weit auseinander liegenden Messzeitpunkten dieselben Fragen unter gleichen Bedingungen an vergleichbare Populationen gestellt werden. Der Zeitvergleich, meist über eine Generation hinweg, erlaubt Schlussfolgerungen zu sozialen und kulturellen Veränderungen für große Zielgruppen. Auch das Problem der veränderten Stichproben (z. B. 6-jährige Kinder in den 1970er Jahren unterscheiden sich deutlich von heutigen 6-Jährigen hinsichtlich ihrer Kindergartensozialisation) erfordert eine genaue Auswahl homogener Subgruppen, um eine Vergleichbarkeit der Daten zu ermöglichen (Walper, Tippelt 2002).

7.1.1 Fehlerquellen und Effekte

Mit dem Ziel oben genannte Fehlerquellen und Probleme der Studienarten zu minimieren, muss berücksichtigt werden, dass jedes Verfahren Alterseffekte, Kohorteneffekte und Testzeiteffekte aufweist. Diese sollten immer bei der auswertenden Diskussion der Ergebnisse Berücksichtigung finden (Schaie 1965,

Trautner 1978). *Alterseffekte* umfassen reifungsbedingte Einflüsse wie z. B. körperliches Wachstum und neurophysiologische Prozesse. *Kohorten- oder Generationeneffekte* beinhalten alle Umwelteinflüsse, die auf die Mitglieder vergleichbar wirken. *Testzeiteffekte* stellen ein Konglomerat von historisch wandelbaren gesellschaftlichen Einflüssen zu den jeweils festgelegten Testzeitpunkten dar (Walper, Tippelt 2002, S. 205).

7.1.2 Stichprobe

Die Repräsentativität der Stichprobe ist eine wichtige Voraussetzung für die Verallgemeinerung der Studienaussagen. Die Gewinnung der Stichprobe muss nach dem Zufallsprinzip erfolgen, damit theoretisch alle Angehörigen einer Kohorte die gleiche Chance auf Stichprobenzugehörigkeit erhalten. Eine Vergleichstichprobe muss so ausgewählt werden, dass auch die Streuung der Werte, als Standardabweichung definiert, derjenigen der Zielpopulation entspricht. Laut Rennen-Allhoff und Allhoff (1987, S. 18) stellt das Fehlen einer solchen einen häufigen Mangel älterer Tests dar.

7.1.3 Auswertung der Daten

Dateninterpretationen sind an die Datenauswertungen und an die Fragestellungen der Untersuchung gebunden. Unterschieden wird in:

Explorative Forschungen gehen von keinem theoretisch begründeten Hypothesensatz aus, bilden oft erst die Voraussetzungen für spätere hypothesengeleitete Studien.

Hypothesen-geleitete Untersuchungen überprüfen eine konkret formulierte theoretisch begründete Erwartung, die als Hypothese formuliert und bewiesen oder widerlegt wird. Widersprechen die Ergebnisse den Erwartungen, d. h. werden Hypothesen falsifiziert, müssen Stichprobe und Gütecharakteristika der Indikatoren hinterfragt werden. Anschließend werden alternative Erklärungen angeführt und geprüft. Auch verifizierte Hypothesen sollten hinsichtlich gefundener beeinflussender Effekte hinterfragt werden.

Die empirische Kinder- und Jugendforschung differenziert sich in drei Zielbereiche: *Grundlagenforschung* dient der Weiterentwicklung von wissenschaftlichen Begriffen und Theorien, weist keinen direkten Praxisbezug auf, ihre Bedeutung liegt im Ausbau der fachspezifischen wissenschaftlichen Sprache, des problemspezifischen Wissens- und Methodenstands. *Maßnahmenforschung* untersucht den zweckgerichteten Transfer von fachspezifischem Wissen in sozialen Situationen und Strukturen. *Orientierungsforschung* erarbeitet Wissen (z. B. über politische, moralische, wertorientierte und religiöse Grundhaltungen) über Teilgruppen im historischen und kulturellen Vergleich (Rennen-Allhoff, Allhoff 1987).

7.2 Entwicklungsdiagnostische Verfahren

Um in der Entwicklungsforschung über vergleichende Daten verfügen zu können, haben sich mehrere diagnostische Verfahren als brauchbare Instrumente bewährt. Zu ihnen gehören die Entwicklungstests. Lienert lehnt sich in seiner Definition an Warren (1934) und schreibt: „Tests sind wissenschaftliche Routineverfahren zur Untersuchung eines oder mehrerer empirisch abgrenzbarer Persönlichkeitsmerkmale mit dem Ziel einer möglichst quantitativen Aussage über den relativen Grad der individuellen Merkmalsausprägung" (Lienert 1998, S. 1). Es wird zwischen primären, sekundären und tertiären Entwicklungstests oder zwischen allgemeinen und speziellen Entwicklungstests unterschieden (Reinert 1964).

Parallel zur Entwicklungspsychologie wurden auch die Verfahren zur Diagnostik weiterentwickelt. Im 19. Jahrhundert lag der Schwerpunkt diagnostischer Untersuchungen auf der Feststellung von erreichten allgemeinen Entwicklungsniveaus. Dies diente zur Feststellung von Schulfähigkeit, Intelligenzniveaus und pathologischen Befunden. Erste Entwicklungstests versuchten komplexe Entwicklungsmerkmale zu erfassen. Dies wurde auf zwei unterschiedlichen Wegen versucht. Auf der Basis mehrerer differenzierter Entwicklungsstudien von Kindern in Tagebuchform (u. a. von Darwin 1872, 1877 und Preyer 1882) wurden einerseits gegen Ende des 19. Jahrhunderts erste Entwicklungstests konstruiert. Andererseits versuchten Wissenschaftler über Fragebögen große Zahlen von Daten zu sammeln und auszuwerten.

Zu Beginn des 20. Jahrhunderts begründeten Binet und Simon (1905) die Testentwicklung zur Intelligenz. Diese wurde von ihnen selbst weiterentwickelt und fand in Amerika und Deutschland weite Verbreitung. Stern (1912) und Kuhl-mann (1912) modifizierten die Auswertung so, dass ein Intelligenzquotient errechnet werden konnte. Norden (1953) und Kramer (1954) publizierten diesen Test in Deutschland. Ein weiterer Fortschritt bei den Entwicklungstests wurde durch die Änderung von Altersskalen zu Punktskalen vollzogen (Wechsler 1939, 1949). Ab jetzt wurde der Abweichungsquotient als Mittelwert einer Altergruppe erfasst und im Test zwischen verbaler und handlungsbezogener Leistung unterschieden. In der Nachkriegszeit des vergangenen Jahrhunderts wurden Entwicklungstests zunehmend auch in Bereichen der Erziehungsberatung und

Adoptionsvermittlung eingesetzt. Vielfältige kritische Auseinandersetzungen führten in den Folgejahren zu weiteren Präzisierungen der Ausführungs- und Auswertungsrichtlinien (Brunet, Lézine 1951). Gegen Ende der 1950er Jahre veränderte sich der Schwerpunkt der Diagnostik von allgemeiner Entwicklungserfassung zu differenzierterer Betrachtung eng umgrenzter Persönlichkeitsbereiche. Globale Entwicklungstests wurden als Screeningverfahren zur Ersterfassung und Vorbereitung für differenzierte diagnostische Untersuchungen für klinische Zwecke verwendet. Schwerpunkt der Entwicklungsdiagnostik war weiterhin die kognitive Entwicklung. In den 1960er Jahren wurden zahlreiche differenzierte Tests zur kognitiven Entwicklung basierend auf dem Theoriengebäude von Piaget erarbeitet (Golden, Burns 1968, Winkelmann 1975). In anderer Richtung entwickelten Wissenschaftler Lerntests mit dem Ziel, das individuelle Lernpotential unabhängig von sozialen Einflüssen zu erfassen (Wimmer, Ziegler, Roth 1977). In den 70er und 80er Jahren entstanden weitere Tests zu Erfassung des Entwicklungsstandes einzelner Leistungsbereiche:

- Visuelle Aufmerksamkeit [Fagan (1982)]
- Sprachlicher Entwicklungsstand [Angermaier (1974), Götte (1976), Grimm, Schöler (1978) und Mecham (1971)]
- Wahrnehmungsentwicklung [Berry, Buktenica (1967), Frostig (1961)]
- Motorik [Charlop, Atwell (1980), Schilling, Kipphard (1974), Zimmer, Volkamer (1987)]
- Sozial-emotionale Entwicklung [Banham (1964), Flint (1983)].

7.2.1 Testanforderungen

Das Ziel der Testdiagnostik ist die quantitative Erfassung eines Ausprägungsgrades von Fähigkeiten. Entscheidend für die Aussagekraft einer Untersuchung ist die Qualität des angewandten Entwicklungstests. Von großer Bedeutung ist dafür die Auswahl und Schwierigkeit der Testaufgaben. Für Lienert (1969) ist die altersmäßige Zunahme der Schwierigkeitsindizes ein Hauptkriterium für die Eignung eines Items als Entwicklungstestaufgabe. Testaufgaben sollen vom mittleren Prozentsatz einer Kohorte gleichen Alters gelöst werden können. Während von den Teilnehmern in der jüngeren Gruppe diese Aufgabe nur wenige lösen können, sollen die meisten Teilnehmer der folgenden Altergruppe sie schaffen. Zur Überprüfung, wie gut eine Aufgabe zu den anderen Aufgaben einer Skala oder eines Tests passt, wird die Trennschärfe mittels eines Koeffizienten errechnet. Damit lässt sich die Wahrscheinlichkeit eines hohen Punktwertes für die gesamte Skala bei einer gelösten Aufgabe ermitteln. Der Koeffizient wird in (-1 bis +1) angegeben und Ziel ist ein hoher Trennschärfekoeffizient (Bös 2001).

7.2.2 Testgütekriterien

In der Testdiagnostik wird zwischen Hauptgütekriterien und Nebengütekriterien unterschieden. Die Hauptgütekriterien gelten als unverzichtbar. Die Nebengütekriterien können je nach Anwendung und Testziel unterschiedlich sein. Die Hauptgütekriterien stehen in hierarchischer Ordnung. Eine hohe Validität setzt bereits eine hohe Objektivität und Reliabilität voraus, aber ein objektiver und reliabler Test ohne Gültigkeit ist wertlos. „Die Feststellung einer hohen kriterienbezogenen Validität entbindet somit in gewissem Maße von der Überprüfung der übrigen Gütekriterien" (Lienert 1998, S. 13). Die Nebengütekriterien stehen nicht zwingend in Beziehung zu den Hauptgütekriterien (Bös 2001, S. 545 f.)

7.2.2.1 Objektivität

Die Objektivität misst den Grad der Unabhängigkeit der Testergebnisse vom Testleiter und von situativen Einflüssen. Ein Test gilt als objektiv, wenn mehrere Untersucher bei denselben Testpersonen unter gleichen Bedingungen zu gleichen Ergebnissen kommen, d. h. eine „interpersonelle Übereinstimmung" (Lienert 1998, S. 7 f.) erzielen. Es wird unterschieden zwischen:

Durchführungsobjektivität: Testverlauf, Bedingungen, Material, Anweisungen etc. müssen möglichst genau vorgegeben und standardisiert sein, soziale Interaktion zwischen Testleiter und Testperson ist auf das unumgängliche Minimum zu reduzieren
Auswertungsobjektivität: Grad der Untersucher-Beobachter-Übereinstimmung bei der Einschätzung der Testleistungen
Interpretationsobjektivität: verschiedene Personen gelangen auf Basis der Ergebnisse zu denselben Schlüssen.

7.2.2.2 Reliabilität

Mit Hilfe der Reliabilität wird die Zuverlässigkeit bestimmt, mit dem ein bestimmtes Persönlichkeits- oder Verhaltensmerkmal gemessen wird. Ein Test gilt als reliabel, wenn eine Testperson über den Messwert auch bei Wiederholung zweifelsfrei beschrieben oder auf einer Testskala lokalisiert werden kann. Die Reliabilität wird mit einem Reliabilitätskoeffizienten bestimmt und mit Werten von 0 bis ≤ 1 angegeben und gilt dann als maximal, wenn Varianz und Testvarianz gleich sind. Die Testreliabilität kann mit unterschiedlichen Verfahren bestimmt werden, als Maß wird ein Korrelationskoeffizient berechnet:

Test-Retest-Reliabilität: Wiederholung des Tests mit derselben Probandengruppe innerhalb eines festgelegten Zeitintervalls und anschließender Ergebniskorrelation
Paralleltest-Reliabilität: Durchführung eines parallelen Tests mit anderen Items mit denselben Probanden und anschließender Ergebniskorrelation
Split-half-Reliabilität: Halbierung und Variation der Items bei unterschiedlichen Stichproben und anschließender Ergebniskorrelation beider Hälften
Konsistenzanalyse: Feststellung der Inter-Item-Konsistenz durch Zerlegen des Tests nach Itemanzahl (Lienert 1998, S. 9 f.).

7.2.2.3 Validität

Sie prüft die Gültigkeit eines Tests, indem sie den Grad der Genauigkeit angibt, mit der ein Test dasjenige Persönlichkeitsmerkmal misst, dass er erfassen soll. Ein Test ist dann valide, wenn er fehlerfrei den Ausprägungsgrad eines Persönlichkeitsmerkmals bestimmt. Es wird zwischen drei Validitätskennzeichen unterschieden und jeweils durch den Korrelationskoeffizienten ermittelt:

Inhaltliche Validität besteht, wenn zu messende Merkmalsbereiche klar voneinander abgegrenzt werden können, indem der Test selbst das optimale Kriterium des entsprechenden Persönlichkeitsmerkmals darstellt
Konstruktvalidität: Erfassung des theoretischen Konstruktes z. B. Angst, Intelligenz, Selbstkonzept etc., so genannte latente Variablen durch den Test
Kriteriumsvalidität: Vorhersagbarkeit des Ausprägungsgrades eines vom Test unabhängigen Außenkriteriums durch Korrelationsanalyse mit den Testergebnissen (Lienert 1998, S. 10 f.).

7.2.2.4 Normierung

Wenn über einen Test Angaben vorliegen, die ein Bezugssystem zur Einordnung der Testergebnisse darstellen, gilt der Test als normiert. Für die Auswertung stehen sie als Normenskalen zur Verfügung. Für jeden Testrohwert wird dann ein Teststandardwert bestimmt, der die Position in der Normwertskala eindeutig anzeigt. Es gibt unterschiedliche Normenunterteilungen. Laut Bös (2001) resultieren Minimalnormen, Idealnormen und funktionale Normen z. B. aus Vorgaben eines zu erreichenden Kriteriums. Im Gegensatz dazu basieren statistische Normen, Realnormen und Majoritätsnormen auf sozialen Vergleichsverfahren. Unterschieden wird zwischen:

Alterswert- oder Äquivalenznorm: gibt an, welchem Lebensalter die gezeigte Testleistung entspricht

Punktwertnorm: individueller Rohwert wird mit den mittleren Punktwerten der Altersgruppen verglichen
Prozentrang- oder Perzentilnorm: der einem Rohwert entsprechende Prozentrang gibt die Prozentzahl der Personen aus der Vergleichstichprobe an, die einen gleich hohen oder schlechteren Wert erzielt haben
Standardwerte: Abstand des individuellen Ergebnisses zum Mittelwert der Bezugsgruppe, bezogen auf die StandardabweichungGruppennorm: unterteilt die Gesamtheit der Kohorte aufgrund systematischer Wertunterschiede nach bestimmten Kriterien, z. B. Geschlecht, Region (Rennen-Allhoff, Allhoff 1987, S. 22 ff.).

7.2.2.5 Vergleichbarkeit, Nützlichkeit, Ökonomie

Als vergleichbar gilt ein Test, wenn ein oder mehrere Paralleltests und validitätsähnliche Tests zur Verfügung stehen und die Korrelationsanalyse mit dem Test erfolgt ist. Ein Test kann dann mit sich selbst verglichen, also eine intraindividuelle Qualitätskontrolle durchgeführt werden (Lienert 1998).

Nützlich ist ein Test dann, wenn für die Untersuchung der Persönlichkeits- oder Verhaltensmerkmale ein praktisches Bedürfnis besteht, wenn also noch keine Tests existieren, die diese Persönlichkeits- oder Verhaltensmerkmale gut untersuchen können.

Wenn ein Test schnell und einfach durchzuführen und anzuwenden ist, als Gruppentest eingesetzt werden kann und schnell und bequem auszuwerten ist, dann bezeichnet man ihn als ökonomisch (Lienert 1998, S. 12 und Bös 2001, S. 553).

7.3 Messverfahren zur Erfassung der motorischen Entwicklung

In dieser Publikation soll einerseits der motorische Leistungsstand von Kindern zwischen vier und sechs Jahren erfasst werden und andererseits die Untersuchungseinrichtungen hinsichtlich der Motorikentwicklung der Kinder miteinander verglichen werden. Dazu ist es notwendig, die Untersuchung als kombinierte Quer- und Längsschnittuntersuchung zu strukturieren und ein geeignetes testdiagnostisches Verfahren auszuwählen.

In folgender kurzer Übersicht werden wichtige diagnostische Instrumentarien dazu vorgestellt.

7.3.1 Lincoln-Oseretzky-Skala

Der erste Test zur Erfassung der allgemeinen motorischen Entwicklung wurde 1931 von Oseretzky veröffentlicht. Er enthielt sechs Aufgaben für jede Alterstufe von 4- bis 16-jährigen Kindern:

-statische Koordination
-dynamische Koordination (Hände)
-dynamische Gesamtkörperkoordination
-Bewegungsgeschwindigkeit
-gleichzeitige Bewegungen
-Bewegungsgenauigkeit.

Oseretzky hatte das Ziel, die von angeborenen Qualitäten abhängige, motorische Begabung auf einer metrischen Stufenleiter zu bestimmen. Aus der Anzahl gelöster Aufgaben wird ein motorisches Alter (MA) errechnet und dieses bestimmt im Verhältnis zum Lebensalter (LA) dann den Motorikquotienten (MQ). Oseretzkys Test war Ausgangspunkt für kritische Auseinandersetzungen und wurde mehrfach modifiziert (Schilling 1973, S. 49 f.), unter anderem von Göllnitz (1952), Sloan (1948, 1955) Reinert (1964), Vandenberg (1964), Schilling (1970), Volkamer (1969) und Eggert (1968, 1971).

Die von Sloan vorgelegte Bearbeitung, bekannt als Lincoln-Oseretzky Motor Development Scale, galt lange als gründlichste und bekannteste Version.

7.3.2 Kurzform (LOS KF 18) von Eggert

Eggert entwickelte 1971 eine Kurzform (LOS KF 18), die er gleichzeitig für den differenzierten Einsatz unterschiedlicher Kohortengruppen, für Kinder von 5 bis 13 Jahren veränderte. Eggerts Ziel war es, den motorischen Entwicklungsstand zu beurteilen, den er in engem Zusammenhang zur sozial-emotionalen Entwicklung lernbehinderter, geistig behinderter und verhaltensauffälliger Kinder sieht. Die LOS KF 18 enthält 18 nach ansteigendem Schwierigkeitsgrad gestaffelte Aufgaben:

-Nase berühren
-rhythmisches Klopfen mit Fingern und Füßen
-rückwärts gehen
-Seilspringen
-auf einem Bein stehen mit geöffneten Augen
-seitliche Kreise mit den Zeigefingern

- Ballfangen
- Streichhölzer sortieren
- Hochspringen und Fersen berühren
- Fingerbewegung
- beidhändig Pfennige und Streichhölzer einsammeln
- Labyrinth durchfahren
- Balancieren auf Zehenspitzen mit geschlossenen Augen
- Kreis ausschneiden
- Öffnen und Schließen der Hände mit Drehen
- Füße klopfen und Finger kreisen
- auf einem Bein stehen mit geschlossenen Augen
- Hochsprung mit dreimaligem Händeklatschen.

Die Retest - Reliabilität beträgt .95 und der Validitätskoeffizient, welcher auf der Berechnung des Zusammenhangs zwischen der Kurzform und dem HMKTK (Hamm-Marburger-Körperkoordinationstest) beruht, beträgt .49. KIPHARD charakterisiert die Kurzform als objektives, zuverlässiges und ökonomisches Verfahren, welches sich besonders zur Feststellung von Entwicklungsverzögerungen im Bewegungsbereich von Kindern eignet (Kiphard 1980, S. 62). Hingegen wertet BÖS (2001, S. 173) dieses Verfahren als unökonomisch, aber für individualdiagnostische Anwendungen geeignet. Er kritisiert weiterhin die Notwendigkeit, dass Testpersonal exakt zu schulen.

7.3.3 Körperkoordinationstest

Der Körperkoordinationstest (KTK) wurde ursprünglich von HÜNNEKENS, KIPHARD und KESSELMANN (1967) entwickelt. Nach einer gründlichen Überarbeitung stellten KIPHARD und SCHILLING den Hamm-Marburger-Körperkoordinationstest für Kinder (HMKTK) vor. Nach weiteren Veränderungen wurde die endgültige Testfassung 1974 als KTK veröffentlicht. Der Test soll den Stand der Gesamtkörperkoordination, der Gesamtkörperbeherrschung und der grundlegenden Dimensionen der Grobmotorik erfassen mit dem Ziel, leichte, nicht direkt sichtbare Hirnschäden zu diagnostizieren. Er enthält folgende Aufgaben:

- Balancieren rückwärts über einen Balken
- monopedales Hüpfen
- seitliches Hin- und Herspringen
- seitliches Umsetzen.

Dieser Test ist von SCHILLING (1973, 1974) an 1.228 normal entwickelten Kindern, 79 Kindern mit diagnostizierten Hirnschäden, 79 verhaltensauffälligen

Kindern sowie 27 sprachauffälligen Kindern normiert worden und zeichnet sich laut Rennen-Allhoff und Allhoff (1987, S. 185) durch eine hohe Durchführungs- und Auswertungsobjektivität aus. Auch heute gilt der KTK als geeignetes Testinstrument zur Früherfassung von hirngeschädigten Kindern zwischen 5 und 14 Jahren. Laut Bös (2001, S. 176) ist der KTK aufgrund der hohen Anschaffungskosten der Testmaterialien nur eingeschränkt ökonomisch, gilt aber besonders im deutschen Sprachraum als aussagekräftiger und praktikabel einsetzbares bewährtes Instrument.

7.3.4 Denver-Entwicklungsskalen (DDST)

Die Denver Entwicklungsskalen ursprünglich entwickelt von Frankenburg und Dodds (1967, 1986) und in Deutschland bearbeitet von Fleming, Schloon, Uhde und Bernruth (1973) enthalten 105 Aufgaben, die in vier Bereiche geordnet sind:

- Persönlich-sozialer Bereich: persönliche Bedürfnisbefriedigung, soziale Interaktion
- Feinmotorik und Adaptation: Sehfähigkeit, Auge - Hand - Koordination
- Sprache: Hör- und Sprechfähigkeit, Sprachverständnis
- Grobe Motorik: Lageveränderung, Fortbewegung.

Dieser Test ist für Kinder vom 1. bis zum 6. Lebensjahr in Einzeltests anwendbar. Er wurde in Denver an 1.036 Kindern normiert. Er besitzt eine Objektivität von 85 bis 98 %, die Reliabilität wird im Re-Testverfahren zwischen .66 und .83 und als Interrater- Reliabilität zwischen .93 und .95 angegeben. Bös (2001, S. 153) misst die Bedeutung dieses Verfahrens anhand der Möglichkeit es als kassenärztliche Leistung laut Gebührenkatalog abrechnen zu können.

7.3.5 Wiener Entwicklungstest

Der Wiener Entwicklungstest (WET) wurde als umfangreiche Testbatterie von Kastner-Koller und Deimann (2002) für die Bereiche Motorik, Visumotorik/visuelle Wahrnehmung, Lernen und Gedächtnis, kognitive Entwicklung und Sprache und sozial- emotionale Entwicklung erstellt. Er kann für 3- bis 6-jährige Kinder angewendet werden. Das Verfahren gliedert sich in fünf Funktionsbereiche mit 13 Subtests, wobei sowohl die Anzahl der Untertests als auch die Aufgabenanzahlen dabei je nach Alter des Kindes und seinen Testleistungen variieren. Einige der Aufgaben sind Adaptationen aus etablierten Entwicklungs- und Intelligenztests. Die Testbatterie wurde (1997 - 2000) an 1.245 Kindern normiert, wobei die einzelnen Altersgruppen mit 153 bis 186 Kindern besetzt waren, Jungen und Mädchen sind jeweils in etwa ähnlich gewichtet. Der Gesamtaltersbereich wurde in sechs Altersgruppen in Halbjahresschritten unterteilt. Die Reliabilität für die Auswertung von Beurteilerübereinstimmungen liegt bei .80, für die innere Konsistenz bei .75 bis .91 nach der Split-half-Methode. Bös (2001, S. 168) bewertet dieses Verfahren als ökonomisch. Er bemängelt die fehlenden Analysen hinsichtlich der Konstruktvalidität. Hinsichtlich seiner Verbreitung im deutschen Sprachraum und der Qualität erachtet er dieses Verfahren als bedeutsam.

7.3.6 Charlop-Atwell-Scale of Motor Coordination

Charlop und Atwell entwickelten (1980) ein Verfahren zur Erfassung einiger Aspekte grobmotorischer Koordination für normal entwickelte 4- bis 6-jährige Kinder. Ihr Ziel war ein einfach handhabbareres Verfahren, welches auch die Dimensionen der Qualität der Aufgabenlösung mit erfassen kann. Die Aufgaben bestehen aus:

- Hampelmann springen
- Hochspringen mit 180° Drehung
- Hüpfen auf einem Bein
- Laufen auf Händen und Füßen mit möglichst gestreckten Beinen
- schnelle Drehung des Körpers mit ausgestreckten Armen und stehen auf Zehenspitzen
- Scarf twirl (Tuch wirbeln).

Die Testauswertung erfolgt für die objektiven Kriterien nach bestimmten Punktzahlen. Gleichzeitig wird die Qualität der Durchführung, wie die Präzision und die Beweglichkeit des Kindes als subjektive Kriterien eingeschätzt. Der Test wurde an 201 Kindern von 4 bis 6 Jahren normiert.

7.3.7 Motoriktest für 4- bis 6-jährige Kinder

Der 1984 von Zimmer und Volkamer veröffentlichte Motoriktest für 4- bis 6-jährige Kinder (MOT 4 - 6) basiert auf Erkenntnissen aus vorherigen Untersuchungen von Zimmer (1979, 1981). Die Autoren wollen mehrere Aspekte der Motorik erfassen. Die Testaufgaben sind den Interessen und Fähigkeiten der Zielgruppe angepasst, durch geringe Übbarkeit gekennzeichnet und die Testdurchführung ist mit wenig Aufwand in kurzer Zeit durchführbar. In den 18 Items werden folgende Dimensionen erfasst:

- Gesamtkörperliche Gewandtheit, Beweglichkeit (Item: 7, 11, 14, 16, 18)
- Feinmotorische Geschicklichkeit (Item: 3, 4,10)

- Gleichgewichtsvermögen (Item: 2, 8, 12,17, 18)
- Reaktionsfähigkeit (Item: 6, 13)
- Sprungkraft (Item: 15, 18)
- Bewegungsgeschwindigkeit (Item: 3, 5, 7)
- Bewegungsgenauigkeit (Item: 9,10).

Für diesen Test gibt es Normen für die Altersbereiche 4 bis 6 Jahre in Halbjahrsschritten, die anhand einer Testgruppe von 601 Kindern erstellt wurden (Zimmer, Volkamer 1984, 2. Auflage 1987). Durch eine detaillierte Aufgabenbeschreibung, standardisiertes Testmaterial und wörtliche Anweisungen für das Kind ist eine Objektivität der Testdurchführung weitgehend gesichert. Die Reliabilitätskontrolle ergab bei einem Vergleich mit 5 Testleitern .88, im Re-Testverfahren .85 und in der Split-half-Methode .80. Die Validitätsprüfung des MOT 4 - 6 mit dem KTK an 181 Kindern ergab einen Korrelationskoeffizienten von .78 und nach Herauspartialisierung des Alters von .68 (Zimmer, Volkamer 1987, S. 34 f.).

7.3.8 Motorisch-Perzeptueller Entwicklungstest

Der Motorisch- Perzeptuelle Entwicklungstest (MPE-Test) liefert ein detailliertes Bild der perzeptuellen und motorischen Entwicklung bis 7-jähriger Kinder. Er wurde 1988 von Holle, Boennelyck, Kemp und Mortensen entwickelt und an 1.206 Kindern standardisiert. Der Test untersucht 14 Entwicklungsbereiche, die auf das chronologische Alter bezogen werden und differenziert die Entwicklungen von Jungen und Mädchen. In der Auswertung wird kein Quotient gebildet, sondern ein differenzierter Verlaufsbogen von Stärken und Schwächen des Kindes erstellt (Rennen-Allhoff, Allhoff 1987).

7.4 Messverfahren zur Erfassung der sozial-emotionalen Entwicklung

Neben dem motorischen Leistungsstand und der Motorikentwicklung von Kindern soll ihre sozial-emotionale Entwicklung untersucht und in Beziehung zur motorischen Entwicklung gesetzt werden. Aus diesem Grund muss neben einem testdiagnostischen Verfahren für die Motorik auch ein Instrumentarium zur sozial-emotionalen Entwicklung ausgewählt werden. Die Auswahl für diese Persönlichkeitsdimensionen ist ungleich schwieriger, da es laut Metzing und Ettrich (2000) kaum diagnostische Verfahren für die Beurteilung sozial-emotionaler Fähigkeiten für diese Altersgruppe gibt. Die Autoren begründen diesen Mangel damit, dass differenzierte theoretische Modelle über Strukturierung und

Dimensionierung sozialer Fähigkeiten fehlen und damit für die Diagnostik eine Abgrenzung zu anderen Persönlichkeitsbereichen kaum möglich ist (Metzing, Ettrich 2000, S. 153).

Hier liegen die Autoren im Konsens mit Preiser (1983), der auf vielfältige Einflussfaktoren und Aspekte sozialer Entwicklung verweist. Im Folgenden werden existierende diagnostische Instrumentarien dafür aufgezeigt.

7.4.1 Vineland Social Maturity Scale (VSMS)

Doll entwickelte (1936, 1953) dieses Verfahren, um den Reifegrad der Sozialkompetenz von Untersuchungspersonen im Alter von sechs Monaten bis zu 30,6 Jahren zu bestimmen. Er erfasst zusätzlich die ökologischen Kontextbedingungen. Die Datengewinnung erfolgt über eine Befragung informierter Personen. Soziale Reifegrade sind nach Doll der Grad der persönlichen Unabhängigkeit und das Ausmaß der sozialen Verantwortlichkeit. Aus diesen Komponenten bestimmt er die Sozialreife, welche die Grundlage der Sozialkompetenz bildet. Sie variiert mit den individuellen physischen und kulturellen Lebensbedingungen. Die VSMS besteht aus 117 Items, die sowohl nach Alterstufen als auch ansteigendem Schwierigkeitsgrad geordnet sind. Doll teilt sie nach folgenden Merkmalsbereichen:

- Allgemeine Selbstständigkeit (13 Items)
- Selbstständigkeit beim Essen (12 Items)
- Selbstständigkeit beim Ankleiden (13 Items)
- Motorik, Bewegung, Lokomotion (12 Items)
- Beschäftigung (16 Items)
- Kommunikation (12 Items)
- Selbstbestimmung (18 Items)
- Geselligkeit, allgemeine Sozialisierung (21 Items) (Doll 1935, S. 48 ff.).

In Deutschland erarbeiteten Bondy, Cohen, Eggert und Lüer (1969) eine Kurzform mit Schwerpunkt auf Selbstständigkeit bei Handlungsausführungen. Die Tests verlaufen als halbstandardisierte Verfahren in Interviewform von informierten Personen. Der Testleiter protokolliert die Antworten auf einer neunstufigen Skala. In der deutschen Kurzform werden die Antworten in dichotomisierter Form (+ oder -) erhoben. Die Auswertung erfolgt mittels eines Sozialquotienten (SQ), indem das Lebensalter ins Verhältnis zum Sozialalter gesetzt wird analog der Kognitionstests. Doll hat den Test mit jeweils zehn weiblichen und männlichen Personen aus 31 Altersgruppen mit insgesamt 620 Probanden normiert. Die deutsche Kurzform hat Eggert an 466 Kindern im Alter von zwei bis zehn

Jahren erprobt. Er hält den Einsatz für 2- bis 6-jährige nicht behinderte und für 7- bis 10-jährige behinderte Kindern für optimal (Eggert 1974, S. 143).

Bei der Objektivitätseinschätzung sind die persönlichen Einstellungen zur befragten Person und der jeweilige eingeschränkte persönliche Erfahrungsbereich der Interviewer zu berücksichtigen. Die Validitätsprüfung von Doll (1953) ergibt ein Ansteigen des Sozialalters mit steigendem Lebensalter. Um das 24. Lebensjahr geht die Sozialreife in ein Plateau über. Reinert (1971) kritisiert die Standardisierung als unzureichend. Auch das Ziel von Doll, alle Probanden unabhängig vom Alter in ihrer sozialen Entwicklung zu erfassen, wird von Lüer, Cohen und Nauck (1966) widerlegt. Sie belegen in einer Faktorenanalyse, dass auf verschiedenen Entwicklungsniveaus inhaltlich unabhängige Merkmale sozialen Verhaltens erfasst werden. Dies gilt auch für die deutsche Kurzform, die sechs unterschiedliche Faktoren erfasst. (Schmidt-Denter 1987, S. 533).

7.4.2 Fragebogen zur Erfassung praktischer und sozialer Selbstständigkeit

In Auseinandersetzung mit den Fragen von Doll entwickelten Duhm und Huss (1979) einen Fragebogen als Hilfsmittel für Pädagogen mit den zwei Schwerpunkten elternzentrierte und praktische Selbstständigkeit sowie kindzentrierte, sozial-affektive oder soziale Selbstständigkeit. Die Autoren verfolgten das Ziel, durch den Vergleich zwischen Elternantworten und Erzieherbeobachtungen gesicherte Aussagen über die soziale Entwicklung der Kinder treffen zu können. Die Ergebnisse sollen den Pädagogen als Grundlage für Elterngespräche dienen und ihnen ermöglichen, Fördermaßnahmen zu treffen.

Dieser Fragebogen wurde im Rahmen eines Bremer Modellversuches von 1971 - 1975 zur vorschulischen Erziehung überprüft und revidiert. Er enthält 47 Items, die sich in praktische und soziale Selbstständigkeit untergliedern und in fünfstufiger Skala von den Eltern oder Pädagogen beantwortet werden. Normiert wurde dieses Verfahren an 373 Kindern, verteilt auf die Altersstufen 4 - 5 Jahre, 5 - 6 Jahre und 6 - 7 Jahre. Die Autoren ermitteln „plausible“ (Duhm, Huss 1979, S. 125). Zusammenhänge mit dem Lebensalter, der Geschwisterposition, sozialer Schichtzugehörigkeit sowie klinischen Verhaltensauffälligkeiten von Kindern (z. B. Bettnässen, Ängste, Aggressivität).

7.4.3 Beobachtungsbogen für Kinder im Vorschulalter von Althaus

Parallel zu dem oben genannten Fragebogen entstand unter der Leitung von Althaus ein zweiter Fragebogen im Laufe des Bremer Modellversuches 1971 - 1975. Er wurde gemeinsam mit Sozialpädagogen und Lehrern erarbeitet und konzentriert sich auf einzelne, sozial relevante Verhaltensaspekte von Kindern. Erzieher sollen damit Verhaltensprobleme einzelner Kinder und Gruppensituationen systematisch erfassen und kontrollieren können. Der Fragebogen beschreibt 78 Verhaltensweisen, die mittels einer fünfstufigen Skala möglichst von mehreren Erziehern eingeschätzt werden. Der Fragebogen wurde zunächst zur Normierung an 490 Kindern im Altern von 4 - 5 Jahren von Erziehern und Sozialpädagogen angewendet und an den gleichen Kindern noch einmal kurz vor der Einschulung von Sozialpädagogen und Lehrern. Anhand dieser gewonnenen Prozentwerte können Erzieher ihre Ergebnisse abgleichen. Eine weitere Untersuchung der gleichen Kinder in der dritten Klasse ergab, dass leistungsschwache Kinder, die z. T. eine Klasse wiederholen mussten, als 4-Jährige nicht oder nur geringfügig von der Gesamtgruppe abwichen. Am Ende der Kindergartenzeit waren die Differenzierungen deutlicher (Duhm, Althaus 1979)

7.4.4 Skala zur Erfassung des Sozialverhaltens von Vorschulkindern

Die Skala zur Erfassung des Sozialverhaltens von Vorschulkindern wurde in deutscher Fassung von Tietze, Feldkamp und Gratz (1981) auf der Grundlage der Social Competence Scale von Kohn und Rossmann (1972) entwickelt. Ziel war es, über die Beurteilung des Alltagsverhaltens von Kindern im Kindergarten ihre emotionale Entwicklung zu erfassen, um den Erzieherinnen ein Instrument für ihre praktische Arbeit mit den Kindern zur Verfügung zu stellen. Die deutschen Autoren bildeten drei Subskalen mit 73 Items, die fünfskalig bewertet werden:

- Interesse, Partizipation vs. Apathie, Rückzug
- Kooperation, Regelbefolgung vs. Widerstand, Feindseligkeit
- gute Aufgabenorientierung, Selbstständigkeit vs. geringe Aufgabenorientierung, Unselbstständigkeit (Schmidt-Denter 1987, S. 339).

Die erfassten Merkmale sind laut Reliabilitätsprüfung zeitlich stabil. Es können keine oder nur geringe Zusammenhänge mit dem Alter, dem Geschlecht und der Sozialschicht der Kinder nachgewiesen werden. Die Autoren gehen von einer großen Generalisierbarkeit aus, um Kinder frühzeitig als sozial auffällig zu diagnostizieren und ggf. rechtzeitig geeignete Therapien oder pädagogisches Handeln zu ermöglichen.

7.4.5 Beobachtungsbögen von Zimmer

Zur Einschätzung der sozial-emotionalen Aspekte kindlicher Entwicklung entwickelte ZIMMER fünfskalige Fragebögen zum Einschätzen des Spiel- und Bewegungsverhaltens (SBV), des Sozialverhaltens (SV) und des Selbstkonzeptes

(SK) von Kindern. (Zimmer 1999, S. 111 ff.). Diese Beobachtungsbögen sind Zusammenfassungen von Einzelbeobachtungen kontinuierlicher Kontaktpersonen wie Eltern oder Erzieherinnen. Sie erfassen qualitative Veränderungen situationsübergreifender Verhaltensweisen der Kinder und machen sie vergleichbar. Der von Zimmer vorgestellte Bogen zum Selbstkonzept umfasst in zehn Items die Bereiche Selbstsicherheit, Selbstvertrauen, Fähigkeitseinschätzung, Selbstakzeptanz, Selbstkontrolle, Aufgeschlossenheit, Aktivität, Umgang mit Misserfolgen, Grundstimmung und Geselligkeit.

Die Skala für das Sozialverhalten soll sowohl die Qualität der Interaktionen zwischen den Kindern als auch zwischen Kind und Pädagoginnen erfassen. Sie besteht aus den 12 Items Trennungsverhalten, Kontaktaufnahme zu den Erzieherinnen, Orientierung am Erwachsenen, Kontakt zu anderen Kindern, Umgang mit Gruppeninteressen, Selbstbehauptung, Gruppenintegration, Hilfsbereitschaft, Konfliktlösung, selbstständige Konfliktlösung, Regeleinhaltung und Frustrationstoleranz. Das Verhalten in Spiel- und Bewegungssituationen wird über acht Items erfasst und wertet das Interesse an Neuem, eigene Ideen, Einschätzung der Aufgaben, Eigeninitiative, Bewegungsfreude, Ausdauer, Konzentration und Umgang mit Materialien.

7.5 Auswahl der diagnostischen Verfahren für die Untersuchung

Die motorische Entwicklung wird mit Hilfe eines standardisierten Tests erfasst. Der Motoriktest (MOT 4 - 6), entwickelt von Zimmer und Volkamer (1987) ist seit vielen Jahren ein anerkanntes Verfahren für Kinder dieses Alters. Er wird in dieser Arbeit für die Untersuchungsdimension Motorik genutzt. Dieses Verfahren zeichnet sich neben guten Werten der Hauptgütekriterien auch durch seine Ökonomie aus. Da alle Tests von der Untersuchungsleiterin selbst durchgeführt werden, bedeutet dies neben einer guten Vergleichbarkeit der Daten eine Senkung des Zeit- und Kostenfaktors. Dieses Testverfahren ist bei vergleichbaren Untersuchungen eingesetzt worden, so dass vorhandene Daten zur Hypothesenprüfung genutzt werden können. Für die Untersuchungsdimensionen der sozial-emotionalen Aspekte kindlicher Entwicklung werden die Fragebögen zum Einschätzen des Spiel- und Bewegungsverhaltens (SBV), des Sozialverhaltens (SV) und des Selbstkonzeptes (SK) der Kinder von ZIMMER genutzt. (1999, S.111ff.) Sie werden von den Erzieherinnen zu allen drei Messzeitpunkten (MZP) ausgefüllt (siehe Anlagen 5 - 7). Um die relevanten Aspekte des Einflussfaktors Herkunftsfamilie in diese Untersuchung einzubeziehen, wurde ein Fragebogen erarbeitet. Aus diesem Fragebogen werden die Aspekte Bewegungs- und Aktivitätsgrad der Familie und Auswahlkriterien für die Kindertagsstätte für diese Untersuchung in die Auswertung einbezogen (siehe Anlagen 10 - 12).

7.6 Stichprobe für diese Untersuchung

Die Größe der Untersuchungsgruppe war mit 300 Kindern, davon jeweils 150 Kinder aus Kontrollkindergärten und 150 Kinder aus Bewegungskindergärten, geplant. Durch die kurzfristige Absage des Trägers eines Kontrollkindergartens verringerte sich die Gruppe der Kontrollkinder. Dadurch ergab sich eine Größe der Untersuchungsgruppe von insgesamt 274 Kindern beim ersten Test, von 228 Kindern beim zweiten Test und von 212 Kindern beim dritten Test. Ausgewählt wurden nur die 4- bis 5-jährigen Kinder. Damit sollte sichergestellt werden, dass diese Kinder für die letzte Kontrolluntersuchung, die im Herbst 2005 stattfand, noch den Kindergarten besuchten. Das hatte zur Folge, dass nur eine eingeschränkte Anzahl von Kindern für diese Untersuchung in jedem Kindergarten zur Verfügung stand. Neben den üblichen Fehltagen der Kinder wegen Krankheit oder Urlaub kam als zusätzlicher Risikofaktor eine mögliche vorzeitige Einschulung hinzu. Die Kinder wurden insgesamt dreimal in jeweils sechsmonatigem Abstand getestet. Zu allen drei MZP bewerteten die Erzieherinnen die sozial-emotionale Entwicklung anhand der Beobachtungsbögen. Der Elternfragebogen wurde zum 2. MZP ausgegeben. Insgesamt liegen für diese Untersuchung 714 Testdaten und Rückläufe von 219 Elternfragebögen vor.

7.6.1 Auswahlkriterien der Kindertageseinrichtungen

Um die Repräsentativität dieser Untersuchung zu gewährleisten, musste eine sorgfältige Stichprobenauswahl vorgenommen werden. Aus Gründen der Durchführbarkeit und Effektivität erfolgte die Probandenauswahl geclustert in Tageseinrichtungen für Kinder aus Nordrhein-Westfalen. Von den insgesamt 44 Kindergärten, die bis Sommer 2004 in Nordrhein-Westfalen zertifiziert waren, wurden sieben Bewegungskindergärten anhand unten aufgeführter Kriterien ausgewählt und dazu dann im zweiten Schritt die Kontrolleinrichtungen gesucht. Nachfolgende Kriterien bestimmten die Auswahl der Testkindergärten (siehe Anlage1).

7.6.1.1 Räumliche Streuung

Nordrhein-Westfalen als bevölkerungsreichstes Bundesland weist sowohl eine hohe städtische Konzentration als auch ländliche Siedlungsflächen auf. Dies wurde neben der geografischen Streuung berücksichtigt und Tageseinrichtungen sowohl aus ländlicher als auch aus städtischer Umgebung ausgewählt (siehe Anlage 2).

7.6.1.2 Verankerung des pädagogischen Konzeptes

Die Zertifizierung des Landessportbundes der Bewegungskindergärten musste zu Testbeginn mindestens 12 Monate zurückliegen, damit die untersuchten Kinder schon ein Schul- bzw. Kindergartenjahr nach diesem pädagogischen Ansatz betreut worden waren. Diese Voraussetzung war notwendig für den Querschnittvergleich zum 1. MZP.

7.6.1.3 Paritätische Trägerauswahl

In Nordrhein-Westfalen arbeiten Tageseinrichtungen unter freier, kommunaler oder privater Trägerschaft. Die Träger der Kindertageseinrichtungen wurden nach paritätischen Grundsätzen ausgewählt, um eine möglichst vielseitige Auswahl von Trägern und damit unterschiedliche pädagogische Ansätze in die Untersuchung einzubeziehen.

7.6.1.4 Räumliche Nähe der Kontrolleinrichtungen

Ein wichtiges Auswahlkriterium war die räumliche Nähe der Kontrollkindergärten zu den Bewegungskindergärten, um eine vergleichbare Sozialstruktur zu garantieren. Damit konnte im Elternfragebogen davon ausgegangen werden, dass allen befragten Eltern die Möglichkeit offen stand, ihre Kinder in einen Bewegungskindergarten zu bringen. Die räumliche Streuung auf ganz Nordrhein-Westfalen, die bei den Tageseinrichtungen eine unterschiedliche Zugehörigkeit zu den Landesjugendämtern als zuständige Instanz für Betriebserlaubnisverfahren zur Folge hat, bestimmt sehr unterschiedliche Rahmenbedingungen für die Kindertagesstätten. Auch darum war eine räumliche Nähe zu den Bewegungskindergärten notwendig, um eine Vergleichbarkeit zu erhalten.

7.6.2 Profile der Einrichtungen

Zur Erfassung der Gesamtsituation der ausgewählten Tageseinrichtungen erfolgte zeitgleich über Fragebögen eine umfangreiche Profilabfrage zu folgenden Kriterien (siehe Anlagen 13, 17 und 18):

- Lage der Einrichtungen (Ort, Regierungsbezirk, Einwohnerzahl, Geografie, Industrie, soziale Struktur des Einzugsgebietes)
- Größe (Kinderanzahl, Gruppenanzahl, Räume, Freifläche, Umgebung)
- Träger (Art, Finanzierung, fachliche und personelle Betreuung, Netzverbund zu anderen Kindertagesstätten)
- Personal (Qualifikationen, Zusatzausbildung „ÜL - BiKuV“, Anzahl, Alter,

Ausbildung)
- Kooperierender Sportverein und Ansprechpartnerin
- Sport- oder Bewegungsraum (Größe, Lage, Erreichbarkeit und Verfügbarkeit für die Kinder, materielle Ausstattung mit Sport- und Spielgeräten, freie und angeleitete Bewegungsangebote für die Kinder)
- Ausstattung und Nutzung des Freigeländes
- Eindrücke von der pädagogischen Arbeit (Tagesgestaltung, Nutzung der Räumlichkeiten, Fotodokumentation der Bewegungsräume).

7.7 Organisation der Tests in den Kindergärten

Nach der Auswahl der in Frage kommenden Testkindergärten wurde den gesamten jeweiligen Teams der Einrichtungen Ziel und Ablauf der Untersuchung vorgestellt. Alle Mitarbeiterinnen erhielten detaillierte Informationen über den Ablauf der Testtage in ihrer Einrichtung und über die zu erwartende zusätzliche Arbeit jeder Kollegin. Die Unterstützung der Erzieherinnen war für einen reibungslosen Ablauf der Untersuchungen notwendig, für die Beantwortung der Beobachtungsbögen und als Kontaktpersonen zu den Eltern. Die Leiterinnen übernahmen die Information ihrer Träger, die Erstellung der Kurzprofile ihrer Einrichtungen und sorgten für die reibungslose räumliche und personelle Organisation der Testtage in den Einrichtungen. Die Teams der Tageseinrichtungen waren in allen Gesprächen offen und interessiert an dieser Untersuchung. Sie wollten die Testsituationen ihrer Kinder miterleben und von den dortigen Beobachtungen und Ergebnissen profitieren. Nach der Zustimmung des Teams wurden terminliche Absprachen geregelt. Die Erzieherinnen der Gruppen erarbeiteten eine Aufstellung der in Frage kommenden Testkinder. Zur Information für die Eltern der Kinder wurden zwei Anschreiben erstellt, die bis zum ersten Testtermin als Rückläufe in den Einrichtungen vorliegen mussten (siehe Anlage 9 und 10). Die Leiterinnen erhielten eine Liste mit Zahlencode, um die Testkinder zuordnen zu können, z. B. Kind Nr. 1 aus Kindertagesstätte11 ist ..., geb. am ..., aus der roten Gruppe und wurde am Tag X zum ersten Mal getestet (siehe Anlage 8). Diese Listen befinden sich auch nach Abschluss der Untersuchungen in den Kindertagesstätten, ebenso wie die Einverständniserklärungen der Eltern für die Tests, die Fotos und die Videoaufnahmen. Die vorbereitenden Teamgespräche fanden im Zeitraum Mai bis September 2004 statt.

Geplanter Ablauf eines „Testtages“ im Kindergarten:

- 8.00 - 8.30 Uhr Ankunft, Vorbereitung und Aufbau der Teststationen im Turnraum, Klärung der Anwesenheit der Kinder und Vorliegen der Elternerklärungen etc.

-8.30 - 9.00 Uhr Bewegungsstunde für die (Test-)Kinder (Einstimmung zum Kennen lernen der Personen und der Geräte)
-ab 9.00 Uhr in ca. 25 - 30 min Abständen Tests mit dem Kind (in Ausnahmefällen zwei Kinder).

Die Tests werden ohne Eltern in Anwesenheit einer Erzieherin durchgeführt.

Vorgesehene Testtermine waren:

1. Test: September bis Dezember 2004
2. Test: März bis Juni 2005
3. Test: September bis Dezember 2005

Die Tests konnten in den geplanten Zeiträumen durchgeführt werden. Die Zusammenarbeit mit dem Personal der Tageseinrichtungen verlief sehr kooperativ. In allen Tageseinrichtungen herrschte eine offene Atmosphäre und Hilfsbereitschaft und eine hohe Verlässlichkeit auf erledigte Vorbereitungen.

7.8 Testverläufe

Am ersten Testtag wurde zuerst um 8.30 Uhr für alle Testkinder eine Bewegungsstunde zum kennen lernen und einstimmen durchgeführt. Im Anschluss war die Durchführung der Tests geplant. Zu Beginn ergaben sich erste Schwierigkeiten, da noch nicht alle Testkinder anwesend waren. Die Erzieherinnen brachten zwischendurch mehrere Kinder in den Turnraum, auf die dann wieder neu eingegangen werden musste. Auf Grund dieser ersten Erfahrung wurde der Ablauf verändert und nicht wieder mit allen Kindern gemeinsam begonnen. Für alle weiteren Testtage war es auch nicht notwendig, die Kinder erst auf die Situation einzustimmen. Es erwies sich zudem als schwierig, die Kinder in Einzelsituationen zu testen. Die Scheu, teilweise Ängste mit einer fremden Person dieser Testsituation ausgesetzt zu sein, hemmte die Kinder sehr. Darum wurden immer zwei Kinder gemeinsam getestet. Sie waren offener, neugierig und freudig bei der Sache, kommunizierten und brauchten keine Stärkung ihrer Erzieherinnen mehr. Die Kinder vermittelten häufig den Eindruck, dass sie deren Anwesenheit gar nicht mehr wahrnahmen. Die Erzieherinnen stellten die Kinderpaare zusammen. Später haben dann die Kinder auch selbst Wünsche geäußert, die von den Erzieherinnen berücksichtigt wurden. Bei den meisten Tests waren Erzieherinnen oder Leiterinnen anwesend. Wenn es aus organisatorischen Gründen nicht möglich war, wurden die Kinder allein getestet. Die Kinder waren bei allen Tests freudig und offen. Sie ließen sich gern auf die gestellten Aufgaben ein und auch das Messen, Zeitstoppen und Aufschreiben erwiesen sich nicht als Störfaktoren.

Zum Teil wollten sie sogar ihre Ergebnisse wissen und sich mit dem anderen Testkind vergleichen („Wer war jetzt besser?“). Bei den zweiten Tests hatten einige Kinder nach den vergangenen sechs Monaten nicht nur einige Aufgaben behalten, sondern konnten sogar noch zum Teil die Rahmengeschichte wiederholen.

Diese führte die Kinder phantasievoll zu den einzelnen Testaufgaben, die dann mit den vorgegebenen wörtlichen Anweisungen gestellt wurden (siehe Anlagen 3 und 4). Bei der Durchführung der Aufgaben zeigten die Kinder viel Freude. Während des zweiten und dritten Testverlaufes verlor die Rahmengeschichte immer mehr an Bedeutung. Alle insgesamt 714 Motoriktests dieser Arbeit sind ausschließlich von der Untersuchungsleiterin durchgeführt und dokumentiert worden. So wurde eine größtmögliche Vergleichbarkeit und Kontinuität bei der Bewertung der Testergebnisse gewährleistet. Zusätzlich zu den Testergebnissen und den persönlichen Angaben zum Kind wurden auf jedem Auswertungsbogen somatische Daten wie Größe und Gewicht des Kindes und besondere Hinweise zum Testverlauf vermerkt.

8. Darstellung und Auswertung der Ergebnisse

Die gewonnenen Daten wurden zur Überprüfung der formulierten Hypothesen ausgewertet. Die statistische Berechnung und Darstellung der Ergebnisse erfolgt für jede Hypothese separat.

8.1 Die Persönlichkeitsentwicklung der Kinder

Hypothese 1: Mit zunehmendem Alter nimmt die motorische Leistungsfähigkeit von Kindern zu. Dies beeinflusst auch die Entwicklung der anderen Persönlichkeitsbereiche. Je besser die motorische Leistungsfähigkeit entwickelt ist, desto positiver sieht ein Kind sich selbst (Selbstkonzept) und desto besser werden auch seine sozial-emotionalen Persönlichkeitsbereiche von den Erzieherinnen bewertet.

Ausgehend von der Ganzheitlichkeit des kindlichen Entwicklungsprozesses und der damit erwarteten gegenseitigen Beeinflussung einzelner Persönlichkeitsbereiche wurde für die Überprüfung von Hypothese 1 eine Längsschnittuntersuchung der Dimensionen körperliche, motorische und sozialemotionale Entwicklung der Kinder über 12 Monate vorgenommen.

Die Ergebnisse der Untersuchungen zeigen einen sichtbaren motorischen Leistungszuwachs mit steigendem Alter der Kinder. Die Analyse ergab mit dem T-Test einen signifikanten Zuwachs in beiden Testgruppen, das heißt alle Kinder steigerten ihre Motorikleistungen innerhalb von 12 Monaten. Die Entwicklung des Sozialverhaltens ist für alle Untersuchungseinrichtungen signifikant.

Ebenso konnten signifikante Entwicklungen für das Spiel- und Bewegungsverhalten und das Selbstkonzept der Kinder belegt werden.

		KITA 1B	KITA 2B	KITA 3B	KITA 4B	KITA 7B	KITA 9B	KITA 10B	Mittelwert ges. B	Mittelwert ges. K+B
Gewicht (kg)	1	20,62	18,71	18,88	19,19	17,94	19,84	19,98	19,31	19,18
	2	22,16	19,76	20,45	19,93	18,82	21,28	20,91	20,47	20,23
	3	23,89	21,17	20,48	21,16	19,56	22,17	21,65	21,44	21,14
Prozentrang MOT	1	58,25	47,68	57,23	45,50	50,58	62,89	51,09	53,32	51,70
	2	75,00	52,77	60,21	58,13	59,90	77,93	57,64	63,08	62,44
	3	72,56	58,78	60,23	46,36	66,44	69,47	56,77	61,52	61,13
Selbstkonzept	1	31,50	32,96	32,91	31,13	33,75	32,89	33,02	32,60	33,06
	2	31,55	33,67	33,94	34,27	36,10	35,93	34,39	34,26	34,77
	3	34,22	33,61	35,38	33,57	38,44	36,33	35,50	35,29	35,41
Spiel+Bewegungsverh.	1	32,33	31,68	32,86	31,38	31,67	34,06	31,74	32,24	32,29
	2	34,18	32,56	34,94	35,87	34,80	35,73	32,28	34,34	34,39
	3	36,11	31,39	35,19	37,00	37,56	37,07	35,17	35,64	35,55
Sozialverhalten	1	37,75	40,29	41,14	37,25	39,33	37,89	41,35	39,29	39,73
	2	40,18	39,93	41,42	43,43	44,90	43,60	41,03	42,07	42,22
	3	41,44	40,26	42,54	43,07	46,56	44,53	42,94	43,05	42,97

TABELLE 03 A: EINZELAUSWERTUNG DER BEWEGUNGSKINDERGÄRTEN FÜR DIE UNTERSUCHUNGSKATEGORIEN: GEWICHT, PROZENTRANG MOT, SELBSTKONZEPT, SPIEL- UND BEWEGUNGSVERHALTEN, SOZIALVERHALTEN. MZP 1 - 3

		KITA 5K	KITA 6K	KITA 8K	KITA 11K	Mittelwert ges. K	Mittelwert ges. K+B
Gewicht (kg)	1	18,92	18,63	19,35	18,93	18,96	19,18
	2	20,03	18,81	20,20	20,19	19,81	20,23
	3	21,14	19,88	20,94	20,53	20,63	21,14
Prozentrang MOT	1	58,14	44,90	49,47	42,97	48,87	51,70
	2	64,82	61,43	57,08	61,92	61,31	62,44
	3	65,29	58,15	55,72	62,65	60,45	61,13
Selbstkonzept	1	33,25	33,24	34,69	34,35	33,88	33,06
	2	36,88	31,93	36,92	36,86	35,65	34,77
	3	36,33	32,69	37,19	36,20	35,60	35,41
Spiel+Bewegungsverh.	1	31,93	33,43	32,66	31,45	32,37	32,29
	2	35,46	32,71	36,04	33,68	34,47	34,39
	3	35,10	34,46	36,23	35,77	35,39	35,55
Sozialverhalten	1	40,71	38,10	40,79	42,42	40,51	39,73
	2	43,71	37,50	43,77	45,00	42,49	42,22
	3	44,71	39,85	43,04	43,77	42,84	42,97

TABELLE 03 B: EINZELAUSWERTUNG DER KONTROLLKINDERGÄRTEN FÜR DIE UNTERSUCHUNGSKATEGORIEN: GEWICHT, PROZENTRANG MOT, SELBSTKONZEPT, SPIEL- UND BEWEGUNGSVERHALTEN, SOZIALVERHALTEN. MZP 1 - 3

		Prozentrang Mot-Test	Selbst-konzept	Spiel- und Bewe-gungsverhalten	Sozial-verhalten
Bewegungs-kindergärten	t1 - t2	< .000	.002	< .000	.065
	t2 - t3	.216	.052	< .000	< .000
	t1 - t3	.003	< .000	.001	.044
Kontroll-kindergärten	t1 - t2	< .000	.001	< .000	< .000
	t2 - t3	.565	.540	.060	.831
	t1 - t3	< .000	.004	< .000	.009
Gesamt	t1 - t2	< .000	<.000	< .000	< .000
	t2 - t3	.173	.065	< .000	.092
	t1 - t3	< .000	< .000	< .000	< .000

TABELLE 04: PRÜFUNG DER VERÄNDERUNGEN T1 - T2, T2 - T3 UND T1 - T3 IM LÄNGSSCHNITT NACH DEN UNTERSUCHUNGSGRUPPEN.
SIND DIE JEWEILIGEN VERÄNDERUNGEN SIGNIFIKANT? (T- TEST FÜR ABHÄNGIGE STICHPROBEN)
DAS NIVEAU VON 0,01 (2-SEITIG) IST HOCHSIGNIFIKANT.
DAS NIVEAU VON 0,05 (2-SEITIG) IST SIGNIFIKANT.

	Prozentrang Mot-Test T2 - Prozentrang Mot-Test T1	Prozentrang Mot-Test T3 - Prozentrang Mot-Test T2	Prozentrang Mot-Test T3 - Prozentrang Mot-Test T1	Selbst-konzept T2 – Selbst-konzept T1	Selbst-konzept T3 – Selbst-konzept T2	Selbst-konzept T3 – Selbst-konzept T1
Kita 01	,050	,767	,066	,754	,263	,553
Kita 02	,501	,188	,153	,422	1,000	,506
Kita 03	,531	,355	,424	,476	,103	,029
Kita 04	,211	,096	,700	,016	,843	,156
Kita 07	,083	,499	,374	,091	,932	,138
Kita 09	,078	,033	,826	,074	,733	,100
Kita 10	,033	,208	,059	,127	,056	,003
Kita 05	,476	,569	,357	,010	,522	,018
Kita 06	,033	,432	,039	,969	,688	,311
Kita 08	,166	,986	,258	,063	,820	,236
Kita 11	,002	,939	,000	,101	,885	,159

TABELLE 05 A: PRÜFUNG DER VERÄNDERUNGEN VON MOT UND SELBSTKONZEPT, T1 - T2, T2 - T3 UND T1 - T3 IM LÄNGSSCHNITT NACH DEN EINRICHTUNGEN. SIND DIE JEWEILIGEN VERÄNDE-RUNGEN SIGNIFIKANT? (WILCOXON - TEST)
DIE ASYMPTOTISCHE SIGNIFIKANZ IST AUF DEM NIVEAU VON 0,01 (2-SEITIG) HOCHSIGNIFIKANT.
DIE ASYMPTOTISCHE SIGNIFIKANZ IST AUF DEM NIVEAU VON 0,05 (2-SEITIG) SIGNIFIKANT.

	Spiel- und Bewegungs-verhalten T2 - Spiel- und Bewegungs-verhalten T1	Spiel- und Bewegungs-verhalten T3 - Spiel- und Bewegungs-verhalten T2	Spiel- und Bewegungs-verhalten T3 - Spiel- und Bewegungs-verhalten T1	Sozialver-halten T2- Sozialver-halten T1	Sozialver-halten T3 - Sozialver-halten T2	Sozialver-halten T3 - Sozialver-halten T1
Kita 01	,329	,068	,119	,220	,236	,017
Kita 02	,350	,149	,558	,541	,858	,925
Kita 03	,051	,344	,010	,576	,735	,509
Kita 04	,011	,049	,005	,050	,798	,013
Kita 07	,092	,416	,008	,043	,499	,044
Kita 09	,306	,221	,073	,009	,649	,010
Kita 10	,056	,000	,000	,093	,003	,026
Kita 05	,001	,755	,003	,002	,459	,039
Kita 06	,694	,138	,083	,457	,655	,220
Kita 08	,002	,754	,069	,012	,363	,505
Kita 11	,006	,014	,002	,859	,693	,240

TABELLE 05 B: PRÜFUNG DER VERÄNDERUNGEN T1 - T2, T2 - T3 UND T1 - T3 IM LÄNGSSCHNITT (WILCOXON - TEST)
DIE ASYMPTOTISCHE SIGNIFIKANZ IST AUF DEM NIVEAU VON 0,01 (2-SEITIG) HOCHSIGNIFIKANT.
DIE ASYMPTOTISCHE SIGNIFIKANZ IST AUF DEM NIVEAU VON 0,05 (2-SEITIG) SIGNIFIKANT.

	N1	T1	N2	T2	N3	T3	Zunahme
B1	12	20,6	8	22,2	9	23,9	3,27
B2	28	18,7	26	19,8	18	21,2	2,47
B3	35	18,9	28	20,4	19	20,5	1,60
B4	16	19,2	14	19,9	13	21,2	1,96
B7	12	17,9	7	18,8	9	19,6	1,61
B9	18	19,8	14	21,3	15	22,2	2,33
B10	43	20,0	36	20,9	35	21,6	1,66
K5	28	18,9	22	20,0	21	21,1	2,23
K6	21	18,6	14	18,8	13	19,9	1,26
K8	30	19,4	24	20,2	25	20,9	1,59
K11	30	18,9	26	20,2	26	20,5	1,61

	N1	1	N2	3	N3	3	
MW B	23	19,3	19	20,5	17	21,4	2,13
MW K	27	19,0	22	19,8	21	20,6	1,67
MW B+K	25	19,2	20	20,2	18	21,1	1,96

TABELLE 06: MITTELWERTE DER GEWICHTSENTWICKLUNG IN KG

		RW	Gr.	A	SK	G	SBV	SV
RW	Korrelation Pearson	1	**,210(**)**	**,347(**)**	,144(*)	,072	**,235(**)**	,083
	Signifikanz (2-seitig)		,000	,000	,017	,233	,000	,173
	N	274	273	274	274	274	274	274
Gr.	Korrelation Pearson	**,210(**)**	1	**,426(**)**	-,031	**,738(**)**	-,030	,008
	Signifikanz (2-seitig)	,000		,000	,606	,000	,619	,893
	N	273	273	273	273	273	273	273
A	Korrelation Pearson	**,347(**)**	**,426(**)**	1	,018	**,313(**)**	,142(*)	,103
	Signifikanz 2-seitig)	,000	,000		,773	,000	,019	,089
	N	274	273	274	274	274	274	274
SK	Korrelation Pearson	,144(*)	-,031	,018	1	-,078	**,709(**)**	**,609(**)**
	Signifikanz (2-seitig)	,017	,606	,773		,200	,000	,000
	N	274	273	274	274	274	274	274
G	Korrelation Pearson	,072	**,738(**)**	**,313(**)**	-,078	1	-,122(*)	-,083
	Signifikanz (2-seitig)	,233	,000	,000	,200		,044	,173
	N	274	273	274	274	274	274	274
SBV	Korrelation Pearson	**,235(**)**	-,030	,142(*)	**,709(**)**	-,122(*)	1	**,630(**)**
	Signifikanz (2-seitig)	,000	,619	,019	,000	,044		,000
	N	274	273	274	274	274	274	274
SV	Korrelation Pearson	,083	,008	,103	**,609(**)**	-,083	**,630(**)**	1
	Signifikanz (2-seitig)	,173	,893	,089	,000	,173	,000	
	N	274	273	274	274	274	274	274

TABELLE 07: KORRELATIONEN ZUM MESSPUNKT TEST 1

** DIE KORRELATION IST AUF DEM NIVEAU VON 0,01 (2-SEITIG) HOCHSIGNIFIKANT.

* DIE KORRELATION IST AUF DEM NIVEAU VON 0,05 (2-SEITIG) SIGNIFIKANT.

RW (ROHWERT MOT - TEST 1); GR. (GRÖßE); A (ALTER), SK (SELBSTKONZEPT); SBV (SPIEL- UND BEWEGUNGSVERHALTEN); SV (SOZIALVERHALTEN)

Die Gewichtssteigerung der Kinder lag während des Testzeitraumes von 12 Monaten im Durchschnitt bei 1,96 kg. Der Mittelwert aller Kinder lag zum 1. MZP bei 19,2 kg und zum 3. MZP bei 21,1 kg.

Im zweiten Teil der Hypothese 1 ging es um die Abhängigkeit der Entwicklung einzelner Persönlichkeitsbereiche zur motorischen Entwicklung der Kinder. Dazu wurden die Daten des 1. MZP in einer Korrelationsanalyse auf den gegenseitigen Einfluss der Untersuchungskategorien überprüft. Die untersuchten Dimensionen der kindlichen Entwicklung weisen vielfältige signifikante und hochsignifikante Interaktionen auf. So stehen Alter und Größe, aber auch das Spiel- und Bewegungsverhalten der Kinder in hochsignifikantem Zusammenhang zu ihrer motorischen Entwicklung. Auch der Einfluss der motorischen Entwicklung auf das Selbstkonzept ist signifikant. Das kindliche Spiel und sein Bewegungsverhalten scheinen also von wesentlicher Bedeutung für die Entwicklung der Motorik und des Selbstkonzeptes eines Kindes zu sein. Das Selbstkonzept steht wiederum weist einen hochsignifikanten Zusammenhang zum Sozialverhalten und dem Spiel- und Bewegungsverhalten eines Kindes auf. Über eigene Wahrnehmungs-, Bewegungs-, und Sozialerfahrungen entwickelt ein Kind sein Selbstkonzept. Dieses entscheidet mit, wie es sich bewegt, interagiert und spielt, also wie es sich in seiner materiellen und sozialen Umwelt verhält und von anderen wahrgenommen wird. Neben den vorwiegend endogenen Faktoren der Alters- und Größenentwicklung haben also auch materielle und soziale Umweltfaktoren und das eigenaktive Handeln des Kindes bei Spiel und Bewegung wesentlichen Einfluss auf seine motorische Leistungsfähigkeit und seine Gesamtentwicklung.

Damit gilt Hypothese 1 als bewiesen. Dieses Untersuchungsergebnis steht im Konsens der aufgeführten wissenschaftlichen Untersuchungen.

8.2 Stichprobe im Vergleich mit der Untersuchung von ZIMMER (1981)

Hypothese 2: Die motorische Leistungsfähigkeit 3- bis 6-jähriger Kinder hat in den vergangenen 20 Jahren deutlich abgenommen. Sie wird gemessen an den Dimensionen:

-Gesamtkörperliche Gewandtheit, Beweglichkeit
-Feinmotorische Geschicklichkeit
-Gleichgewichtsvermögen
-Reaktionsfähigkeit
-Sprungkraft

-Bewegungsgeschwindigkeit
-Bewegungsgenauigkeit.

Zum Nachweis dieser Hypothese wurden die Motorikwerte dieser Stichprobe mit den Werten der Kinder des MOT 4 - 6 von ZIMMER und VOLKAMER (1987) verglichen. Deren Daten stellen einen repräsentativen Überblick über den motorischen Leistungsstand 4- bis 6-jähriger Kinder der 80er Jahre des vergangenen Jahrhunderts in Deutschland dar, da diese Werte als Normen für den eingesetzten Motoriktest genutzt werden. Das Alter der Testkinder dieser Untersuchung lag zum 1. MZP zwischen 4 und 5 Jahren. Dies veränderte sich bis zum 3. MZP, bei dem die Altersspanne dann zwischen 5 und 6 Jahren lag.

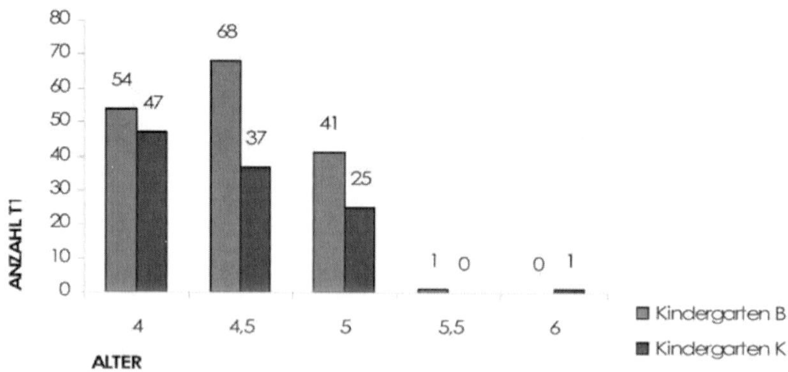

DIAGRAMM 01: ALTER UND ANZAHL DER KINDER ZUM TESTZEITPUNKT T1, N = 274

Für den Vergleich wurden nur die Daten des 1. MZP verwandt, da hier die Kinderanzahl mit 274 Kindern, am größten war. Zur Überprüfung der Normalverteilung der Testergebnisse wurde eine Häufigkeitsverteilung der Rohwerte zum 1. MZP ermittelt. Diese wurde mit den Werten von ZIMMER und VOLKAMER (1987) verglichen. Der Vergleich ZIMMER und VOLKAMER – JASMUND erfolgt über die Rohwertverteilung differenziert nach Jahrgangsstufen und kann nur für die Altersgruppen 4 bis 5 erfolgen, da sonst die Zellbesetzung zu klein ist. Die leichte Rechtsschiefe, auf die ZIMMER und VOLKAMER hinweisen (1987, S. 31) ist für diese Untersuchung nicht nachweisbar. Die Werte kommen einer Normalverteilungskurve sehr nahe, weil der Anteil älterer Kinder, die höhere Rohwertergebnisse erreichen, fehlt.

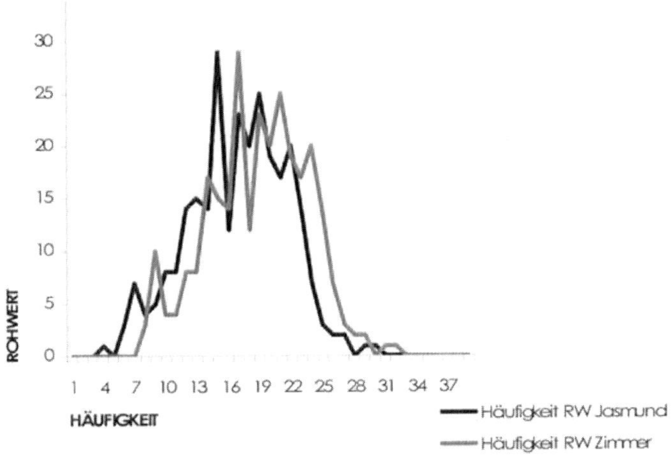

DIAGRAMM 02: HÄUFIGKEIT DER ROHWERTE ZIMMER / JASMUND ZUM TESTZEITPUNKT T1

Es wird kein signifikanter Unterschied der motorischen Leistungsfähigkeit zu den heutigen Kindern festgestellt. Das Diagramm zeigt in einer Trendberechnung eine kontinuierliche vergleichbare motorische Leistungssteigerung bei ähnlichen Ausgangswerten.

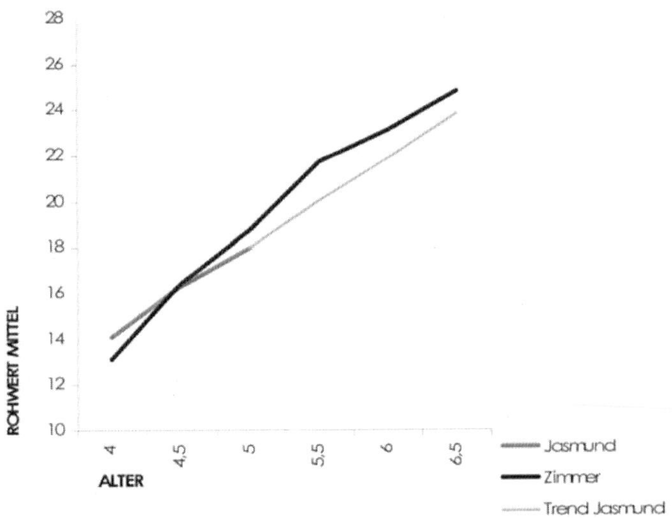

DIAGRAMM 03: ROHWERTVERTEILUNG ZIMMER / JASMUND

	4,0-4,5		4,6-4,11		5,0-5,5		5,6-5,11		6,0-6,5		6,6-6,11		Summe	
Anzahl N	70	101	91	105	102	66	144	1	110	1	84	0	263	272
Item	ZI	JA	ZI	JA	ZI	JA	ZI	JA	ZI	JA	ZI	JA	ZI	JA
2	1,30	0,82	1,39	1,19	1,51	1,05							1,40	1,02
3	1,14	1,20	1,28	1,19	1,41	1,50							1,28	1,30
4	1,40	1,66	1,50	1,86	1,71	1,86							1,54	1,79
5	0,30	0,29	0,54	0,54	0,82	0,45							0,55	0,43
6	0,86	0,63	0,96	0,77	1,06	0,94							0,96	0,78
7	0,43	0,60	0,66	0,74	0,84	0,80							0,64	0,72
8	0,24	0,07	0,33	0,11	0,35	0,20							0,31	0,13
9	0,41	0,32	0,32	0,30	0,61	0,44							0,45	0,35
10	0,36	0,34	0,76	0,78	0,93	0,86							0,68	0,66
11	1,71	1,76	1,63	1,69	1,72	1,71							1,69	1,72
12	0,41	0,18	0,73	0,38	0,87	0,45							0,67	0,34
13	0,84	0,80	0,89	0,98	1,29	1,08							1,01	0,95
14	0,27	0,41	0,55	0,50	0,67	0,71							0,50	0,54
15	0,76	0,98	1,13	1,17	1,16	1,30							1,02	1,15
16	1,10	1,16	1,32	1,33	1,31	1,39							1,24	1,30
17	0,89	1,61	1,32	1,62	1,30	1,74							1,17	1,66
18	0,69	1,26	1,19	1,18	1,27	1,50							1,05	1,31

TABELLE 08: MITTELWERTE DER TESTAUFGABEN ZUM TESTZEITPUNKT T1, GETRENNT NACH HALBJAHRESSTUFEN, VERGLEICH ZIMMER / JASMUND

Da mit den einzelnen Items unterschiedliche Dimensionen motorischer Leistungsfähigkeit erfasst werden, ist ein Detailvergleich sinnvoll. So können Entwicklungsunterschiede differenziert aufgezeigt werden bei:

- gesamtkörperlicher Gewandtheit, Beweglichkeit (Item: 7, 11, 14, 16, 18)
- feinmotorischer Geschicklichkeit (Item: 3, 4, 10)
- Gleichgewichtsvermögen (Item: 2, 8, 12, 17, 18)
- Reaktionsfähigkeit (Item: 6, 13)
- Sprungkraft (Item: 15, 18)
- Bewegungsgeschwindigkeit (Item: 3, 5, 7)
- Bewegungsgenauigkeit (Item: 9, 10)

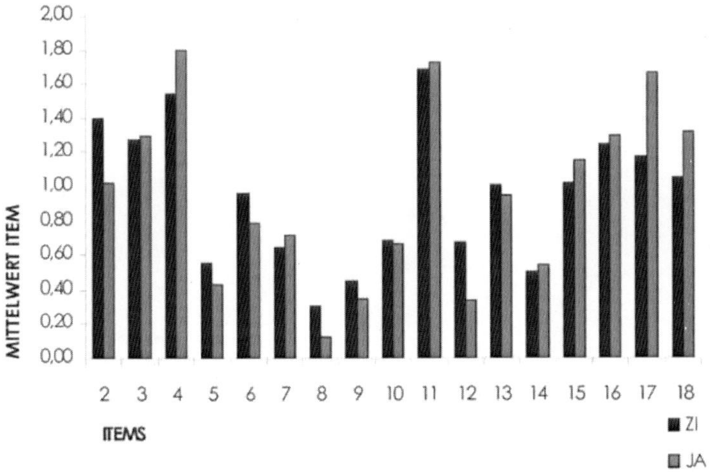

DIAGRAMM 04: MITTELWERTE DER TESTAUFGABEN ZUM TESTZEITPUNKT T1. VERGLEICH ZIMMER / JASMUND

Das Diagramm 04 zeigt die größten, jedoch ambivalenten Differenzen bei den Items 2, 8, 12, 17 und 18. Diese erfassen das Gleichgewichtsvermögen der Kinder. Die gesamtkörperliche Gewandtheit und Beweglichkeit wird mit den Items 7, 11, 14, 16 und 18 erfasst. Die Ergebnisse beider Untersuchungsgruppen liegen hier bis auf Item 18 an nächsten beieinander. Insgesamt sind die Leistungsunterschiede bei den einzelnen Items marginal. Es ergeben sich für alle 18 Items keine hochsignifikanten (Niveau p< 0,01 = hochsignifikant) und keine signifikanten (Niveau p< 0,05 = signifikant) Unterschiede, die auf einen Rückgang einzelner motorischer Leistungsbereiche schließen lassen.

Damit gilt die Hypothese 2 als widerlegt. Die motorische Leistungsfähigkeit der Kinder hat in den vergangenen 20 Jahren nicht abgenommen. Kinder haben im Vergleich zu den Werten von 1987 keinen niedrigeren motorischen Entwicklungsstand. Dieses Ergebnis ist somit deckungsgleich mit anderen themenrelevanten Untersuchungen von Kretschmer, Hagemann und Giewald (2000), Dordel (2000) und Rethorst (2002). Von einer generellen motorischen Leistungsverschlechterung der heutigen Kinder dieser Altersgruppe kann also nicht gesprochen werden und die von Thiele (1999) beschriebene „Defizithypothese" wird in dieser Untersuchung für die Kinder der Altersgruppe 4 - 6 Jahre widerlegt. Dieses Ergebnis sollte jedoch differenziert eingeordnet werden. Man darf diesen Abschnitt kindlicher Entwicklung nicht auf andere Lebensabschnitte übertragen

Items	Aufgaben	P(F≤f) einseitig	Signifikanz
2	Balancieren vorwärts	0,2434	○
3	Punktieren	0,3690	○
4	Mit den Zehen Tuch aufgreifen	0,3409	○
5	Seil seitlich überspringen	0,1994	○
6	Stab auffangen	0,2990	○
7	Tennisbälle in Kartons legen	0,1980	○
8	Balancieren rückwärts	0,4502	○
9	Zielwurf auf einen Scheibe	0,2153	○
10	Streichhölzer einsammeln	0,4840	○
11	Durch einen Reifen winden	0,3840	○
12	Einbeiniger Sprung in einen Reifen	0,2692	○
13	Tennisring auffangen	0,2411	○
14	Hampelmannsprung	0,3705	○
15	Sprung über ein Seil	0,3468	○
16	Rollen um die Längsachse	0,4922	○
17	Aufstehen & Setzen mit Halten eines Balles	0,0825	○
18	Drehsprung in einen Reifen	0,2193	○
	Gesamt	0,1725	○
	Signifikanzniveaus p< 0,05= signifikant (•) p< 0,01= hochsignifikant (••) p> 0,05≠ signifikant (○)		

TABELLE 09: ZUSAMMENFASSUNG DER SIGNIFIKANZPRÜFUNG MOT ZUM TESTZEITPUNKT T1 ZIMMER (1987) / JASMUND (2004)

oder gar generalisieren. In den Untersuchungen von Dordel (2000), Eggert et al. (2000) und Schott (2001) werden große motorische Entwicklungsdefizite bei Grundschulkindern, insbesondere für konditionelle motorische Fähigkeiten festgestellt. Da die Untersuchung des MOT 4 - 6 hauptsächlich die koordinativen Fähigkeiten erfasst, kann über Kraft und Ausdauer der hier untersuchten Kinder keine Einschätzung gegeben werden. Es ist möglich, dass es hinsichtlich der motorischen Leistungsentwicklung zu einem Verzögerungseffekt kommt und Auswirkungen veränderter Lebensbedingungen sich erst nach mehreren Jahren nachteilig manifestieren.

8.3 Der Einfluss des Kindergartens auf die Entwicklung der Kinder

Hypothese 3: Die Kinder aus Bewegungskindergärten zeigen eine bessere motorische und gesamtpersönliche Entwicklung als Kinder aus nicht zertifizierten Kindertagesstätten.

Zur Klärung dieser Hypothese wurden die Längsschnittdaten aller Kinder in zwei Untersuchungsgruppen Bewegungskindergärten – Kontrollkindergärten unterteilt und deren Entwicklungsverläufe der untersuchten Persönlichkeitsdimensionen als Querschnittsanalyse aller drei MZP miteinander verglichen.

Ergebnisse für die motorische Entwicklung: Zum 1. MZP lassen sich zunächst leicht bessere Motorikwerte der Kinder aus den Bewegungskindergärten ablesen. Der Vorsprung der Leistungen schrumpft aber sehr deutlich während des Untersuchungszeitraumes. Das heißt, die Kinder der Kontrolleinrichtungen haben zum 1. MZP etwas schlechtere Werte, steigern aber bis zum 3. MZP ihre motorische Leistungsfähigkeit effizienter. Sie holen innerhalb von 12 Monaten den Leistungsrückstand auf und erreichen zum 3. MZP marginal bessere Werte. Insgesamt lässt sich aber keine signifikant unterschiedliche motorische Entwicklung der Kinder feststellen. Die Kinder kommen mit vergleichbarer motorischer Leistungsfähigkeit in die Schule.

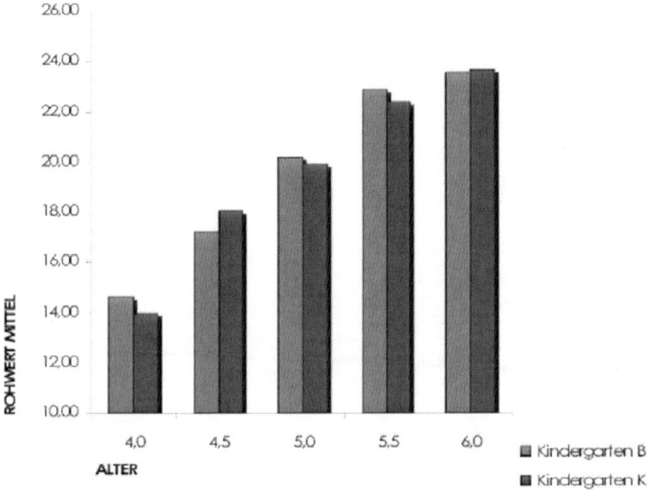

DIAGRAMM 05: MITTELWERTE DER ROHWERTE GESAMT (MOT 1 - 3) IM QUERSCHNITT

Ergebnisse für die körperliche und sozial-emotionale Entwicklung: Ein ähnliches Ergebnis gilt auch für die sozial-emotionalen Persönlichkeitsbereiche und das Gewicht der Kinder. Insgesamt zeichnet sich ein völlig heterogenes Bild bei den Veränderungen im Längsschnittvergleich aller untersuchten Aspekte ab. Die Unterschiede innerhalb der Untersuchungsgruppen sind größer als die Abstände zwischen ihnen. Für alle untersuchten Kategorien lässt sich kein bedeutsamer Unterschied zwischen Bewegungskindergärten und Kontrolleinrichtungen ablesen. Die Differenzen zwischen den Kindern beider Untersuchungsgruppen sind, bis auf ein Zwischenergebnis, in keiner Kategorie signifikant. Die Kinder aus Bewegungskindergärten haben in keiner Untersuchungskategorie ihrer Persönlichkeitsentwicklung bessere Werte.

Der Vergleich der Daten zeigt, dass die Persönlichkeitsentwicklung der Kinder in den Bewegungskindergärten nicht optimaler als die der Kinder in den Kontrolleinrichtungen verläuft. Dies betrifft alle untersuchten Persönlichkeitsdimensionen, sowohl die motorische Leistungsfähigkeit der Kinder als auch ihre sozial-emotionalen Persönlichkeitsbereiche Selbstkonzept, Sozialverhalten und Spiel- und Bewegungsverhalten. Damit gilt die Hypothese 3 als widerlegt.

8.4 Einflussfaktor Elternhaus

Hypothese 4: Die Wahl für eine bewegungsfreudige Tageseinrichtung wird vom eigenen Bewegungsverhalten der Eltern beeinflusst. Eltern, die in ihrer Freizeit selbst sportlich aktiver sind, wählen für ihre Kinder bevorzugt Bewegungskindergärten als Betreuungseinrichtungen.

Zur Klärung dieser Hypothese wurden die Kinder, deren Elternfragebogen vorlagen, herausgefiltert. So ergaben sich Daten von 219 Kindern zum 2. MZP. Es wurde im Querschnittsvergleich geprüft, ob die eigene Bewegungsaktivität der Eltern mit der Auswahl eines Bewegungskindergartens für ihre Kinder korreliert und somit von einer speziellen Elternkohorte in den Bewegungskindergärten ausgegangen werden muss. Anhand der erhobenen Daten können keine sportlicheren Eltern bei den Bewegungskindergärten nachgewiesen werden. Die Eltern der Kontrolleinrichtungen haben, bis auf eine Ausnahme (bei professionellen Sportanbietern wie Fitnessstudios, Kampfsportschulen, Tanzschulen etc.) in allen Aktivitätsgraden leicht bessere Werte, so dass sich annähernd gleiche Mittelwerte von 23,13 bei den Kontrolleltern und 23,11 bei den Eltern aus Bewegungskindergärten ergeben. Die Elterngruppen zwischen Bewegungskindergärten und Kontrolleinrichtungen unterscheiden sich hinsichtlich ihrer Sport- und Bewegungsaktivitäten nur marginal.

		PR MOT T1	PR MOT T2	PR MOT T3	SK T1	SK T2	SK T3
Kita 01	Mittelwert	58,25	75,00	72,56	31,50	31,55	34,22
	N	12	9	9	12	11	9
Kita 02	Mittelwert	47,68	52,77	58,78	32,96	33,67	33,61
	N	28	26	23	28	27	23
Kita 03	Mittelwert	57,23	60,21	60,23	32,91	33,94	35,38
	N	35	29	22	35	33	26
Kita 04	Mittelwert	45,50	58,13	46,36	31,13	34,27	33,57
	N	16	15	14	16	15	14
Kita 05	Mittelwert	58,14	64,82	65,29	33,25	36,87	36,33
	N	28	22	21	28	24	21
Kita 06	Mittelwert	44,90	61,43	58,15	33,24	31,93	32,69
	N	21	14	13	21	14	13
Kita 07	Mittelwert	50,58	59,90	66,44	33,75	36,10	38,44
	N	12	10	9	12	10	9
Kita 08	Mittelwert	49,47	57,08	55,72	33,53	36,92	37,19
	N	30	26	25	30	26	26
Kita 09	Mittelwert	62,89	77,93	69,47	32,89	35,93	36,33
	N	18	15	15	18	15	15
Kita 10	Mittelwert	51,09	57,64	56,77	33,02	34,39	35,50
	N	43	36	35	43	36	36
Kita 11	Mittelwert	42,97	61,92	62,65	34,35	36,86	36,20
	N	31	26	26	31	28	30
Gesamt	Mittelwert	51,70	62,44	61,13	33,06	34,77	35,41
	N	274	228	212	274	239	222

PR (PROZENTRANG) MOT; SK (SELBSTKONZEPT)

TABELLE 10 A: PRÜFUNG DER MITTELWERTSUNTERSCHIEDE ZWISCHEN DEN EINZELNEN EINRICHTUNGEN IM QUERSCHNITT (UNABHÄNGIG VON IHRER PÄDAGOGISCHEN AUSRICHTUNG ALS BEWEGUNGSKINDERGARTEN ODER KONTROLLEINRICHTUNG)

		SBV T1	SBV T2	SBV T3	SV T1	SV T2	SV T3
Kita 01	Mittelwert	32,33	34,18	36,11	37,75	40,18	41,44
	N	12	11	9	12	11	9
Kita 02	Mittelwert	31,68	32,56	31,39	40,29	39,93	40,26
	N	28	27	23	28	27	23
Kita 03	Mittelwert	32,86	34,94	35,19	41,14	41,42	42,54
	N	35	33	26	35	33	26
Kita 04	Mittelwert	31,38	35,87	37,00	37,25	41,13	43,07
	N	16	15	14	16	16	14
Kita 05	Mittelwert	31,93	35,46	35,10	40,71	43,71	44,71
	N	28	24	21	28	24	21
Kita 06	Mittelwert	33,43	32,71	34,46	38,10	37,50	39,85
	N	21	14	13	21	14	13
Kita 07	Mittelwert	31,67	34,80	37,56	39,33	44,90	46,56
	N	12	10	9	12	10	9
Kita 08	Mittelwert	31,57	36,04	36,23	39,43	43,77	43,04
	N	30	26	26	30	26	26
Kita 09	Mittelwert	34,06	35,73	37,07	37,89	43,60	44,53
	N	18	15	15	18	15	15
Kita 10	Mittelwert	31,74	32,28	35,17	41,35	41,03	42,94
	N	43	36	36	43	36	36
Kita 11	Mittelwert	31,45	33,68	35,77	42,42	45,00	43,77
	N	31	28	30	31	28	30
Gesamt	Mittelwert	32,29	34,39	35,55	39,73	42,22	42,97
	N	274	239	222	274	240	222

SBV (SPIEL- UND BEWEGUNGSVERHALTEN); SV (SOZIALVERHALTEN)

TABELLE 10 B: PRÜFUNG DER MITTELWERTSUNTERSCHIEDE ZWISCHEN DEN EINZELNEN EINRICHTUNGEN IM QUERSCHNITT (UNABHÄNGIG VON IHRER PÄDAGOGISCHEN AUSRICHTUNG ALS BEWEGUNGSKINDERGARTEN ODER KONTROLLEINRICHTUNG)

		PR MOT T1	PR MOT T2	PR MOT T3	SK T1	SK T2	SK T3
Bewegungs-kindergärten	Mittelwert	53,32	63,08	61,52	32,60	34,26	35,29
	N	140	127	127	164	147	132
Kontroll-kindergärten	Mittelwert	48,87	61,31	60,45	33,88	35,65	35,60
	N	88	85	85	110	92	90
Gesamt	Mittelwert	51,70	62,44	61,13	33,06	34,77	35,41
	N	274	228	212	274	239	222

PR (PROZENTRANG)MOT : SK (SELBSTKONZEPT

TABELLE 11 A: PRÜFUNG DER MITTELWERTSUNTERSCHIEDE ZWISCHEN KONTROLLKINDERGÄRTEN UND BEWEGUNGSKINDERGÄRTEN IM QUERSCHNITT.

		SBV T1	SBV T2	SBV T3	SV T1	SV T2	SV T3
Bewegungs-kindergärten	Mittelwert	32,24	34,34	35,64	39,29	42,07	43,05
	N	164	147	132	164	148	132
Kontroll-kindergärten	Mittelwert	32,37	34,47	35,39	40,51	42,49	42,84
	N	110	92	90	110	92	90
Gesamt	Mittelwert	32,29	34,39	35,55	39,73	42,22	42,97
	N	274	239	222	274	240	222

SBV (SPIEL- UND BEWEGUNGSVERHALTEN): SV (SOZIALVERHALTEN)

TABELLE 11 B: PRÜFUNG DER MITTELWERTSUNTERSCHIEDE ZWISCHEN KONTROLLKINDERGÄRTEN UND BEWEGUNGSKINDERGÄRTEN IM QUERSCHNITT.

Auch die Frage, ob das Konzept Bewegungskindergarten ein wesentliches Anmeldekriterium für Eltern darstellt, muss verneint werden. Die Eltern wählen eindeutig die Kindertagesstätte nach Gesichtspunkten der Wohnortnähe (ca. 50%), der Empfehlungen aus dem Bekanntenkreis und auf Grund der pädagogischen Konzeption aus. Und auch bei zuletzt genanntem Kriterium ist das Gütesiegel „Anerkannter Bewegungskindergarten des LandesSportBundes Nordrhein-Westfalen" für die Eltern gleichbedeutend mit der Konzeption und liegt hinter anderen pädagogischen Konzeptionen zurück. Der Einflussdes Gütesiegels auf die Anmeldezahlen von Eltern ist nicht nachweisbar.

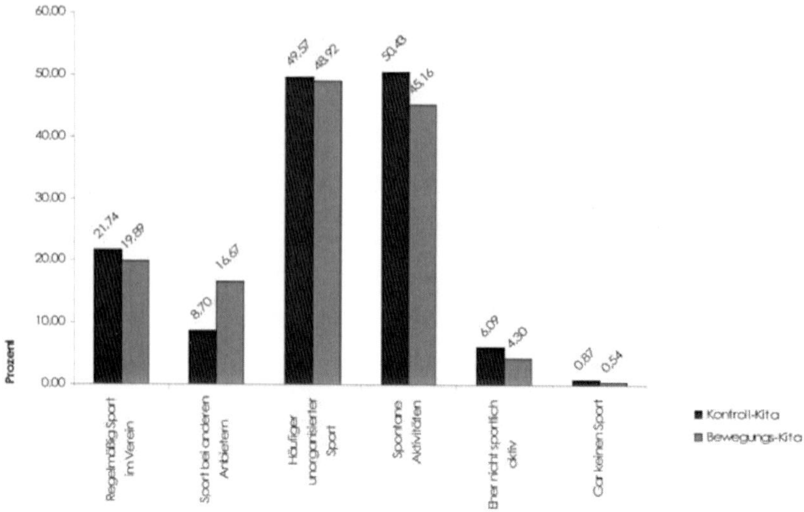

DIAGRAMM 06: SPORTLICHER AKTIVITÄTSGRAD DER ELTERN

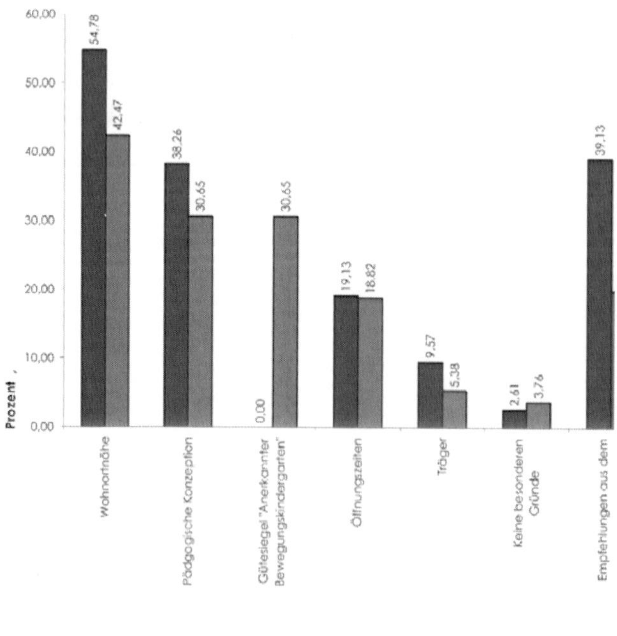

DIAGRAMM 07: KRITERIEN FÜR DIE AUSWAHL DES KINDERGARTENS

Die Hypothese 4 gilt damit als widerlegt. Die Eltern aus den Bewegungskindergärten sind nicht sportlich aktiver als die Eltern der Kontrolleinrichtungen. Somit ist nicht von einer speziellen Elternkohorte in den Bewegungskindergärten auszugehen. Es besteht kein Zusammenhang zwischen eigener sportlicher Aktivität bei Eltern und der Wahl eines Bewegungskindergartens für ihre Kinder.

8.5 Diskussion zu beachtender Effekte und Störvariablen

Die Ergebnisse dieser Untersuchung unterlagen folgenden Störvariablen und Effekten, die bei der Interpretation der Ergebnisse beachtet werden müssen.

Auswahlkriterien der Testkindergärten: Zu Testbeginn stand mit den existierenden 44 anerkannten Bewegungskindergärten in Nordrhein-Westfalen nur eine begrenzte Auswahl von möglichen Testkindergärten zur Verfügung. Mit den anderen Auswahlkriterien kamen weitere Einschränkungen hinzu. Es gab zum 1. MZP im September 2004 keine so genannte Brennpunkteinrichtung, die anerkannter Bewegungskindergarten war. Darum wurde auch bei den Kontrolleinrichtungen auf Kindergärten in sozial schwachen Wohngebieten oder sozialen Brennpunkten mit hohem Migrationsanteil verzichtet. Bei dieser Untersuchung sind zum größten Teil Kinder aus ländlichen und gemischten Wohngebieten, z. T. auch mit Migrationshintergrund oder Mittel- und Oberschichtkinder aus Vor- oder Randstadtsiedlungen von Ballungszentren vertreten.

Die Beobachtungsfähigkeit der Erzieherinnen hat sich verändert: Es muss davon ausgegangen werden, dass die Erzieherinnen die Kinder beim 2. und 3. MZP anders einschätzten als zum 1. MZP. Sie kannten die Fragebögen und so konnten sie diese in den dazwischen liegenden sechs Monaten zielgerichtet und wiederholt (u. a. bei den Testkindern) einsetzen. Außerdem ist als Störvariable für diese Untersuchung am 01. Januar 2005 das Tagesbetreuungsausbaugesetz (TAG) bundesweit in Kraft getreten. In diesem veränderten Tagesstättengesetz wird angestrebt, für alle Kinder Bildungsdokumentationen zu führen. Dies wurde in Nordrhein-Westfalen bereits in der seit August 2003 verabschiedeten Bildungsvereinbarung des Ministeriums für Schule, Jugend und Kinder gefordert. Das hat in der Praxis zu verstärkter Aufmerksamkeit für den Bereich Beobachtung und Dokumentation, u. a. auch für die motorische Entwicklung, geführt. Viele Erzieherinnen haben zu diesem Thema Fortbildungen besucht. Das kann ein Grund dafür sein, warum einige Erzieherinnen ihre Kinder zum 2. und 3. MZP kritischer einschätzten als zum 1. MZP. Ab dem 2. MZP sind die Bögen darum nur noch eingeschränkt nutzbar.

Wiederholungseffekt bei den Testkindern: Viele Kinder haben sich schon anhand des Testaufbaus in der Turnhalle zum 2. und 3. MZP an bestimmte Aufgaben erinnert. Ein weiterer Aspekt ist, dass die bei den Tests anwesenden Erzieherinnen die Testaufgaben mehr oder weniger bewusst in ihren Bewegungsangeboten abgewandelt eingesetzt haben können, so dass für die Kinder ein Übungseffekt erzielt wurde. Da dies aber sowohl bei den Bewegungskindergärten als auch den Kontrolleinrichtungen aufgetreten sein kann, ist dieser Übungseffekt bei der gesamten Stichprobe zu beachten.

Sensibilisierung für Bewegungsförderung bei den Erzieherinnen der Kontrollkindergärten: Für das Personal der Kontrollkindergärten war der Bereich der Bewegungsförderung einer von mehreren gleichrangigen Bildungsbereichen der pädagogischen Arbeit ihrer Einrichtung. Je nach konzeptioneller Ausrichtung der Tageseinrichtung, persönlichem Interesse und eigenem Bewegungsengagement einzelner Erzieherinnen wurde dieser Bildungsbereich angeboten und Bewegungsförderung für die Kinder umgesetzt. Im Prozess der Untersuchung wurden die Erzieherinnen über zwei Jahre mit dem Thema Bewegungsförderung konfrontiert und konnten regelmäßig die Ergebnisse ihrer Arbeit verfolgen. Es ist von einer einsetzenden Sensibilisierung für dieses Thema auszugehen. Diese wurde zeitgleich verstärkt durch die neue Bildungsvereinbarung in Nordrhein-Westfalen, in welcher der Bildungsbereich Bewegungsförderung einen vorrangigen Platz einnimmt. Innerhalb der ca. 20 Monate andauernden Teilnahme an dieser Untersuchung haben einige Erzieherinnen aus Kontrollkindergärten Fortbildungen zu diesem Thema besucht oder es sind über den Träger Indoor-Fortbildungen angeboten worden. Somit ist hier von einem Aufholeffekt an Fachwissen und Aufmerksamkeit für diesen Bildungsbereich beim Personal der Kontrolleinrichtungen auszugehen.

Da es keiner Erzieherin gefällt nachgewiesen zu bekommen, dass die von ihr betreuten Kinder nicht so gut gefördert werden wie die Kinder in den anderen Kindergärten, ist davon auszugehen, dass die Erzieherinnen der Kontrollkindergärten bewusst mehr Wert auf Bewegungsförderung während des Testzeitraumes gelegt haben als vorher. Dies sind mögliche Erklärungen für die stärker ansteigenden Motorikleistungen der Kinder zum 2. und 3. MZP gegenüber den Kindern der Bewegungskindergärten.

8.6 Auswertung der Ergebnisse

Ziel dieser Arbeit war es, die Effektivität der bewegungspädagogischen Arbeit in den anerkannten Bewegungskindergärten NRW zu prüfen. Gradmesser dafür war die Entwicklung der betreuten Kinder. Die Untersuchung hat ergeben, dass sich die Entwicklungen der Kinder in den Bewegungskindergärten nicht signifikant von denen der Kinder aus den Kontrolleinrichtungen unterscheiden. Bei falsifizierten Hypothesen muss die Qualität der Stichprobe überprüft werden. Es wurde zu Untersuchungsbeginn von der Grundannahme ausgegangen, dass die anerkannten Bewegungskindergärten durch den Nachweis der Gütesiegelkriterien eine vergleichbare bewegungspädagogische Arbeit leisten. Da dies als Konsequenz der Untersuchungsergebnisse aber auch auf die Kontrollkindergärten zuzutreffen scheint, werden nachfolgend die Gütesiegelkriterien des Landessportbundes Nordrhein-Westfalen an allen elf Untersuchungseinrichtungen überprüft.

8.7 Grundannahme und Hypothese zu den Kriterien des Gütesiegels „Anerkannter Bewegungskindergarten des Landessportbundes NRW"

Die mit dem Gütesiegel des LSB zertifizierte Qualität der pädagogischen Arbeit soll die motorische Förderung der Kinder in den Bewegungskindergärten sichern. Die Gütesiegelkriterien bilden damit theoretisch optimale Voraussetzungen für eine gute gesamtpersönliche Entwicklung der Kinder. Es wird davon ausgegangen, dass alle zertifizierten Kindergärten diese Gütekriterien einhalten und darum eine vergleichbare bewegungspädagogische Arbeit leisten. In Anlehnung an Bronfenbrenner (1981, 1988) werden die Kriterien in unterschiedlich relevante Ebenen unterteilt. Als besonders relevant für die Entwicklung der Kinder werden folgende Kriterien gewertet:

- Zusatzqualifikation der Erzieherinnen mit „ÜL - BiKuV"
- bewegungsfördernde Raum-, Freiflächen- und Tagesgestaltung
- bewegungsfördernde Materialausstattung der Kita
- tägliche freie Bewegungszeiten
- wöchentliche angeleitete Bewegungsangebote für alle Kinder
- Kooperation mit einem Sportverein.

Sie beeinflussen Bereiche, an denen die Kinder direkt beteiligt sind und gehören nach Bronfenbrenner in das Mesosystem der Kinder.

Die Kriterien:

- Festschreibung des bewegungspädagogischen Ansatzes der Bildungs- und Erziehungsarbeit in der Konzeption der Einrichtung
- ein jährlicher Elternabend zu bewegungsrelevanten Themen

-Öffentlichkeits- und Lobbyarbeit für die Bewegungsförderung von Kindern

bedürfen dagegen keiner unmittelbaren Beteiligung der Kinder und sind darum dem Exosystem von Bronfenbrenners Modell zuzuordnen. Sie werden in dieser Untersuchung nicht berücksichtigt.

Hypothese 5: Die Kriterien des Gütesiegels des Landessportbundes sind eindeutige Unterscheidungsmerkmale von zertifizierten und nicht zertifizierten Kindergärten in NRW.

8.7.1 Einrichtungsvergleich nach den Gütesiegelkriterien des Landesportbundes NRW

Die für diese Untersuchung relevanten Gütesiegelkriterien wurden als Indizien für bewegungsfördernde pädagogische Arbeit in den Kindergärten gewertet und in allen Untersuchungskindergärten dieser Stichprobe überprüft. Zusätzlich wurde der Ausbildungsstand der Erzieherinnen innerhalb der Profilabfragungen der Einrichtungen ermittelt. Die materielle und räumliche Ausstattung aller Untersuchungseinrichtungen wurde über persönliche Eindrücke und Fotodokumentationen erfasst. Vergleichbare Informationen zur Ausstattung und Tagesgestaltung sowie zu den freien und angeleiteten Bewegungszeiten der Kinder und zur Kooperation mit einem Sportverein wurden mit einem Fragebogen erhoben (siehe Anlagen 13, 17, 18).

8.7.1.1 Zusatzausbildung „Bewegungserziehung im Kleinkind- und Vorschulalter"

Die Zusatzausbildung „ÜL - BiKuV" trifft ausschließlich auf Pädagoginnen der Bewegungskindergärten zu. Insgesamt waren 110 sozialpädagogische Fachkräfte an dieser Untersuchung beteiligt. Davon arbeiteten 44 Sozialpädagoginnen und Erzieherinnen in den Kontrollkindergärten. In den untersuchten Bewegungskindergärten waren 66 Sozialpädagoginnen und Erzieherinnen beschäftigt. Von ihnen haben 44 die Sonderausbildung „ÜL - BiKuV". Das ergibt einen Ausbildungsanteil von 2/3 der pädagogischen Mitarbeiterinnen in den Bewegungskindergärten. Dieser hohe Anteil an Zusatzqualifikation wird als relevanter Unterschied der pädagogischen Mitarbeiterinnen gewertet.

8.7.1.2 Raum- und Freiflächengestaltung, materielle Ausstattung

Hinsichtlich der Ausstattungskriterien, die zur Unterscheidung der Kindertageseinrichtungen überprüft wurden, gab es keine signifikanten Unterschiede.

Für alle Einrichtungen trafen nachweislich die materiell-räumlichen Kriteriumspunkte zu. Alle verfügen über einen Turn- oder Bewegungsraum und über offene Bewegungsmöglichkeiten auf den Fluren und Verkehrsflächen des Gebäudes. Die Ausstattung mit Nebenräumen, Treppen, Podesten, Bewegungsbaustellen, Ruhe-, Snoezel- oder Kuschelräumen war unterschiedlich vorhanden aber in allen Einrichtungen vielfältig. Gut bis sehr gut war die bewegungsfördernde materielle Ausstattung in den Kindergärten. Allen Kindern standen neben den Grundausstattungen an Spiel- und Bewegungsmaterial vielfältige Alltagsmaterialien, Kinderfahrzeuge und oft auch psychomotorische Spiel- und Sportgeräte zur Verfügung. Einige Bewegungskindergärten, insbesondere die unter Trägerschaft eines Sportvereins, verfügen über zusätzliche Raumnutzungskapazitäten in Turnhallen, Schwimmhallen und Gemeindezentren, die jedoch keine Bedingung für die Zertifizierung waren.

Die materielle und räumliche Ausstattung entsprach in allen elf Kindergärten den Ausstattungskriterien des Gütesiegels. Deshalb kann dieses Kriterium nicht als Unterscheidungsmerkmal zwischen den Untersuchungsgruppen gewertet werden.

8.7.1.3 Freie Bewegungszeiten, angeleitete Bewegungsangebote

Die Untersuchungskindergärten arbeiteten alle teiloffen oder offen. Die Gruppenräume waren entweder als Funktionsräume ausgestattet oder multifunktional eingerichtet. Die Kinder konnten in andere Gruppen- oder Angebotsräume gehen. Alle Einrichtungen hatten ihre Gruppenraumtüren während des Tagesablaufes offen und boten ihren Kindern freie Bewegungsmöglichkeiten im Haus und auf den Freiflächen während des Tagesablaufes. Wenn Treppen vorhanden waren, gehörten sie immer zu den permanent nutzbaren Verkehrsflächen der Kinder. Die Kinder können bei jedem Wetter ins Freie, haben Regenkleidung in den Einrichtungen und nehmen alle mindestens einmal wöchentlich an einem angeleiteten Bewegungsangebot teil. Zum Teil wird nachmittags ein weiteres Bewegungsangebot für die zurückkehrenden Kinder und die Ganztagskinder angeboten. Durch die Tagesgestaltung und die wöchentlichen Bewegungszeiten für die Kinder können die Kindergärten beider Untersuchungsgruppen nicht eindeutig voneinander abgegrenzt werden.

8.7.1.4 Kooperation mit einem Sportverein

Eine Kooperation mit einem Sportverein wurde von allen Bewegungskindergärten angegeben. Die Inhalte der Kooperationsvereinbarungen und die Praxis der Zusammenarbeit lassen jedoch erhebliche qualitative Unterschiede erkennen. Insgesamt wurde folgendes Gestaltungsspektrum festgestellt:

- zwei Bewegungskindergärten: sehr intensive personelle Zusammenarbeit und räumliche Kooperation, Trägerschaft der Kindertagesstätte durch den kooperierenden Sportverein
- drei Bewegungskindergärten: ein jährliches gemeinsames Sportfest oder andere Einzelaktionen
- zwei Bewegungskindergärten: gegenseitige Nutzung von Räumlichkeiten und/oder Materialien
- ein Bewegungskindergarten: keine praktische Zusammenarbeit mehr.

Das Gütesiegelkriterium „Kooperation mit einem Sportverein" stellt kein eindeutiges Unterscheidungsmerkmal zwischen den Untersuchungsgruppen dar. Dafür sind die qualitativen Unterschiede innerhalb der Bewegungskindergärten zu groß.

Für die Unterscheidung zwischen den Kontrollgruppen kann nur von einem signifikanten Merkmal, der Zusatzqualifikation „ÜL - BiKuV", ausgegangen werden. Die Kooperationen mit Sportvereinen treffen zwar auch nur auf die Bewegungskindergärten zu, sind aber qualitativ nicht vergleichbar und damit kein einheitliches Merkmal.

Die Hypothese 5 wird damit wie folgt beantwortet: Nur die Zusatzqualifikation des pädagogischen Personals der Bewegungskindergärten mit der Sonderausbildung „ÜL - BiKuV" ist ein eindeutiges Unterscheidungsmerkmal beider Untersuchungsgruppen.

8.8 Ranking der Untersuchungseinrichtungen

Das Ergebnis verdeutlicht, dass die Bewegungskindergärten und die Kontrolleinrichtungen keine eindeutig unterscheidbaren Untersuchungskategorien darstellen. Hinsichtlich ihrer Merkmale, der Elternkohorten und der Ergebnisse zu den Entwicklungsverläufen der Kinder konnten keine signifikanten Unterschiede zwischen den Gruppen festgestellt werden. Die Trennung in Untersuchungsgruppe und Kontrollgruppe muss also aufgegeben werden. Es gibt aber Entwicklungsunterschiede bei den untersuchten Kindern sowohl hinsichtlich ihrer körperlichen, motorischen als auch ihrer sozial-emotionalen Entwicklung. In einer Rankingauswertung wurden alle elf Untersuchungseinrichtungen in den Untersuchungskategorien miteinander verglichen. Anschließend wurden die einzelnen Kategorien in ihrer Bedeutung unterschiedlich gewichtet. Da der Schwerpunkt dieser Untersuchung auf der motorischen Entwicklung der Kinder lag, erhielt dieses Kriterium die höchste Wertungsebene und wurde mit fünf multipliziert. Als objektives Merkmal wurde die Gewichtsentwicklung mit Faktor 2 multipliziert. Die sozial-emotionalen Persönlichkeitsbereiche erhielten eine nach der Rangfolge absteigende Punktzahl ohne zusätzlichen Multiplikator. Sie obliegen als persönliche Einschätzungen der Erzieherinnen der geringsten Objektivität.

Die Auswertung ergab eine Streuung der Bewegungskindergärten von Platz 1 bis Platz 11 und der Kontrollkindergärten von Platz 2 bis Platz 6. Damit tritt innerhalb der Bewegungskindergärten die größtmögliche Spannweite auf. Die vier Kontrolleinrichtungen stellen eine homogene Gruppe im oberen Leistungsbereich von Platz 2 bis Platz 6 dar. Der Unterschied zwischen Bewegungskindergarten 7 an der Spitze und Bewegungskindergarten 4 am Ende der Rankingliste zeigt sich besonders in der Steigerung der motorischen Leistungsfähigkeit. Konnten die Kinder in Bewegungskindergarten 7 einen Leistungszuwachs von durchschnittlich 16 % erreichen, so lag dieser in Bewegungskindergarten 4 bei unter 1 % im Untersuchungszeitraum. Diese Rankingbewertung muss jedoch auf Grund der geringen Zellbesetzungen relativiert betrachtet werden. Zum 3. MZP hatten diese beiden Kitas nur 14 bzw. 9 Testkinder. Der Unterschied zwischen den Untersuchungskindergärten B 7 und B 4 ist statistisch nicht signifikant.

	MOT 1	MOT 2	MOT 3	N	Diff. %	Platz	PKT.	Faktor 5
KITA 11K	42,97	61,92	62,65	26	19,69	1	10	50
KITA 7B	50,58	59,90	66,44	9	15,86	2	9	45
KITA 1B	58,25	75,00	72,56	9	14,31	3	8	40
KITA 6K	44,90	61,43	58,15	13	13,25	4	7	35
KITA 2B	47,68	52,77	58,78	23	11,10	5	6	30
KITA 5K	58,14	64,82	65,29	21	7,14	6	5	25
KITA 9B	62,89	77,93	69,47	15	6,58	7	4	20
KITA 8K	49,47	57,08	55,72	25	6,25	8	3	15
KITA 10B	51,09	57,64	56,77	35	5,68	9	2	10
KITA 3B	57,23	60,21	60,23	22	3,00	10	1	5
KITA 4B	45,50	58,13	46,36	14	0,86	11	0	0
				212				

TABELLE 12 A: RANKING PROZENTRANG MOT

	T1	T2	T3	N	Diff. %	Platz	PKT.	Faktor 2
KITA 6K	18,63	18,81	19,88	13	1,26	1	10	20
KITA 8K	19,35	20,20	20,94	25	1,59	2	9	18
KITA 3B	18,88	20,45	20,48	22	1,60	3	8	16
KITA 11K	18,93	20,19	20,53	26	1,61	4	7	14
KITA 7B	17,94	18,82	19,56	9	1,61	5	6	12
KITA 10B	19,98	20,91	21,65	35	1,66	6	5	10
KITA 4B	19,19	19,93	21,16	14	1,96	7	4	8
KITA 5K	18,92	20,03	21,14	21	2,23	8	3	6
KITA 9B	19,84	21,28	22,17	15	2,33	9	2	4
KITA 2B	18,71	19,76	21,17	23	2,47	10	1	2
KITA 1B	20,62	22,16	23,89	9	3,27	11	0	0
				212				

TABELLE 12 B: RANKING GEWICHT (kg)

	T1	T2	T3	N	Diff. %	Platz	PKT.	Faktor 1
KITA 7B	33,75	36,10	38,44	9	4,69	1	10	10
KITA 9B	32,89	35,93	36,33	15	3,44	2	9	9
KITA 5K	33,25	36,88	36,33	21	3,08	3	8	8
KITA 1B	31,50	31,55	34,22	9	2,72	4	7	7
KITA 8K	34,69	36,92	37,19	26	2,50	5	6	6
KITA 10B	33,02	34,39	35,50	36	2,48	6	5	5
KITA 3B	32,91	33,94	35,38	26	2,47	7	4	4
KITA 4B	31,13	34,27	33,57	14	2,45	8	3	3
KITA 11K	34,35	36,86	36,20	30	1,85	9	2	2
KITA 2B	32,96	33,67	33,61	23	0,64	10	1	1
KITA 6K	33,24	31,93	32,69	13	-0,55	11	0	0
				222				

TABELLE 12 C: RANKING SELBSTKONZEPT

	T1	T2	T3	N	Diff. %	Platz	PKT.	Faktor 1
KITA 7B	31,67	34,80	37,56	9	5,89	1	10	10
KITA 4B	31,38	35,87	37,00	14	5,63	2	9	9
KITA 11K	31,45	33,68	35,77	30	4,32	3	8	8
KITA 1B	32,33	34,18	36,11	9	3,78	4	7	7
KITA 8K	32,66	36,04	36,23	26	3,58	5	6	6
KITA 10B	31,74	32,28	35,17	36	3,42	6	5	5
KITA 5K	31,93	35,46	35,10	21	3,17	7	4	4
KITA 9B	34,06	35,73	37,07	15	3,01	8	3	3
KITA 3B	32,86	34,94	35,19	26	2,34	9	2	2
KITA 6K	33,43	32,71	34,46	13	1,03	10	1	1
KITA 2B	31,68	32,56	31,39	23	-0,29	11	0	0
				222				

TABELLE 12 D: RANKING SPIEL- UND BEWEGUNGSVERHALTEN

	T1	T2	T3	N	Diff. %	Platz	PKT.	Faktor 1
KITA 7B	39,33	44,90	46,56	9	7,22	1	10	10
KITA 9B	37,89	43,60	44,53	15	6,64	2	9	9
KITA 4B	37,25	43,43	43,07	14	5,82	3	8	8
KITA 5K	40,71	43,71	44,71	21	4,00	4	7	7
KITA 1B	37,75	40,18	41,44	9	3,69	5	6	6
KITA 8K	40,79	43,77	43,04	26	2,25	6	5	5
KITA 6K	38,10	37,50	39,85	13	1,75	7	4	4
KITA 10B	41,35	41,03	42,94	36	1,60	8	3	3
KITA 3B	41,14	41,42	42,54	26	1,40	9	2	2
KITA 11K	42,42	45,00	43,77	30	1,35	10	1	1
KITA 2B	40,29	39,93	40,26	23	-0,02	11	0	0
				222				

TABELLE 12 E: RANKING SOZIALVERHALTEN

	N	Platz	PKT.
KITA 7B	9	1	87
KITA 11K	30	2	75
KITA 1B	9	3	60
KITA 6K	13	4	60
KITA 5K	21	5	50
KITA 8K	26	6	50
KITA 9B	15	7	45
KITA 10B	36	8	33
KITA 2B	23	9	33
KITA 3B	26	10	29
KITA 4B	14	11	28

TABELLE 12 F: RANKING AUSWERTUNG

Obwohl die Ergebnisse des Rankings deutliche Entwicklungsunterschiede der Kinder belegen, bescheinigt die Gütesiegelüberprüfung, dass diese offensichtlich in keinem Zusammenhang mit dem Zertifikat des Landessportbundes Nordrhein-Westfalen stehen. Um die Frage beantworten zu können, welche Indikatoren dafür verantwortlich zeichnen, wird im folgenden Kapitel über Qualitätsanalysen von Tageseinrichtungen für Kinder recherchiert, um diese Ergebnisse auf die Untersuchungseinrichtungen anwenden zu können.

9. Qualitätsanalyse von Tageseinrichtungen für Kinder

Die Qualität der pädagogischen Arbeit in Tageseinrichtungen für Kinder zu beurteilen ist nicht neu. Da aber Qualitätsstandards in Erziehungsprozessen in unmittelbarer Beziehung zum politisch-gesellschaftlichen Kontext und impliziten Erziehungsvorstellungen und Erziehungszielen stehen, haben diese immer eine historische Relevanz (Fthenakis 1998). So legte man in den 50er Jahren des vergangenen Jahrhunderts bei einer außerhäuslichen Betreuung großen Wert auf einen weitestgehenden Ersatz der mütterlichen Wärme und Pflege. In den 60er und 70er Jahren wurde die Qualität einer Kindereinrichtung an der kognitiven Förderung der Kinder gemessen. Ende der 70er Jahre legte eine gegenläufige Entwicklung den Schwerpunkt auf die Förderung der Gesamtpersönlichkeit und der sozialen Kompetenz des Kindes. Seit den 80er Jahren entwickelt sich eine komplexere Sichtweise. Die sich in dieser Zeit manifestierende „individualisierte Konzeption von Erziehung" (Fthenakis 1998, S. 45) verlangt eine optimale pädagogische Förderung jedes einzelnen Kindes und legt ihren Schwerpunkt auf integrative Arbeit sowohl mit behinderten oder verhaltensauffälligen Kindern als auch auf Kinder mit Migrationshintergrund. Qualität in Kindereinrichtungen wurde nicht mehr nur nach kognitiver Förderung, sondern auch nach sozial-emotionaler Unterstützung und nach Gesundheits- und Sicherheitsaspekten bewertet (Franken 1999).

Mit den innenpolitischen Veränderungen der deutschen Einheit zu Beginn der 90er Jahre und dem gesetzlich verankerten Rechtsanspruch auf einen Kindergartenplatz in den westlichen Bundesländern verstärkte sich die Qualitätsdiskussion. Die Ergebnisse der PISA-Studie erhöhten diesen Druck weiter. Der 12. Kinder- und Jugendbericht der Bundesregierung (2005) formuliert in diesem Zusammenhang: „Für die Zukunft werden in Deutschland hinreichend breit angelegte Querschnitts- und Längsschnittstudien benötigt, um die Effekte der verschiedenen Betreuungsformen mit ihren bestimmten Qualitätsmerkmalen auf die Bildungsförderung von Kindern wie auch auf andere Outcome-Maße besser abschätzen zu können" (BMFSFJ 2005, S. 310). Dies wird auch auf die Etablierung von Qualitätsmanagement und Qualitätsstandards bezogen, die sich zwar als Grundlage von Planung pädagogischer Arbeit durchsetzt aber immer noch mit dem Mangel an „generierten und abgesicherten Kriterien, nach denen Qualität beschrieben, eingeschätzt und entwickelt werden könnte", behaftet ist (Fröhlich-Gildhoff, Nentwig-Gesemann, Haderlein 2008, S. 14).

Da es in Deutschland an eigener Forschungstradition mangelt, werden Studien aus dem Ausland vor allem dem englischsprachigen Raum herangezogen. Aber auch dort gibt es keine breite Forschung. So stellt LIEGLE (2007) fest, dass für alle gängigen „Mainstreamkonzepte“ wie Fröbel, Pestalozzi, Montessori, Reggio aber auch bei Konzeptionen der Waldorfpädagogik oder der Waldkindergärten „keine längsschnittlich angelegten Untersuchungen“ existieren (Liegle 2007, S. 156).

FRÖHLICH-GILDHOFF, NENTWIG-GESEMANN und HADERLEIN (2008) zählen mehrere, in der Praxis etablierte Grundannahmen auf, für die empirische Beweise fehlen:

- altersgemischte Gruppen
- offenes Konzept in Tageseinrichtungen für Kinder
- Implementierung von Bildungsprogrammen.

Die Qualitätsdiskussion verläuft in Deutschland auf zwei Ebenen. In den sozial- und elementarpädagogischen Fachzeitschriften werden hauptsächlich praxisorientierte Beiträge publiziert und diskutiert. Wissenschaftlich orientierte Ansätze wurden von FTHENAKIS (2003), HARTMANN und STOLL (1996) sowie TIETZE und ROßBACH (1996) publiziert. Insgesamt fehlt es jedoch generell an wissenschaftlich-empirischer Begleitung. Für FRÖHLICH-GILDHOFF, NENTWIG-GESEMANN und HADERLEIN (2008) gibt es dafür zwei wesentliche Gründe. Einerseits war die Frühpädagogik lange Zeit in Deutschland im akademischen Kontext unterrepräsentiert, weil wenig anerkannt, andererseits weist dieser Forschungsbereich eine hohe Komplexität auf, die seine Wirkungsforschung kompliziert.

9.1 Qualitätsbegriff

Zurzeit gibt es keine einheitliche Begriffsbestimmung für Qualität der pädagogischen Arbeit in Tageseinrichtungen für Kinder. Aus unterschiedlichen Ansätzen möglicher Qualitätsbestimmung und -messung gibt es verschiedene Definitionen. So ist für ROßBACH die Qualität von den Funktionen abhängig, die ein Kindergarten erfüllen soll. Er nennt Betreuungsfunktion und Servicefunktion für Eltern sowie Unterstützungsfunktion für Kinder (Roßbach 1993, S. 9 f.).

Der KRONBERGER KREIS misst die Qualität in Kindertageseinrichtungen daran, „ob sich die Dienstleistung insgesamt sehen lassen kann, ob sie nach Lage der Dinge beste Fachpraxis darstellt, ob sie von den Eltern und Kindern gewollt und geschätzt wird, ob sie bei den Trägern und der weiteren Öffentlichkeit anerkannt wird“ (Kronberger Kreis 1998, S. 15).

Das Netzwerk Kinderbetreuung versteht Qualität „als ein soziales Konstrukt, das stark auf Werten und Überzeugungen basiert – und deshalb relativ dynamisch und politisch ist. Es gibt viele Qualitätsperspektiven und keine universelle Sicht" (Netzwerk 1996, S. 6).

Tietze, Schuster, Grenner und Roßbach definieren: „Pädagogische Qualität ist in Kindergärten dann gegeben, wenn diese die Kinder körperlich, emotional, sozial und intellektuell fördern, ihrem Wohlbefinden sowie ihrer gegenwärtigen und zukünftigen Bildung dienen und damit auch die Familien in ihrer Bildungs-, Betreuungs- und Erziehungsaufgabe unterstützen" (Tietze, Schuster, Grenner, Roßbach 2005, S. 6).

Eine sehr umfassende Definition liefert der Bundesverband Evangelischer ErzieherInnen und SozialpädagogInnen. Diesem Verständnis schließt sich Krenz in seinem Kieler Instrumentarium für Elementarpädagogik und Leistungsqualität an. „Das pädagogische Handeln der ErzieherInnen geschieht im Spannungsfeld vielfältiger, oft widersprüchlicher Erwartungen [...] ErzieherInnen treffen die Entscheidungen für ihr pädagogisches Handeln auf der Grundlage einer kritischen Auseinandersetzung sowohl mit den pädagogischen Traditionen als auch mit neuen wissenschaftlichen Erkenntnissen und bildungspolitischen Strömungen. Das pädagogische Handeln der ErzieherInnen hat die Förderung der Gesamtpersönlichkeit des Kindes und Jugendlichen zum Ziel [...] Es berücksichtigt die Bedürfnisse der Kinder und Jugendlichen, ihre Lebenssituationen und die Entwicklung der jeweiligen Altersstufe" (Faltblatt Berufsbild ErzieherIn, Lübeck 1985, in: Krenz 2001, S. 4 f.).

9.2 Qualitätskontrollinstrumente für Kindertagesstätten

So unterschiedlich wie die Begriffsbestimmung sind auch die Instrumentarien zur Qualitätsmessung, die in Deutschland angewandt werden. Der folgende Abschnitt zeichnet einen Überblick und gibt eine kurze Einschätzung bestehender Qualitätsmessungsverfahren und Zertifizierungen.

9.2.1 DIN EN ISO 9000 ff.

Die International Standard Organisation (ISO) ist ein internationaler Verbund aller wichtigen Normenverbände. Sie gibt Standards für unterschiedlichste Bereiche heraus. Die Normenreihe 9000 ff. steht für Bereiche der Qualitätssicherung einschließlich der Dienstleistungsbereiche. Eine Zertifizierung bescheinigt dem Dienstleistungsunternehmen eine gleich bleibende Qualität in seinem Bereich. In den 90er Jahren wurden auch Tageseinrichtungen mit diesem Instrument zertifiziert. Die ISO stellt eine Systemnorm und keine Produktnorm dar. Es geht um normative Vorgaben zur Erbringung der jeweiligen Dienstleistung. Da in Kindertageseinrichtungen situationsbezogenes, flexibles und individuelles Handeln erforderlich ist, werden mit diesem Instrument lediglich die Routineabläufe von Verwaltung, Dokumentation und Qualitätssicherungsmaßnahmen etc. erfasst. Eigentliche Qualitätsstandards des pädagogischen Prozesses liegen in diesem Konzept nicht vor und können auch nicht geprüft werden.

Ein überarbeitetes Verfahren nach DIN ISO 9004 - Teil 2, veröffentlicht unter QMelementar, wurde von der Firma CoLibri (FLAIG, 1998) veröffentlicht. Diese Qualitätsinitiative soll den Leitungen von Kindertageseinrichtungen helfen, ein auf ihre Einrichtungen abgestimmtes Qualitätsmanagementsystem zu erarbeiten. Innerhalb dieses Konzeptes wird eine Tageseinrichtung in drei Systemeunterteilt:

- Personales System umfasst Leitung, Mitarbeiter, Träger, Fachberatung
- Soziales System umfasst Kinder, Eltern und Mitarbeiter
- Technisches System umfasst technische und Kommunikationsmittel.

Durch dieses Konzept soll ein werteverändernder Prozess initiiert werden, dem folgende Ziele zugrunde liegen:

- Kundenorientierung
- Hohe Qualität der Dienstleistungen
- Eigenes Vorbild
- Motivation und Qualifikation des Personals
- Optimierung betriebswirtschaftlicher Abläufe
- Akzeptanz durch Kirche und Gesellschaft
- Eine steuerbare und flexible Organisation.

Dieses Instrumentarium wird vom Deutschen Caritasverband zur Qualitätsanalyse und -entwicklung eingesetzt. Begonnen wurde damit 1998 in Würzburg mit dem Ziel, es flächendeckend für alle 2.500 Einrichtungen des Caritasverbandes in Bayern anzuwenden.

9.2.2 Qualitätsentwicklungskonzept „Kronberger Kreis“

Der Kronberger Kreis als unabhängige und interdisziplinäre Arbeitsgruppe hat ein Konzept zur Qualitätsentwicklung in Tageseinrichtungen für Kinder herausgebracht. (Kronberger Kreis 1998) Gefördert durch die Linden-Stiftung hat diese Arbeitsgruppe sich aus dem Projektring „Orte für Kinder“ in Hessen zusammengefunden. Ziel war die Erarbeitung eines theoriegeleiteten, aber praxisnahen offenen dialogischen Konzeptes als Grundlage für die Qualitätsentwicklung in Kindertagesstätten. Dieses Instrument unterscheidet zwischen Struktur-, Prozess- und Ergebnisqualität. Dabei muss diese von den Beteiligten (Fachkräfte, Eltern, Träger, Begleiter) für jede Einrichtung in ihrem spezifischen Kontext konkret festgelegt werden. Über Kommunikationsprozesse soll eine Innovations- und Veränderungsbereitschaft initiiert werden, welche durch verbindliche Ziele und Handlungsschritte umgesetzt werden soll. Qualitätsentwicklung ist für den Kronberger Kreis zuerst Personalentwicklung.

Das Konzept soll eine Qualitätsmessung von ‚innen heraus', jedoch mit Personen des Außenbereiches wie Träger und Eltern, ermöglichen und die Qualitätsdiskussion ohne externe Berater etc. gestatten. Da dieses Konzept von einer für jede Einrichtung individuell festzulegende Qualitätsdefinition ausgeht, kann es als vergleichendes Instrument nicht eingesetzt werden.

9.2.3 Kindergarten-Einschätz-Skala

Tietze, Schuster, Grenner und Roßbach adaptierten die Childhood Environment Rating Scale (ECERS) von Harms, Clifford und Cryer (1998), die in Deutschland als KES (1997) oder in ihrer revidierten Fassung als KES-R (2001, 3. Auflage 2005) publiziert und eingesetzt wird. Zentrales Bewertungskriterium ist das stellvertretend wahrgenommene Interesse des Kindes. Tietze et al. wollen dies anhand von drei definierten Qualitäten einschätzen.

Strukturqualität umfasst die politischen und gesetzlichen Rahmenbedingungen, den Ausbildungsstand des Personals, Vorbereitungszeiten, Gruppengröße, Altersmischung der Kinder, Erzieher-Kind-Schlüssel und die räumlich-materiellen Merkmale einer Tageseinrichtung.

Orientierungsqualität wird bestimmt durch die Vorstellungen, Überzeugungen und Werte der an den pädagogischen Prozessen beteiligten Personen (Tietze 1998, S. 21).

Prozessqualität charakterisiert die Dynamik des pädagogischen Geschehens, den bedürfnisorientierten Umgang mit dem Kind und auf entwicklungsangemessene und bildungsfördende Anregungen abgestellte Interaktionen. Der Prozessqualität wird eine hervorragende Position zuerkannt, da sie all das ausmacht, „was den konkreten Bildungs- und Erfahrungsraum eines Kindes unmittelbar gestaltet und beeinflusst" (Tietze et al. 2005, S. 7).

Die Skala besteht aus 43 Items, die folgende sieben Subbereiche pädagogischer Prozessqualität erfassen. Diese sind:

- Platz und Ausstattung
- Betreuung und Pflege der Kinder
- Sprachliche und kognitive Anregungen
- Aktivitäten
- Interaktionen
- Strukturierung der pädagogischen Arbeit
- Eltern und Erzieherinnen.

Jedes Item wird auf Grundlage einer mehrstündigen Beobachtung auf siebenstufigen Skalen von unzureichender über minimaler, guter bis ausgezeichneter Qualität eingeschätzt. Für die Bereiche Krippe, Hort und Tagespflege gibt es parallel aufgebaute Instrumente. Diese Skalen haben laut Tietze sichere psychometrische Eigenschaften, aber erfordern gut geschultes Personal.

9.2.4 Kieler Instrumentarium für Elementarpädagogik und Leistungsqualität

Das Kieler Instrumentarium für Elementarpädagogik und Leistungsqualität (K.I.E.L.) wurde unter der Leitung von Krenz (2001) am Institut für angewandte Psychologie und Pädagogik in Kiel in Zusammenarbeit mit 220 gesamtdeutschen Tageseinrichtungen als alternatives Evaluierungsverfahren entwickelt. Krenz grenzt seine Bewertungskriterien eindeutig von externen Begriffen wie Produkt-, Verlaufs- oder Prozess- und Ergebnisqualität ab. Dieses Instrumentarium umfasst 15 Qualitätsbereiche, die auf vierskaligen Einschätzstufen (von völlig unzureichend -- bis ausgezeichnet ++) mit einer unterschiedlichen Anzahl von Qualitätskriterien bewertet werden.

Insgesamt werden 425 Aspekte, die von Politik über Personal und Pädagogik bis zu Elternpartizipation und Trägerschaft reichen, geprüft. Anschließend werden die Bewertungen der 15 Qualitätsbereiche zusammengefasst und mit Qualitätsstärke oder Qualitätsschwäche charakterisiert. Die Bewertung Qualitätsstärke kann ausschließlich bei 100 %iger Zielerfüllung erfolgen. Haenlein (2005) bewertet dieses Instrumentarium als „allenfalls eine Vorstufe zu einem Qualitätsmanagement, indem es die interne Bestandsaufnahme fördert. Die einzelnen Bereiche sind nebeneinander gestellt und nicht eingebunden in einen prozessorientierten Ansatz“ (Haenlein 2005, S. 21).

9.2.5 Integrierte Qualitäts- und Personalentwicklung

Das Konzept der Integrierten Qualitäts- und Personalentwicklung (IQUE) oder auch „Reinickendorfer Modell“ genannt, wurde unter Leitung der Fachberatung des Berliner Jugendamtes Reinickendorf für die zuständigen 60 kommunalen Kindertagsstätten in einem von Ziesche (1997) geleiteten Arbeitskreis erarbeitet. Es konzentriert sich auf die Weiterentwicklung des Personals. Mit der Erstellung von Qualitätsstandards in Schlüsselsituationen des pädagogischen Alltags soll pädagogisches Handeln beschreibbar und messbar gemacht werden. Es wurden folgende sechs Standards erstellt:

- Eingewöhnung von Kindern
- Pädagogische Gestaltung von Essenssituationen
- Pädagogische Gestaltung von Schlaf- und Ruhesituationen
- Freispiel
- Sexualpädagogik
- Sauberkeitserziehung.

Für alle Bereiche wurden höchste und niedrigste Standards jeweils siebenstufig definiert. Dieses Instrument soll der Fremd- und Selbstevaluation dienen und bei einer objektiven Einschätzung von pädagogischen Prozessen helfen. Es dient den Teams als Arbeitsinstrument zur internen Qualitätsüberprüfung und -entwicklung.

9.2.6 Leuvener Engagiertheitsskala – Ein Beobachtungsverfahren für den Kindergarten

Das „Leuvener Modell“ wurde unter der Leitung von Laevers (1976, dt. 1997, 1999) an der Universität Leuven entwickelt. Ausgehend vom erfahrungsorientierten Ansatz untersucht dieses prozessgerichtete Beobachtungssystem Interaktionen unter Gesichtspunkten von emotionalem Wohlbefinden und Engagiertheit der beteiligten Personen. Dieses Verfahren geht von der Grundannahme aus, dass die Entwicklung eines Kindes von seinem emotionalen Wohlbefinden und seiner Engagiertheit beeinflusst werden.

Emotionales Wohlbefinden besetzt Laevers mit den Begriffen:

- Offenheit: empfänglich für Umgebungsreize und Kontakte
- Flexibilität: anpassungsfähig an neue Situationen
- Selbstvertrauen, Selbstwertgefühl: Sicherheit eigener Kompetenzen
- Durchsetzungsvermögen: beanspruchen von Beachtung der eigenen

Umgebung, vertreten eigener Wünsche, Bedürfnisse, Anliegen.

Engagiertheit definiert LAEVERS (1999, S. 19) als intrinsisch motivierte intensive Aktivität. Es geht nicht um Inhalt einer Aktivität, sondern um ihre Qualität. Sie wird durch folgende Merkmale deutlich:

- Konzentration: Fokussierung der Aufmerksamkeit
- Energie: deutlich sichtbare physische und/oder psychische Verausgabung
- Komplexität, Vielschichtigkeit, Kreativität: kein Routineverhalten, schöpferische, persönliche Komponenten werden sichtbar
- Gesichtsausdruck, angespannte Körperhaltung: nonverbale Zeichen der Körpersprache
- Ausdauer: Zufriedenheit bei der Aktivität trotz möglicher Anstrengungen, nicht leicht ablenkbar
- Genauigkeit: sorgfältige Arbeit, Beachtung von Details
- Reaktionsbereitschaft: aufgeschlossen und interessiert an neuen Herausforderungen, Aktivitäten
- verbale Äußerungen: spontane sprachliche Bewertung des emotionalen Erlebnisses
- Zufriedenheit: sichtbare Freude an der Aktivität und dem Ergebnis.

Um die kindliche Entwicklung adäquat fördern zu können, sollen Pädagoginnen diese Aspekte regelmäßig beobachten. Dies geschieht in prozessorientierten Gruppen- und Einzelanalysen. Dazu wurden von LAEVERS Beobachtungsbögen entwickelt, die im ersten Schritt ein Gruppenscreening ermöglichen, um danach gezielte Einzelbeobachtungen anzuschließen. Anhand der ausgewerteten Beobachtungen können dann entsprechende Ziele für die weitere pädagogische Arbeit abgeleitet und mögliche Handlungsansätze entwickelt werden. Dieses Verfahren wird in Deutschland über Multiplikatorinnen des Berufskollegs Erkelenz eingeführt und in Tageseinrichtungen der AWO - Landesverbände in Nordrhein-Westfalen und Berlin als Beobachtungsinstrumentarium eingesetzt.

9.3 Aktueller Forschungsstand zur Qualitätsanalyse von Kindertagesstätten

Die aktuelle Forschungslage über die Qualität pädagogischer Arbeit in Tageseinrichtungen für Kinder in Deutschland muss, trotz aktueller Brisanz, als unzureichend bewertet werden. Die einzige repräsentative Untersuchung von 103 Kindergärten legt TIETZE (1998) vor. Diese Berliner Studie wurde in Verbindung mit der europäischen Vergleichsstudie „European Child Care and Education Study" (ECCE) durchgeführt und bewertet die Qualität in nur 29 % der deutschen Kindergärten als gut, 69 % Kindergärten weisen eine mittelmäßige Qualität auf und 2 % der Einrichtungen erreichen nicht einmal minimale Standards (Tietze 1998, S. 256) Die Untersuchung belegt Entwicklungsunterschiede von bis zu einem Jahr, die sich auf unterschiedliche Qualität in den Kindergartengruppen zurückführen lassen (Tietze 1998, S. 315 ff.) Es werden die Bereiche Sprache, soziale Kompetenz und Bewältigung von Lebenssituationen untersucht. Repräsentative Länderstudien zur pädagogischen Prozessqualität liegen bisher nicht vor. Vergleichbare Untersuchungen gibt es im anglo-amerikanischen Raum, in Spanien und Portugal (Barnett, Boocock 1998, Vandell, Wolfe 2000). Die Untersuchungen weisen eine hohe Variabilität der Prozessqualität auf.

Vorhandene Studien u. a. von Blau (2000), Phillipsen et al. (1997) und der ECCE Study Group (1997) belegen substanzielle Zusammenhänge von Struktur- und Orientierungsqualität einerseits und Prozessqualität andererseits. Als vergleichbares Resultat wird eine höhere Prozessqualität bei kleineren Kindergruppen, höher qualifiziertem Personal, besseren räumlichen Bedingungen für die Kinder und zeitlichen Ressourcen für das Personal nachgewiesen.

9.4 Zusammenfassung des Themenfeldes

Allen beschriebenen Instrumentarien, die in Deutschland Verwendung finden, liegt das Ziel zugrunde pädagogische Prozesse zu messen, um sie evaluieren, verbessern und weiterentwickeln zu können. Doch schon die Begrifflichkeiten unterscheiden sich teilweise erheblich. Die Konzepte sind unterschiedlich aufgebaut und können nur zum Teil vom pädagogischen Fachpersonal selbst genutzt werden. Einige Instrumente benötigen externe Berater. Der Zeit- und oftmals auch der Kostenaufwand sind meist sehr groß. Viele Verfahren sollen als dauerhafte Instrumente eingesetzt werden, um Qualitätssicherung und -entwicklung permanent zu integrieren. Über die Effektivität dieser Instrumentarien gibt es nur wenige Aussagen, die zum größten Teil von den Verfassern der anderen Konzepte stammen. Die meisten Qualitätskonzepte stimmen hinsichtlich einer Unterteilung in Strukturqualität und Prozessqualität in Tageseinrichtungen von Kindern überein. Aber da es in Deutschland noch keinen einheitlichen Konsens gibt, was Kindergärten zu leisten haben, unterscheiden sich die Inhalte und Wertigkeiten bei den einzelnen Ansätzen.

Generell hat die Bedeutung der Prozessqualität in den vergangenen Jahren zugenommen. Bis dahin standen oft die strukturellen Aspekte im Vordergrund einer Qualitätsanalyse. Mit dem Fokus der Prozessqualität werden nun die Interaktionen zwischen allen Beteiligten stärker beachtet. Die Bedeutung pädagogischer Prozesse für die kindliche Entwicklungsvarianz kann damit aber nur zu einem geringen Anteil interpretiert werden. Hier ist noch von einer unzureichenden Kenntnislage auszugehen.

Die internationale Forschung konzentriert sich auf die Wechselwirkungen von familialen Faktoren und den Einflüssen von institutioneller Betreuung auf die Entwicklung von Kindern. FTHENAKIS verweist darauf, dass dieser Aspekt bei der Qualitätsdiskussion in Deutschland bisher nicht angemessen berücksichtigt wurde (Fthenaiks 1998, S. 284).

9.5 Konsequenzen für die Qualitätsanalyse der Untersuchungskindergärten

Die etablierten Instrumentarien zur Qualitätsanalyse in Kindertageseinrichtungen legen ihren Schwerpunkt auf die Einschätzung von Prozessen und Interaktionen in der pädagogischen Arbeit. Strukturqualität wird ebenfalls als bedeutsam gewertet, gilt aber als unterstützendes, vorbereitendes und sicherndes Element der Elementarpädagogik.

Nachweisbar gute Arbeit mit Effekten für die Entwicklung der Kinder konnte TIETZE in Tageseinrichtungen mit guter Prozessqualität belegen. Die Kriterien des Gütesiegels des Landessportbundes Nordrhein-Westfalen stellen in ihrer Gesamtheit strukturelle Merkmale dar. Sie sind also gute Voraussetzungen für effektiv gestaltete bewegungspädagogische Förderung der Kinder. Wie gut diese Prozesse selbst gestaltet, evaluiert und verbessert werden, prüft das Gütesiegel nicht. Um die Ursachen für die effektive Förderung der Kinder festzustellen, muss die Prozessqualität der Tageseinrichtungen hinterfragt werden.

Dafür wurde in einem nächsten Schritt die Untersuchungseinrichtung herausgefiltert, welche ein besonders beachtenswertes Ergebnis brachte: die Platzierung des Kontrollkindergartens 11 auf Platz 2 der Rankingliste. Dieser Kontrollkindergarten verfügt offensichtlich ohne die Zertifizierung über alternativ gute Ressourcen und Bedingungen für eine Förderung der Gesamtpersönlichkeit der Kinder, einschließlich ihrer motorischen Förderung.

9.6 Qualitätsanalyse des Kontrollkindergartens 11

Grundfrage dieser Arbeit ist die Effektivität der Gütesiegelkriterien des Landessportbundes für die motorische Förderung der Kinder und die Auswirkungen auf die Entwicklung ihrer Gesamtpersönlichkeit. Dies wurde in einer quantitativen Vergleichsuntersuchung überprüft. Das Ziel ist nicht die Qualitätsmessung der gesamtpädagogischen Arbeit aller Untersuchungseinrichtungen. Die Strategien und das pädagogische Handeln des Kindergartens 11 für die erfolgreiche bewegungspädagogische Förderung zu erfassen, stellt einen zusätzlichen Schritt dieser Arbeit dar.

Um diese sehr spezielle Betrachtung zu berücksichtigen, eigneten sich die standardisierten Qualitätsmessungsverfahren für Kindertagesstätten nicht als optimales Instrumentarium. Aus diesen Gründen wurde keine externe komplexe Qualitätsüberprüfung vorgenommen, sondern ein Interview mit der Leiterin des Kontrollkindergartens 11 vorbereitet. Dazu wurde als Vorbereitung die qualitative Schulsportanalyse von Süßenbach und Schmidt (2005) herangezogen. Diese wurde für die Einschätzung des Kontrollkindergartens 11 adaptiert.

9.6.1 Qualitätsanalyse von Süßenbach und Schmidt

In einer qualitativen Schulsportanalyse von Süßenbach und Schmidt (2005) wird als wichtigstes Kriterium das Wohlbefinden aller Personen genannt. Sie konzentriert sich besonders auf die Interaktionen aller Mitarbeiterinnen eines Teams und hält dabei folgende Aspekte für relevant:

- Einstellung der Schulleitung zu Sport und Bewegung
- Qualifikation des Personals zu motorischer Förderung von Kindern
- Kooperation innerhalb des Teams
- Wertschätzung sportbezogener Kompetenzen bei Kindern und Erwachsenen
- Steigerung der Leistungsbereitschaft durch Verstärkung
- Positive Einschätzung von Bewegung durch Lehrer und Eltern
- Partizipation bei Bewegungsaktivitäten
- Installierung fakultativer Sportangebote
- Angebote von Fortbildung in der Schule.

Mit der Ausrichtung auf den Schulsport hinterfragen diese Kriterien die Qualität der Interaktionen aller am pädagogischen Prozess Beteiligten. Auf Kindertagesstätten übertragen bedeutet dies, folgende Gesichtspunkte zu berücksichtigen:

- Einstellung der Leiterin zu Bewegung
- Qualifikation des Personals zum Stellenwert von Bewegung bei der kindlichen Entwicklung und zu kindgerechter motorischer Förderung
- bedarfsorientierte Indoor-Fortbildungen mit dem ganzen Team

- Arbeitsweisen und Strukturen innerhalb des Teams (Hierarchien, fachliche Teamzusammensetzung, Teambeschlüsse, Anordnungen, Kooperation)
- Akzeptanz und Wertschätzung unterschiedlicher (sport- und bewegungsbezogener) Fähigkeiten und Kompetenzen unter den Kolleginnen
- Steigerung der Leistungsbereitschaft im Team durch Verstärkung vom Träger, der Leitung und den Eltern der Kinder
- Anerkennung von Bewegungsbedürfnissen und Wertschätzung von Bewegungskompetenzen bei Kindern
- Sicherung von Bewegungsmöglichkeiten für die Kinder im gesamten Tagesablauf.

Diese adaptierten Kriterien werden in dem Interview mit der Leiterin des genannten Kontrollkindergartens 11 hinterfragt.

9.6.2 Auswertung des Leitungsgespräches im Kontrollkindergarten

Im ersten Teil des Interviews wurden die Informationen aus den Fragebögen, den Fotodokumentationen und den persönlichen Eindrücken für einen umfangreichen Gesamteindruck zur Situation und täglichen Arbeit der Kindertagestätte zusammengeführt. Danach richtete sich der Schwerpunkt auf die fachliche Ebene des pädagogischen Prozesses. Um das Wohlbefinden der Mitarbeiterinnen hinsichtlich bewegungsfreundlicher pädagogischer Arbeit einschätzen zu können, wurden oben aufgeführte Aspekte als Strukturhilfen im Interview eingesetzt.

Die Leiterin der Einrichtung unterstützt offensiv eine bewegungsorientierte pädagogische Arbeit. Zu regelmäßigen Angeboten für die Kinder gehören neben freien und angeleiteten Bewegungszeiten an Vor- und Nachmittagen mindestens zwei Waldtage monatlich. In allen Gruppen gestalten die Kinder nach Interessenslagen und Bedürfnissen partizipiert die Räume für ihre Freispielzeit. So werden Bewegungsbaustellen, Kletterturm, Sinnesstraßen, Kuschelecken und Bällchenbad immer wieder neu und damit reizvoll für die Kinder gemeinsam aufgebaut und für jeweils eine Woche in ihrer Gruppe genutzt. Verkehrsflächen im Haus können die Kinder ganztägig für ihre Aktivitäten nutzen. Alle Gruppenraumtüren und die Türen zu Küche und Büro stehen offen. Der Aufenthalt im Freien ist den Kindern permanent möglich. Dort stehen ihnen neben fest installierten Spiel- und Klettergeräten vielfältige Fahrzeuge und Materialien zur Verfügung. Der Leiterin und dem Team sind besonders beim Aufenthalt im Freien die Bedeutung von selbst gestalteten Spielen und Eigenaktivitäten der Kinder bewusst. Die Erzieherinnen haben trägerintern an Fortbildungen zu Themen der kindlichen Entwicklung und Bewegungsförderung im Alltag, Psychomotorik und Raumgestaltung teilgenommen. Die pädagogische Arbeit mit den Kindernwird zweimal jährlich mit dem ‚Leuvener Modell' dokumentiert. In einem Gruppenscreening, der Situationsanalyse und in Einzelbeobachtungen werden pädagogische Maßnahmen auf ihre entwicklungsunterstützende Wirkung kontinuierlich überprüft und in Elterngesprächen thematisiert. Die Beobachtungsergebnisse werden dann in Beziehung zu den Bildungs- und Erziehungszielen gesetzt und individuelle Förderpläne für die Kinder erarbeitet, die nach zwei Wochen auf ihre Effektivität überprüft werden. Die Einrichtung wird von ihrem Träger durch eine Fachberaterin begleitet und unterstützt. Sie initiiert Fortbildungsveranstaltungen und fachlichen Austausch. Seit fünf Jahren ist die Kindertagesstätte einem Qualitätsmanagementverbund des Trägers angeschlossen.

Das nach DIN EN ISO 9001 und der Träger-Norm erstellte QM-System baut pädagogische Arbeit nach dem PDCA-Regelkreis (Planen – Durchführen – Überprüfen – Verbessern) auf (Dokumentation Fachverband für Kinder- und Jugendhilfe der Arbeiterwohlfahrt, n. d.). Über eine Selbstevaluation der Erzieherinnen, Fremdevaluationen durch die Eltern und die Einrichtungsleitung, eine fachliche Auswertung im Team und eine Evaluation im Fachverband wird eine jährliche mehrschichtige Überprüfung der pädagogischen Prozesse garantiert. Damit verwendet das Team dieser Kindertagesstätte zwei Instrumentarien, das ‚Leuvener Modell' und das trägerinterne QM-System, um die Prozessqualität seiner pädagogischen Arbeit regelmäßig und systematisch zu evaluieren. Das Hauptaugenmerk der Mitarbeiterinnen liegt mittels permanenter Beobachtungen auf einer ständigen Überprüfung und Anpassung pädagogischer Maßnahmen. Die Mitarbeiterinnen dieser Kindertagesstätte arbeiten seit mehreren Jahren an der Qualitätssicherung und -verbesserung. Damit haben sie die Prozessqualität in ihrer Einrichtung auf einen hohen Standard geführt, welche für die betreuten Kinder eine effektive Entwicklungsförderung garantiert. Die Ergebnisse dieser Untersuchung belegen, dass mit diesem Fokus nachweislich eine gute motorische und sozial-emotionale Entwicklung der Kinder gewährleistet werden kann.

9.7 Diskussion der Ergebnisse

Die Entwicklung von Kindern ist ein ganzheitlicher Prozess. Ihre motorische Entwicklung steht in signifikantem Zusammenhang zur körperlichen Reifung, zur Entwicklung ihres Selbstkonzeptes und ihrer sozial-emotionalen Persönlichkeitsbereiche. Motorische Förderung im Kindergarten wirkt sich positiv auf die Entwicklung ihrer Persönlichkeiten aus. Alle Testkinder verbesserten ihre Motorik im Untersuchungszeitraum und entwickelten sich sozial-emotional weiter.

Die Testergebnisse aller Kinder lassen keine signifikanten Unterschiede der bewegungspädagogischen Arbeit der Untersuchungsgruppen erkennen. Durch die vergleichbare Qualität der Bewegungskindergärten und der Kontrolleinrichtungen musste der Status der Kontrollgruppe aufgegeben werden, so dass keine Vergleichsdaten zur Verfügung standen. Damit konnte die Effektivität der motorischen Förderung nicht geklärt werden. Der Vergleich zu den Werten der Kinder von 1987 zeigt jedoch, dass die heutigen Kinder dieser Altersgruppe keine schlechtere motorische Leistungsfähigkeit aufweisen.

Alle elf beteiligten Kindergärten dieser Untersuchung gelten, gemessen an den Gütesiegelkriterien des Landessportbundes Nordrhein-Westfalen, als bewegungsfreudige Einrichtung. Als einziger signifikanter Unterschied zwischen den Untersuchungsgruppen konnte die Zusatzausbildung von zwei Dritteln der Erzieherinnen der Bewegungskindergärten gewertet werden. Trotz dieses hohen Anteils an geforderter Zusatzqualifikation tritt nicht der erwartete Effekt einer effektiveren bewegungspädagogischen Förderung in den Bewegungskindergärten ein. In der Studie von SCHERRER (2002) ist genau diese Variable, die zusätzliche Qualifikation der Erzieherinnen, der entscheidende Faktor für die bessere motorische Entwicklung der Kinder. Dies deutet auf qualitative Unterschiede der Zusatzausbildungen oder einen effektiver gelungenen Praxistransfer der Fortbildungsinhalte hin.

Die derzeitigen Inhalte der „ÜL - BiKuV“, deren Schwerpunkte auf Gestaltung, Planung und Organisation von angeleiteten altersgerechten Spiel- und Bewegungsangeboten in Turn- und Bewegungsräumen und Hintergrundwissen zu organisiertem Sport liegen, vermitteln den Pädagoginnen keine neuen Schlüsselqualifikationen. Diese Ausbildung wurde für Übungsleiterinnen in Sportvereinen konzipiert und muss als Fortbildungsinstrument für Erzieherinnen in Kindertagesstätten kritisch hinterfragt werden. Die Entwicklungen der Kinder der Kontrolleinrichtung 11 im Vergleich zu den anerkannten Bewegungskindergärten bestätigt die Notwendigkeit anderer Kernpunkte in den Fortbildungen oder Zusatzqualifikationen für Erzieherinnen. Es fehlen genau die Inhalte, die sich in der qualitativen Bewertung des pädagogischen Prozesses des Kontrollkindergartens 11 als maßgebend erwiesen haben:

- Wohlgefühl aller Mitarbeiterinnen, Eltern und Kinder
- Akzeptanz von Bewegungsbedürfnissen und ganzheitlicher Bewegungsförderung im Tagesablauf
- Verständnis der Bedeutung und Förderung von selbst organisierten und initiierten Bewegungsanlässen der Kinder
- Wahrnehmungs- und Bewegungsförderung bei jeglicher Art von Auseinandersetzung und Kommunikation mit der Umwelt
- Interaktion und Kommunikation (auch) in (bewegungs-) pädagogischen

Prozessen
- qualifizierte Beobachtung und Auswertung von pädagogischen Maßnahmen durch permanente Evaluation als Fremd- und Selbstevaluation.

Diese Kriterien qualitativ guter bewegungspädagogischer Arbeit sind derzeit nicht Inhalte in der bestehenden Zusatzausbildung „ÜL - BiKuV".

Die Kooperation mit einem Sportverein als weiteres Merkmal der Bewegungskindergärten wird sehr unterschiedlich praktiziert und konnte als Unterscheidungsmerkmal zwischen den Untersuchungsgruppen nicht gewertet werden. Innerhalb der Untersuchungsgruppe der Bewegungskindergärten liegen die Einrichtungen mit sehr engen Kooperationsbeziehungen im unteren Leistungsbereich. Sie unterscheiden sich nicht signifikant von den anderen Bewegungskindergärten, aber bezeichnenderweise belegt die Einrichtung ohne aktiv bestehende Kooperation Platz 1 der Rankingliste. Das heißt, es ergeben sich für die motorische Entwicklung der Kinder keine Effekte. Somit muss auch die Sinnhaftigkeit des Kriteriums Kooperation mit einem Sportverein hinterfragt werden, denn eigentlich müsste dieser leistungsstärksten Kindertagesstätte, in der die Kinder ihre motorische Leistungsfähigkeit innerhalb eines Jahres um 16 % steigern können, laut Kriterienvergabe das Gütesiegel des Landessportbundes Nordrhein-Westfalen aberkannt werden.

Es bedeutet einen großen finanziellen und zeitlichen Aufwand, ein hohes Maß an Engagement von Erzieherinnen, Eltern und Trägern, um die Kriterien des Landessportbundes zu erfüllen und das Gütesiegel zu erhalten. Das wurde im einleitenden Teil dieser Arbeit ausführlich beschrieben. Die Öffentlichkeits- und Lobbyarbeit in den Bewegungskindergärten soll anschließend die Fachöffentlichkeit und die Eltern für dieses Konzept sensibilisieren. Die Pädagoginnen verfolgen damit eine öffentliche Anerkennung der Qualität ihrer pädagogischen Arbeit durch den Träger und künftige Eltern. Dieser Effekt für die Eltern konnte nicht bestätigt werden. Auf das Anmeldeverhalten der Eltern hat das Gütesiegel des Landessportbundes keinen wesentlichen Einfluss.

Die Initiative der Sportjugend „Lobby für Kinder" kann, 13 Jahre nach dem Start, für das Handlungsfeld Kindertageseinrichtungen als erfolgreich bezeichnet werden. Das Ergebnis sind 200 zertifizierte Bewegungskindergärten in Nordrhein-Westfalen und gleichzeitig fast ebenso viele als kinderfreundlich ausgezeichnete kooperierende Sportvereine. Diese Kampagne hat eine breite Öffentlichkeitswirkung, die sich am Bekanntheitsgrad dieses Gütesiegels manifestiert. Bundesweit lässt sich eine vergleichbare Entwicklung für Bewegungskindergärten beobachten. Neben NRW zertifizieren Niedersachsen,Thüringen,

Berlin, Hamburg, Baden-Württemberg und Rheinland-Pfalz Tageseinrichtungen für Kinder zu Bewegungskindergärten. Diese Projekte weisen unterschiedliche Zugänge, Ziele, Laufzeiten und Strukturen auf. Die Deutsche Sportjugend hat eine ständige Arbeitsgruppe „Kindheit und Bewegung“ ins Leben gerufen. In deren Auftrag werden seit 2006 diese unterschiedlichen länderinternen Entwicklungen erfasst, abgeglichen und gesammelt. Ziel ist es, eine Ländertransparenz zu schaffen, Austausch und Vernetzung der Projektkoordinatoren zu ermöglichen und eine Empfehlung einheitlicher Standards für die Zertifizierung zum Bewegungskindergarten zu erarbeiten.

Die Sportjugend in Hamburg hat ein Stufenmodell für das „Gütesiegel Bewegungskindertagesstätte“ (2006) entwickelt. Um diese Zertifizierung müssen sich die Einrichtungen bewerben und die Sportjugend erhebt ansteigende Gebühren für jede Prüfung, für die begleitende Beratung und das drei Jahre gültige Zertifikat. Die inhaltliche Abstufung erlaubt den Mitarbeiterinnen der Tageseinrichtungen, sich schrittweise mit diesem Konzept vertraut zu machen, sich fortzubilden und dieses in ihren Einrichtungen umzusetzen. Auch wenn der Schwerpunkt in Hamburg ähnlich auf die Strukturqualität fokussiert ist, stellt doch der Stufenablauf eine Möglichkeit dar, permanenter und stringenter an der alltäglichen Umsetzung des Konzeptes in den Einrichtungen zu arbeiten. Es bedarf aber eines Perspektivwechsels aller Beteiligten. Nach dem ersten Schritt, oder wie in Hamburg, der ersten Stufe und der damit geprüften Strukturqualität sollte der Fokus auf die Prozessqualität in den Bewegungskindergärten gelegt werden. Ob dazu die Fortbildungen des jeweiligen Landessportbundes fachlich ausreichen und das richtige Instrumentarium darstellen, muss bezweifelt werden.

Für die „ÜL - BiKuV“ in Nordrhein-Westfalen trifft das keinesfalls zu. Die Mitarbeiterinnen der Einrichtungen benötigen dazu fachlich hoch qualifizierte Unterstützung, Beratung und pädagogische Begleitung, wie sie beispielsweise die Kontrolleinrichtung 11 durch ihren Träger erhält. Vielleicht ist dies in Zeiten begrenzter finanzieller und personeller Ressourcen auch ein besserer Weg, Qualitätsinitiative mit einem der etablierten Konzepte aufzubauen, um mit optimalen pädagogischen Prozessen in Tageseinrichtungen die Kinder ganzheitlich effektiv zu fördern, einschließlich ihrer motorischen Entwicklung.

Gesunde altersgerechte Förderung lässt Kinder sich optimal mit ihrem Körper in ihrer natürlichen und sozialen Umwelt bewegen. Gelingende Kommunikation und Interaktionen zwischen Pädagoginnen und Kindern steigern dasWohlbefinden der Kinder und ihr Engagement am Kindergartenleben. Bewegte, durch eigenes Handeln gemachte Erfahrungen sind beste Voraussetzungen für einen kompetenten Umgang mit sich und der eigenen Umwelt. Wer diesen Anspruch verwirklichen will, kommt an einer Entwicklung vom Sitzkindergarten zum bewegten Kindergarten nicht vorbei. Bewegungsfördernde Kindergärten sind ein gutes Beispiel kind- und zeitgemäßer Elementarpädagogik. Dabei ist es nicht von existentieller Bedeutung, ob dieses Konzept von der jeweiligen Landessportorganisation gefördert und zertifiziert wird.

Die Initiative der Sportjugend Nordrhein-Westfalen garantiert eine gute Qualität bewegungspädagogischer Arbeit in den Tageseinrichtungen nicht. Sie kann den Blick schärfen für den Bedarf motorischer Förderung von Kindern und kann in der Öffentlichkeit und Politik eine Sensibilität für veränderte Lebenswelten und kindliche Bedürfnisse entwickeln. Die konsequente tägliche Umsetzung muss für die Erzieherinnen bedeutsam sein und in den Tageseinrichtungen für Kinder selbst erfolgen und kann durch das derzeitige Gütesiegel des Landessportbundes in Nordrhein-Westfalen nicht garantiert werden.

Scherler (1975) kennzeichnet Bewegungsentwicklung nach Piaget (1969) als Sammeln materialer, sozialer und personaler Erfahrungen. Schmidt plädiert für eine „Reaktivierung der Selbst-Organisation“ (Schmidt 2002, S.176 ff.) kindlichen Bewegungslebens und wendet sich gegen den Verlust eigenständigen und selbstinitiierten Handelns. Dies korrespondiert mit Zimmer (1981), die ebenfalls die intrinsisch gesteuerten, selbst organisierten Bewegungshandlungen für die Entwicklung der Kinder als bedeutsam charakterisiert.

Wenn in den kindlichen Lebensbedingungen ausreichende Primärerfahrungen nicht mehr gewährleistet sind, müssen Möglichkeiten gesucht werden, Kindern offene und variable Bewegungssituationen zu schaffen. Kinder sollen eigenständig ihr Bewegungshandeln in anregenden Umgebungen, in denen sie sich wohl fühlen und engagieren können, organisieren. Dazu brauchen sie qualifizierte beobachtungsgeschulte, bedürfnisorientierte und interaktive Begleiterinnen in den Tageseinrichtungen.

Abkürzungsverzeichnis

In dieser Publikation wird durchgängig die weibliche Ausdrucksform angewendet. Dies geschieht ausschließlich zur besseren Lesbarkeit des Textes und schließt permanent alle männlichen Kollegen und Ansprechpartner mit ein.

Folgende Abkürzungen wurden zur besseren Lesbarkeit verwendet:

Abs.	Absatz
Bd.	Band
bzw.	beziehungsweise
ca.	cirka
d. h.	das heißt
ebenda	aus derselben Literatur wie vorher
et al.	und andere
etc.	und so weiter
f./ff.	folgende Seite/folgende Seiten
ggf.	gegebenenfalls
Hrsg.	Herausgeber
Kap.	Kapitel
LSB	Landesportbund, hier immer für Nordrhein-Westfalen
MOT 4 - 6	Motoriktest für 4- bis 6-jährige Kinder von Zimmer und Volkamer
n. d.	nicht datiert
o. Ä.	oder Ähnliches

o. g.	oben genannten
SJ	Sportjugend, hier immer für Nordrhein-Westfalen
u. a.	unter anderem
usw.	und so weiter
ÜL - BiKuV	Übungsleiterausbildung „Bewegungserziehung im Kleinkind- und Vorschulalter“
vs.	versus
z. B.	zum Beispiel
z. T.	zum Teil

Literaturverzeichnis

ADORNO, T. W. (1950): Studien zum autoritären Charakter. Frankfurt a. M.

AEBLI, H. (1981): Denken: Das Ordnen des Tuns. 2 Bd. Stuttgart.

ALANEN, L. (1997): Soziologie der Kindheit als Projekt: Perspektiven für die Forschung. In: Zeitschrift für Sozialisationsforschung und Erziehungssoziologie 17/2, S. 162 - 177.

AMBROSE, A. (1969) (Hrsg.): Determinants of infant behaviour. London.

ANGERMAIER, M. (1974): Psycholinguistischer Entwicklungstest (PET). Weinheim.

AINSWORTH, M. D. S., BLEHAR, M. C., WATERS, E., WALL, S. (1978): Patterns of attachment: A psychological study of the Strange Situation. Hillsdale, New York.

ANTONOWSKI, A., FRANKE, A. (1997): Salutogenese. Zur Entmystifizierung der Gesundheit. Tübingen.

ARIÈS, P. (1960/dt. 1975): Geschichte der Kindheit. München, Wien.

ARNOLD, M. B. (1960): Emotion und personality. New York.

ARNETT, J. (1989): Caregivers in Day - care Centres: Does Training Matter? In: Journal of Applied Developmental Psychology 10, S. 541 - 551.

AWO FACHVERBAND FÜR KINDER- UND JUGENDHILFE IM BEZIRK MITTELRHEIN e. V. (n. d.): QM - Verbund. Qualitätsmanagement in der Praxis. Heinsberg.

AWO LANDESVERBAND THÜRINGEN e. V. (1997) (Hrsg.): Gelebte Psychomotorik im Kindergarten: Kinder und Erzieherinnen gemeinsam in Bewegung. Schorndorf.

AYRES, A. J. (1998): Bausteine der kindlichen Entwicklung. (3. Aufl.) Berlin.

BAACKE, D. (1992): Die 6 - 12jährigen. Weinheim, Basel.

BACHMANN, K. (1999): Naturtalent Kind. In: GEO Wissen Heft 1, S. 36 - 48.

BAER, D. M. (1973): The control of developmental process: why wait? In: Nesselroade, J. R., Reese, H. W. (Hrsg.): Life - span developmental psychology (pp. 185 - 193). New, York.

BALOUI, S. (2001): Excel 2002, Kompendium: München.

BALTES, P. B. (1990): Entwicklungspsychologie der Lebensspanne: Theoretische Leitsätze. Psychologische Rundschau 41, S.1 - 24.

BANDURA, A. (1971, dt. 1979): Sozial- kognitive Lerntheorie. Stuttgart.

BANDURA, A. (1976): Lernen am Modell. Stuttgart.

BANHAM, K. M. (1964): Ring and peg tests of behaviour development. Psychometric Affiliates: Munster.

BANK, S., KAHN, M. D. (1994): Geschwister-Bindung. München.

BARKER, R. G. (1963) (Hrsg.): The stream of behavior. New York.

BARKER, R. G. (1968): Ecological Psychology: Concepts and Methods for

Studying the Environment of Human Behaviours. Stanford, California.
Barnett, W. S., Boocock, S. S. (1998): Early care and Education for Children in Poverty. Promises, Programs and Long-Term Results. New York.
Baumann, T. (2002): Atlas der Entwicklungsdiagnostik. Thieme: Stuttgart.
Baur, J. (1985): Zur Bewegungssozialisation in der Herkunftsfamilie In: Sportwissenschaft 12, S. 121 - 151.
Baur, J., Bös, K., Singer, R. (1994): Motorische Entwicklung. Ein Handbuch. Schorndorf.
Bauss, R., Roth, K. (1977) (Hrsg.): Zusammenhänge zwischen biologischen und motorischen Entwicklungsmerkmalen 3 - 6jähriger Kinder und sozialen Umweltfaktoren. In: Motorische Entwicklung. Darmstadt, S.159 - 166.
Beck, U. (1986): Risikogesellschaft. Auf dem Weg in eine andere Moderne. Frankfurt a. M.
Beck, U., Beck-Gernsheim, E. (1994) (Hrsg.): Riskante Freiheiten. Frankfurt a. M.
Beckers, E. (2001): Renaissance des Bildungsbegriffs in der Sportpädagogik? Orientierungssuche zwischen Widerstand und Aushöhlung. In: Prohl, R. (Hrsg.): Bildung und Bewegung. Schriften der Deutschen Vereinigung für Sportwissenschaft. Bd 120. Czwalina: Hamburg, S. 29 - 42.
Behnken, I. (1990) (Hrsg.): Stadtgesellschaft und Kindheit im Prozess der Zivilisation. Opladen.
Behnken, I., Bois-Reymond, M. du, Zinnecker, J. (1989): Stadtgeschichte als Kindheitsgeschichte. Lebensräume von Großstadtkindern in Deutschland und Holland um 1900. Opladen.
Behnken, I., Bissigkrummer-Moos, S., Lutz, M., Pasquale, J., Wojtkowiak, A., Zinnecker, J. (1994): Kindheit im Siegerland. Fallstudien zur Modernisierung von Kindheit in einer Region (Methoden, Manuale Nr. 2). Siegen.
Beins, H.-J., Cox, S. (2001): Die spielen ja nur! Psychomotorik in der Kindergartenpraxis. Dortmund.
Benedict, R. (1934): Patterns of Culture. Houghton Mifflin: Boston.
Benninghaus, H. (2005): Deskriptive Statistik. Wiesbaden.
Berger, P. L., Luckmann, T. (1969, 1980): Die gesellschaftliche Konstruktion der Wirklichkeit. Fischer Buch Verlag: Frankfurt a. M.
Berger, P. (1994): Lebensstile – strukturelle oder personengebundene Kategorie? In: Dangschat, J., Blasius, J. (Hrsg.): Lebensstile in den Städten. Konzepte und Methoden. Opladen, S. 137 - 149.
Berg-Laase, G., Preuss-Lausitz, U. (1985): Spielpartner, Spiele, Freizeitaktivitäten. Berlin.
Bergius, R. (1959): Entwicklung als Stufenfolge. In: Thomae, H.: Handbuch der Psychologie, Entwicklungspsychologie Bd. 3. Göttingen.
Bernstein, B. (1972): Studien zur sprachlichen Sozialisation. Schwann: Düsseldorf.

Berry, K., Buktenica, N. A. (1967): Developmental Test of Visual - Motor Integration. Follette: Chicago.

Bertram, H. (1982): Von der schichtspezifischen zur sozialökologischen Sozialisationsforschung. In: Vaskovics, L. A. (Hrsg.): Umweltbedingungen familialer Sozialisation. Stuttgart, S. 91 - 108.

Bertram, H., Bayer, H., Bauereiss, R. (1993): Familien - Atlas: Lebenslagen und Regionen in Deutschland. Opladen.

Bertram, H. (1995) (Hrsg.): Das Individuum und seine Familie. Opladen.

Biedinger, N., Becker, B. (2006): Der Einfluss des Vorschulbesuchs auf die Entwicklung und den langfristigen Bildungserfolg von Kindern. Ein Überblick über internationale Studien im Vorschulbereich. Zentrum für Europäische Sozialforschung: Mannheim.

Bijou, S. W., Baer, D. M. (1961): Child development. A systematic and empirical theory. Appleton Century Crofts: New York.

Binet, A., Simon, T. (1905): Application des méthodes nouvelles ou diagnostic du niveau intellectuel chez des enfants normaux et anormaux d'hospice et d'école primaire. L'Année Psychologique 11, S. 245 - 336.

Bischof, N. (1994): Bausteine einer allgemeinen Entwicklungstheorie, Vortragsmanuskript. Psychologisches Institut: Zürich.

Bittner, G. (1985): Was bedeutet kindgemäß? Entwicklungs- und tiefenpsychologische Gesichtspunkte zur Erziehung im Kindergarten In: Bittner, G., Harms, E. (Hrsg.): Erziehung der frühen Kindheit. München, S. 321 - 339.

Blau, D. M. (2000): The Production of Quality in Child care Centres: Another Look. In: Applied Developmental Science 4, S. 136 - 148.

Bloom, B. S. (1971): Stabilität und Veränderung menschlicher Merkmale. Weinheim

Blommaert, M. (1983): Begriffliche Erfassung und Evaluation von Umwelteinflüssen auf die motorische Entwicklung. In: Willimczik, K., Roth, K.: Bewegungslehre, Grundlagen, Methoden, Analysen. Reinbek, S. 314.

Blumenthal, E. (1982): Vorschulturnen an Geräten, Schriftenreihe zur Praxis der Leibeserziehung und des Sports. Bd. 36, Schondorf.

Blumer, H. (1969/dt. 1973): Symbolic interactionism: Perspective and method. In: Arbeitsgruppe Bielefelder Soziologen (Hrsg.): Alltagswissen, Interaktion und gesellschaftliche Wirklichkeit. Reinbek, S. 80 - 146.

Blumer, H. (1973): Der methodologische Standort des symbolischen Interaktionismus. In: Arbeitsgruppe Bielefelder Soziologen (Hrsg.): Alltagswissen, Interaktion und gesellschaftliche Wirklichkeit. Bd. 1. Reinbek, S. 80 - 147.

Böhnisch, L., Lenz, K. (1997) (Hrsg.): Familien. Eine interdisziplinäre Einführung. München, Weinheim.

Bois-Reymond, M. du, Büchner, P., Krüger, H. H. u. a. (1994): Kinderleben. Modernisierung von Kindheit im interkulturellen Vergleich. Opladen.

Bois-Reymond, M. du (1998): Der Verhandlungshaushalt im Modernisierungsprozess. In: Büchner, P. u. a.: Teenie-Welten. Aufwachsen in drei europäischen Regionen. Opladen.

Bondy, C., Cohen, R., Eggert, D., Lüer, G. (1969): Die Testbatterie für geistig behinderte Kinder (TBGB). Weinheim.

Bös, K., Mechling, H. (1987): Ein Modell zur Vorhersagbarkeit motorischer Leistung. In: Motorik. Schorndorf, S. 82 - 87.

Bös, K., Scheid, V. (1993). Motorische Entwicklungstests und Screeningverfahren. Sportpsychologie, 7 (4), S. 27 - 79.

Bös, K. (2001) (Hrsg.): Handbuch Motorische Tests. Göttingen, Bern, Toronto, Seattle.

Bös, K. (2003): Motorische Leistungsfähigkeit von Kindern und Jugendlichen. In: Schmidt, W., Hartmann-Tews, I., Brettschneider, W.-D. (Hrsg.): Erster Deutscher Kinder- und Jugendbericht. Schorndorf, S. 85 - 107.

Bowlby, J. (1980): Attachment and loss. Vol. III: Loss, sadness and depression. New York.

Brähler, E., Holling, H., Leutner, D., Petermann, F. (Hrsg.) (2002): Birkenkamp. Handbuch psychologischer und pädagogischer Tests. Bd. 2 (3. vollständig überarbeitete und erweiterte Auflage). Göttingen.

Brainerd, C. J. (1983) (Hrsg.): Recent advances in cognitive - developmental theory. New York.

Brandtstädter, J., Schneewind, K. A. (1977): Optimal human development: some implications for psychology. Human Development 20, S. 48 - 64.

Breidenstein, G., Kelle, H. (1998): Geschlechteralltag in der Schulklasse. Ethnografische Studien zur Gleichaltrigenkultur. München, Weinheim.

Breuer, H. (2006): Große Pläne für kleine Köpfe. In: Geo Wissen Nr. 37, S. 64 - 75

Breuer, C., Rumpeltin, C., Schülert, T. (1998): Lebensweltbezogene Ansätze in der Bewegungsförderung von Kindern im Vorschulalter. Evaluation des Projektes „Hüpfdötzchen - Kindergarten in Bewegung". Praxis Psychomotorik 23 (1), S. 13 - 16.

Breuer, J. (2002): Kindliche Lebens- und Bewegungswelten in dicht besiedelten Wohnquartieren. Hamburg.

Brettschneider, W.-D. (2000). Wie schlapp sind unsere Kinder wirklich? sportunterricht 49 (11), S. 340.

Bridges, K. (1932): Emotional development in early infancy. Child Development 3, S. 324 - 341.

Brinkhoff, K. P. (1996): Über veränderte Bedingungen des Aufwachsens: Die Kindheit. Sportpädagogik 20 (2)

Brodtmann, D. (2. Aufl. 1997): Kinder - Bewegung - Gesundheit. Die wirklichen Risikofaktoren. In: Zimmer, R. (Hrsg.): Bewegte Kindheit. Schorndorf.

BRONFENBRENNER, U. (1976): Ökologische Sozialisationsforschung. Stuttgart.

BRONFENBRENNER, U. (1981): Die Ökologie der menschlichen Entwicklung. Stuttgart

BRONFENBRENNER, U. (1986): The ecology of the family as a Context of Human Development: Research Perspectives. In: Development Psychology 22, S. 723 - 742.

BRONFENBRENNER, U., MORRIS, P. M. (1998): The Ecology of Developmental Processes. In: Damon, W., Learner, R. M. (Hrsg.): Handbook of Child Psychology. Vol. 1, S. 993 - 1028.

BROOKS, J., LEWIS, M. (1974): Social responses to social events. Educational Testing Service. Unpublished Manuscript.

BRUNET, O., LÈZINE, I. (1951): Le développent psychologique de la première enfance. Paris.

BRÜNDEL, H., HURRELMANN, K. (1996): Einführung in die Kindheitsforschung. Weinheim, Basel.

BÜCHNER, P. (1990): Aufwachsen in den 89er Jahren. Zum Wandel kindlicher Normalbiografien in der Bundesrepublik Deutschland. In: Büchner, P., Krüger, H. H., Chisholm, L.: Kindheit und Jugend im interkulturellen Vergleich. Opladen, S. 79 - 94.

BÜCHNER, P. (1990): „Ich weiß nicht, ob ich Zeit habe, aber ich ruf Dich an!". Über den Formwandel der kindlichen Freizeitgestaltung im Zeitalter des Familientelefons. In: Neue Sammlung 30, S. 522 - 530.

BÜCHNER, P., BRAKE, A., FUHS, B. (1992): Kinderleben. Deutsch-deutscher Vergleich. In: Hort heute 7/8, S. 13 - 20.

BÜCHNER, P., FUHS, B. (1993): Kindersport. In: Markefka, M., Nauck, B. (Hrsg.): Handbuch der Kindheitsforschung. Neuwied, Kriftel, Berlin, S. 491 – 499

BÜCHNER, P., FUHS, B. (1994): Kinderkulturelle Praxis: Kindliche Handlungskontexte und Aktivitätsprofile im außerschulischen Lebensalltag. In: Bois-Reymond, M. du, Büchner, P., Krüger, H. H. u. a.: Kinderleben. Modernisierung von Kindheit im interkulturellen Vergleich. Opladen, S. 36 - 135.

Büchner, P., FUHS, B., KRÜGER, H. H. (1996) (Hrsg.): Vom Teddybär zum ersten Kuss. Wege aus der Kindheit in Ost- und Westdeutschland. Opladen.

BÜCHNER, P. (1996): Das Kind als Schülerin oder Schüler. Über die gesellschaftliche Wahrnehmung der Kindheit als Schulkindheit und damit verbundene Forschungsprobleme. In: Zeiher, H. u. a. (Hrsg.): Kinder als Außenseiter? Umbrüche in der gesellschaftlichen Wahrnehmung von Kindern und Kindheit. Weinheim, München.

BÜCHNER, P., FUHS, B., KRÜGER, H.-H. (1997): Transformation der Eltern-Kind-Beziehungen? Facetten der Kindbezogenheit des elterlichen Erziehungsverhaltens in Ost- und Westdeutschland. In: Zeitschrift für Pädagogik. Beiheft 37, S. 35 - 52.

Büchner, P. u. a. (1998): Teenie-Welten. Aufwachsen in drei europäischen Regionen. Opladen.

Büchner, P., Fuhs, B. (1999): Zur Sozialisationswirkung und biografischen Bedeutung der Kindersportkultur. In: Kleine, W., Schulz, N.: Modernisierte Kindheit – sportliche Kindheit? St. Augustin, S. 58 - 86.

Büchner, P. (2002): Kindheit und Familie. In Krüger, H. H., Grunert, C. (Hrsg.): Handbuch Kindheit- und Sozialforschung. Opladen, S. 475 - 496.

Bühler, Ch., Hetzer, H., Tudor-Hart, B. (1972): Soziologische und psychologische Studien über das erste Lebensjahr. Jena.

Bühler, Ch., Hetzer, H. (1932/1977): Kleinkindertests. Berlin, Heidelberg, New York.

Bühler, Ch., Allen, M. (1982): Einführung in die humanistische Psychologie. Stuttgart

Bundesministerium für Familie, Senioren, Frauen und Jugend (1998) (Hrsg.): 10. Kinder- und Jugendbericht. Bericht über die Lebenssituationen von Kindern und die Leistungen der Kinderhilfen in Deutschland. Bonn.

Bundesministerium für Familie, Senioren, Frauen und Jugend (2004): Perspektiven zur Weiterentwicklung des Systems der Tageseinrichtungen für Kinder in Deutschland. Berlin.

Bundesministerium für Familie, Senioren, Frauen und Jugend (2005 a): Zwölfter Kinder- und Jungendbericht. Berlin.

Bundesministerium für Familie, Senioren, Frauen und Jugend (2005 b) (Hrsg.): Tagesstättenausbaugesetz (TAG). Gesetzblatt vom 13. September 2005.

Bundeszentrale für gesundheitliche Aufklärung (1988) (Hrsg.): Gesundheit von Kindern - Epidemiologische Grundlagen, Bd. 3, S. 33.

Bundeszentrale für gesundheitliche Aufklärung (2002) (Hrsg.): „Früh übt sich – Gesundheitsförderung im Kindergarten". Praxis und Forschung der Gesundheitsförderung. Köln.

Burchinal, M. R. et al. (2000): Relating Quality of Center Child Care to Early Cognitive and Language Development Longitudinally. In: Child Development 71, S. 339 - 357.

Busemann, A. (1955): Der Aufzähl-Test. München, Basel.

Busemann, A. (1959): Krisenjahre im Ablauf der menschlichen Jugend. 2. Auflage. Ratingen.

Cain, L. D. (1964): Life Course an Social Structure. In: Faris, R. E. L. (Hrsg.): Handbook of Modern Sociology. Chicago, S. 272 - 309.

Cairns, R. B. (1979): Social development: The origins and plasticity if interchanges. San Francisco.

Case, R. (1992): The minds staircase. Hillsdale, New York.

Charlop, M., Atwell, C. W. (1980): The Charlop-Atwell-Scale of Motor Coordination: A quick and easy assessment of young children. Perceptual and Motor Skills 50, S. 1291 - 1308.

CHILD, I. (1954): Socialisation. In: Lindzey, G. (Hrsg.): Handbook of Yocial Psychology (Vol. II) Special Fields and Applications. Cambrige, S. 655 - 692.

CLAUSEN, J. A. (1972): The Life Course of Individuals. In: Riley, M., Johnson, M., Foner, A. (Hrsg.): Aging and Society. Bd. 3. New York, S. 457 - 476.

COCHRAN, M. (1993): Public Child Care, Culture and Society: Crosscutting Themes. In: Cochran, M. (Hrsg.): International Handbook of Childcare, Policies and Programs. Westport, Connecticut, London, S. 627 - 658.

DAMASIO, A. R. (2000): Ich fühle, also bin ich. München.

DAMON, W. (1977, 1984): Die soziale Welt des Kindes. Frankfurt a. M.

DARWIN, C. (1965/dt. 1872): The expression of the emotions in man and animal. London, Chicago / Der Ausdruck der Gemüthsbewegungen bei dem Menschen und den Thieren. Stuttgart.

DARWIN, C. (1877): A biographical sketch of an infant. Mind 2, S. 285 - 294.

DEWEY, J. (1985): Democracy and Education. In: The Middle Works 1899 - 1924, Vol. 9, Carbonale, Edwardsville.

DEWEY, J. (1991): Experience and Education. In: The Later Works 1925 - 1953, Vol. 13, Carbonale, Edwardsville.

DIEM, L., LEHR, U., OLBRICH, E., UNDEUTSCH, U. (1980): Längsschnittuntersuchung über die Wirkung motorischer Stimulation für die Gesamtentwicklung des Kindes im 4. - 6. Lebensjahr. Schorndorf.

DIETRICH, K., LANDAU, G. (1990): Sportpädagogik. Reinbek.

DISCHINGER, A. (1999): Qualitätsmanagement nach DIN ISO im Kindergartenalltag. In: Bremische Evangelische Kirche - Landesverband Evangelischer Tageseinrichtungen für Kinder (Hrsg.): Zwischen Markt und Menschlichkeit. Qualität für Kinder. Velber-Seelze, S. 179 - 190.

DOLL, E. A. (1936): The Vineland Social Maturity Scale: Revised condensed manual of directions. Vineland, New York.

DOLL, E. A. (1953): The Measurement of social competence: A Manual for the VSMS: Minneapolis: Educational Testing Bureau or Circle Pines. American Guidance Service: Minnesota.

DOLLASE, R. (1985): Entwicklung und Erziehung. Stuttgart

DORDEL, S. (1991): Bewegungsförderung in der Schule. Dortmund.

DORDEL, S. (2000): Kindheit heute: Veränderte Lebensbedingungen = reduzierte motorische Leistungsfähigkeit? Motorische Entwicklung und Leistungsfähigkeit im Zeitwandel, Sportunterricht 49 (11), S. 341 - 349.

DORDEL, S., KUNZ, T. (2005): Bewegung und Kinderunfälle, Chancen motorischer Förderung zur Prävention von Kinderunfällen. Bonn.

DÖRNER, D. (1978): Self-Reflection and Problem solving In: Klix, F. (Hrsg.): Hu-

man and Artificial Intelligence. Berlin.
DÖRNER, D. (1979): Entwicklung des Denkens. In: Hetzer, H., Todt, E., Seiffge-Krenke, I., Arbinger, R. (1979): Angewandte Entwicklungspsychologie des Kindes- und Jugendalters. Heidelberg, S. 95 - 111.
DÖRNER, D. (1979): Planen und Entscheiden in sehr komplexen Systemen. In: Eckensberger, L. (Hrsg.): Bericht über den 31. Kongress der Deutschen Gesellschaft für Psychologie in Mannheim. Göttingen.
DOYLE, P. H. (1975): The efficiency of the ecological model. A study of the impact of activity settings on the social behaviour of preschool children. Diss. Abstr. Internat 36 (5 - A), 2710.
DUBOIS, C. (1944): The people of Alor. Minneapolis.
DUHM, E., HANSEN, J. (1975): Der Rosenzweig P-F-Test. Göttingen.
DUHM, E. (Hrsg.), ALTHAUS, D. (1979): Beobachtungsbogen für Kinder im Vorschulalter. Braunschweig.
DUHM, E. (Hrsg.), HUSS, K. (1979): Fragebogen zur Erfassung praktischer und sozialer Selbstständigkeit 4 - 6jähriger Kinder. Braunschweig.

EBERWEIN, H., KNAUER, S. (1998) (Hrsg.): Handbuch Lernprozesse verstehen. Wege einer (sonder-) pädagogischen Diagnostik. Weinheim, Basel.
ECCE STUDY GROUP (1997): European Child Care and Education Study: Cross National Analyses of the Quality and Effects of Early Childhood Programmes on Children's Development. Berlin.
ECCE STUDY GROUP (2000): European Child Care and Education Study: School Age Assessment of Child Development: Log tern Impact of preschool Experiences on School Success, and Family - School Relationship. Brussels.
EGGER, K. (1975): Lernübertragungen in der Sportpädagogik. Basel.
EGGERT, D. (1968): Die Hamburger Modifizierung der Lincoln-Oseretzky-Motor-Development-Scale. Unveröffentlichtes Referat. Symposion über Fragen der Motodiagnostik. Hamm.
EGGERT, D. (1971/1974, 2. Aufl.): LOS KF 18, Lincoln-Oseretzky-Skala, Kurzform zur Messung des motorischen Entwicklungsstandes von normalen und behinderten Kindern im Alter von 5 - 13 Jahren. Weinheim.
EGGERT, D. (1974): Eine vergleichende Untersuchung zur Sozialreife geistig behinderter Kinder und jüngerer nichtbehinderter Kinder mit der Vineland Social Maturity Scale. Praxis der Kinderpsychologie und Kinderpsychiatrie 23, S. 139 - 144.
EGGERT, D., SCHUCK, K. (1975): Eine Untersuchung zu Zusammenhängen zwischen Intelligenz, Motorik und Sozialstatus im Vorschulalter. In: Müller, H.-J., Decker, R., Schilling, F. (Hrsg.): Motorik im Vorschulalter. Schorndorf, S. 67 - 82.
EGGERT, D., KIPHARD, E. J. (1976, 3. Auflage): Die Bedeutung der Motorik für die

Entwicklung normaler und behinderter Kinder. Schorndorf.
EGGERT, D., BRANDT, K., JENDRITZKI, H., KÜPPERS, B. (2000): Verändern sich die motorischen Kompetenzen von Schulkindern? Ein Vergleich zwischen den Jahren 1985 und 1995. In: sportunterricht, 49 (11), S. 350 - 355.
EISENBERG, N., FABES, R. A., GUTHRIE, I. K., REISER, M. (2000): Dispositional emotionality and regulation: Their role in predicting quality of social functioning. Journal of Personality and Social Psychology, 78/1, S. 136 - 157.
EKMAN, P., FRIESEN, W. V. (1978): Manual of the facial action coding system. Palo Alto, California.
ELIOT, L. (2002): Was geht drinnen vor? Die Gehirnentwicklung in den ersten fünf Lebensjahren. Berlin.
ELSCHENBROICH, D. (2001): Weltwissen der Siebenjährigen. Wie Kinder die Welt entdecken können. München.
EMDE, R., GAENSBAUER, T., HARMON, R. (1976): Emotional expression in infancy. A biobehavioral study. Psychological Issues Monograph Series 10 (37).
ENGELBERT, A. (1986): Kinderalltag und Familienumwelt. Eine Studie über die Lebenssituation von Vorschulkindern. Frankfurt a. M., New York.
ENGELBERT, A., HERLTH, A. (1993): Sozialökologie der Kindheit: Wohnung, Spielplatz und Straße. In: Markefka, M., Nauck, B. (Hrsg.): Handbuch der Kindheitsforschung. Neuwied u. a., S. 403 - 415.
ENGELBERT, A., HERLTH, A. (2002): Sozialökologische Ansätze. In: Krüger, H. H., Grunert, C. (Hrsg.): Handbuch Kindheits- und Sozialforschung. Opladen, S. 99 - 116.
ERIKSON, E. H. (1982/dt. 1988): Der vollständige Lebenszyklus. Frankfurt a. M.
ESSEN, KINDERBÜRO DER STADT ESSEN (1999, 2004): Essener Kinderbericht. Amt für zentrale Dienste
ETTRICH, K. U., METZING, M. (2000): Diagnostik sozialer Fähigkeiten. In: Ettrich, K. U. (Hrsg.): Entwicklungsdiagnostik im Vorschulalter. Göttingen, S. 153 - 159.

FAGAN, J. F. (1982): A visual recognition test of infant intelligence. Paper presented at the International Conference on Infant Studies. Austin.
FEND, H. (1988): Sozialisationsgeschichte des Aufwachsens. Frankfurt a. M.
FISCHER, K. W. (1980): A theorie of cognitive development: the control and construction of hierarchies of skills. Psychological review 37, S. 477 - 531.
FISCHER, K. W., HAND, H. H., RUSSEL, S. (1984): The development of abstractions in adolescence and adulthood. In: Commons, M. L., Richards, F. A., Armon, C. (Hrsg.): Late adolescence and adult cognitive development. Beyond formal operations. New York, S. 43 - 75.
FISCHER, K. (1996): Etablierung der Psychomotorik als Wissenschaftsdisziplin – psychomotorische Konzepte im Wandel. In: Flammer, A. (Hrsg.): Entwick-

lungstheorien, Psychologische Theorien menschlicher Entwicklung. Bern.
FLAIG, W. (1998): QMelementar, Qualitätsmanagement in Kindertageseinrichtungen. Denzlingen.
FLAMMER, A. (1996): Entwicklungstheorien, Psychologische Theorien menschlicher Entwicklung. Bern.
FLAMMER, A. (2002): Psychologische Entwicklungstheorien. In: Krüger, H. H., Grunert, C. (Hrsg.): Handbuch Kindheits- und Sozialforschung. Opladen, S. 43 - 64.
FLEHMIG, I., SCHLOON, M., UHDE, J., BERNUTH, H. von (1973): Denver Entwicklungsskalen Testanweisung. Hamburger Spastikerverein.
FLINT, B. M. (1983): The Flint Infant Security Scale for infants aged 3 to 24 minth. Manual-revised edition. University of Toronto.
FOERSTER, H. von (1993): KybernEthik. Berlin.
FORER, L. K., STILL, H. (1982): Erstes, zweites, drittes Kind. Reinbek.
FÖLLING-ALBERS, M. (1992). Schulkinder heute – Auswirkungen veränderter Kindheit auf Unterricht und Schulleben. Weinheim.
FOWLER, J. W. (1981): Stages of faith: The psychology of human development and the quest for meaning. San Francisco.
FRANKEN, B. (1999): Qualitätskontrolle im Kindergarten? Oldenburg.
FRANKENBURG, W. K., DODDS, J. B. (1967): The Denver Development Screening Test. Journal of Pediatrics 71, S. 181 - 191.
FRANKENBURG, W. K., DODDS, J. B. (1986): The Denver Development Screening Test. Manual. Denver.
FREUD, A. (1958): Adolescence. In: Psychoanalytic study of the child 13, S. 255 - 278.
FREUD, A. (1969): Adolescence as a developmental disturbance. In: Caplan, G., Lebovici, S. (Hrsg.): Adolescence New York, S. 52 - 56.
FREUD, S. (1938, 1964): Abriss der Psychoanalyse. Frankfurt a. M.
FRIED, L., ROSSBACH, H. G., TIETZE, W., WOLF, B. (1992): Elementarbereich. In: Ingenkamp, K., Jäger, R. S., Petillon, H., Wolf, B. (Hrsg.): Empirische Pädagogik 1970 - 1990. Eine Bestandsaufnahme der Forschung in der Bundesrepublik Deutschland. Weinheim, S. 197 - 263.
FRIED, L., ROUX, S. (2006) (Hrsg.): Pädagogik der frühen Kindheit. Weinheim, Basel.
FRIEDRICH, G., STREIT, C. (2002): Was sich im Kopf abspielt. In: kiga heute, Heft 9, S. 6 - 11.
FRÖHLICH-GILDHOFF, K., NENTWIG-GESEMANN, I., HADERLEIN, R. (Hrsg.) (2008): Forschung in der Frühpädagogik. Freiburg i. Br.
FROMM, E. (1929): Arbeiter und Angestellte am Vorabend des Dritten Reiches. In: Bonss, W. (Hrsg.), Fromm, E.: Arbeiter und Angestellte am Vorabend des Dritten Reiches. München.

FROSTIG, M. (1961): Developmental Test of Visual Perception (3 rd ed.). Los Angeles.

FROSTIG, M. (1973): Bewegungs- Erziehung. München.

FUCHS-HEINRITZ, W. (1994): Lexikon der Soziologie. Opladen.

FURTH, H. G. (1983): Äquilibration oder das Leben des Denkens. In: Neue Sammlung 23, S. 124 - 132.

FURTH, H. G. (1983): Piaget für Lehrer. Frankfurt, Berlin, Wien.

FÜRSTENAU, P. (1967): Soziologie der Kindheit. Heidelberg.

FTHENAKIS, W. (1989): Mütterliche Berufstätigkeit. Außerfamiliale Betreuung und Entwicklung des (Klein-) Kindes aus kinderpsychologischer Sicht. Zeitschrift für Familienforschung 1, S. 5 - 27.

FTHENAKIS, W., KARSTEN, H.: Staatsinstitut für Frühpädagogik, Neuere Studien zur kognitiven und sozialen Entwicklung des Kindes. Donauwörth.

FTHENAKIS, W. (1998): Erziehungsqualität. Ein Versuch der Konkretisierung durch das Kinderbetreuungsnetzwerk der europäischen Union, S. 45 - 70 und Entwicklungstendenzen und Perspektiven in der Kindertagesbetreuung, S. 281 - 293. In: Sturzbecher, D. (Hrsg.): Kindertagesbetreuung in Deutschland. Bilanzen und Perspektiven. Lambertus Verlag: Freiburg i. Br., S. 45 - 70.

FTHENAKIS, W., TEXTOR, R. (1998): Qualität von Kinderbetreuung, Konzepte, Forschungsergebnisse, internationaler Vergleich. Weinheim und Basel.

FTHENAKIS, W. (2003 / 2007) (Hrsg.): Elementarpädagogik nach PISA. Wie aus Kindertagesstätten Bildungseinrichtungen werden können. Freiburg, Basel, Wien.

GARRISON, J. (1998): Toward a pragmatic social constructivism. In: Larochelle, M., Bednarz, N., Garrison, J. (Hrsg.): Constructivism and education. Cambrige.

GARZ, D. (1994): Sozialpsychologische Entwicklungstheorien von Mead, Piaget und Kohlberg bis zur Gegenwart. Opladen.

GARZ, D., OSER, F., ALTHOF, W. (1999) (Hrsg.): Moralisches Urteil und Handeln. Frankfurt a. M.

GEERT, P. van (1991): A dynamic systems model of cognitiv and language growth. Psychological Review 98.

GELERNTER, D. (1994): The Muse in the Machine. Computerizing Poetry of Human Thought. New York, S. 46 - 47.

GERGEN, K. J. (1991): The Saturated Self. Basic Books: USA

GERSTENMAIER, J., MANDL, F. (1995) (Hrsg.): Wissenserwerb unter konstruktivistischer Perspektive. In: Zeitschrift für Pädagogik 41, H. 6, S. 867 - 888.

GESELL, A. (1925): The mental growth of the preschool child. New York.

GESELL, A. (1928): Infancy a human growth. New York.

GESELL, A. (1946): The ontogenesis of infant behaviour. In: Carmichael, L.

(Hrsg.): Manual of child psychology. New York, S. 335 - 373.
GEULEN, D. (2000): Zur Konzeptualisierung des Verhältnisses von äußeren und inneren Bedingungen im Prozess lebenslanger Sozialisation. In: Hoerning, E. (2000): Biografische Sozialisation. Stuttgart.
GEULEN, D. (2002): Sozialisationstheoretische Ansätze. In Krüger, H. H., Grunert, C. (Hrsg.): Handbuch Kindheits- und Sozialforschung. Opladen, S. 83 - 98.
GILLIS, J. R. (1974, dt. 1980): Geschichte der Jugend. Weinheim, Basel.
GLASERSFELD, E. von (1996): Radikaler Konstruktivismus. Ideen, Ergebnisse, Probleme. Frankfurt a. M.
GLOGAUER, W. (1995): Die neuen Medien verändern die Kindheit: Nutzung und Auswirkungen des Fernsehens, der Videofilme, Computer- und Videospiele, der Werbung und Musikvideo-Clips. Weinheim.
GOFFMANN, E. (1967): Stigma. Über Techniken der Bewältigung beschädigter Identitäten. Frankfurt a. M.
GOLDEN, M., BURNS, B. (1968): Piaget object scale. New York.
GOLEMAN, D. (2002): Emotionale Intelligenz. München.
GÖLLNITZ, G. (1952): Ergebnis einer Überprüfung der motometrischen Skala von Oseretzky. Psychiat. Neurol. Med. Psychol. 4, S. 119 - 127.
GOPNIK, A., KUHL, P., MELTZOFF, A. (2001): Forschergeist in Windeln. Wie Ihr Kind die Welt begreift. Kreuzlingen, München.
GORDIJN, C. C. F. u. a. (1975): Wat beweegt ons. Baarn.
GÖTTE, R. (1976): Landauer Sprachentwicklungstest für Vorschulkinder (LSV). Weinheim.
GRAICHEN, J. (1988): Neurologische Aspekte von Bewegung und Sprache. In: Irmischer, T., Irmischer, E. (Hrsg.): Bewegung und Sprache. Schorndorf.
GREEN, S. (1975): Variation of vocal pattern with social situation in the Japanese monkey (Macaca fuscata): A field study. In: Rosenblum, L. A. (Hrsg.): Primate behavior. Developments in a field and laboratory research (Vol. 4) New York, S. 2 - 102.
GREENFIELD, P. M. (1966, dt. 1971): Über Kultur und Invarianz. In: Bruner, J. S.: Studien zur kognitiven Entwicklung. Stuttgart.
GREENFIELD, P. M., Reich, L. C., Olver, R. R. (1966, dt. 1971): Über Kultur und Äquivalenz. In: Bruner, J. S.: Studien zur kognitiven Entwicklung. Stuttgart.
GRIMM, H., SCHÖLER, A. (1978): Heidelberger Sprachentwicklungstest (HSET). Braunschweig
GRUNDMANN, M. (1999) (Hrsg.): Konstruktivistische Sozialforschung. Frankfurt a. M.
GRUNDMANN, M., LÜSCHER, K. (2000) (Hrsg.): Sozialökologische Sozialforschung. Konstanz.
GÜNTHER-THOMA, K., HENZE, R., SCHÖNEGGE, L. (1972): Der Kinderplanet oder das Elend der Kinder in der Großstadt. Reinbek.

HABERMAS, J., FRIEDEBURG, L. von, OEHLER, C., WELTZ, F. (1961): Student und Politik. Neuwied, Berlin.
HABERMAS, J. (1968): Stichworte zur Theorie der Sozialisation. In: Kultur und Kritik. Frankfurt a. M., S. 118 - 194.
HABERMAS, J. (1976): Zur Rekonstruktion des historischen Materialismus. Frankfurt a. M.
HABERMAS, J. (1981): Theorie des kommunikativen Handelns. Frankfurt a. M.
HABERMAS, J. (1992): Nachmetaphysisches Denken. Frankfurt a. M.
HAENLEIN, L. (2005): QM - wo stehen wir? Ein Überblick. In: kiga heute 8, S. 20 - 24
HANSEN, R., PFEIFFER, H. (1998): Bildungschancen und soziale Ungleichheit. In: Rolff, H.-G. u. a. (Hrsg.): Jahrbuch der Schulentwicklung. Bd. 10. München, Weinheim, S. 51 - 86.
HANNAFORD, C. (2002): Bewegung das Tor zum Lernen. Kirchzarten bei Freiburg.
HARLOW, H. F. (1965): Total social isolation. Science, S. 148 - 666.
HARTMANN, W., STOLL, M. (1996): Mehr Qualität für Kinder. Qualitätsstandards und Zukunftsperspektiven für den Kindergarten. Band 1. Wien.
HAUG-SCHNABEL, G., BENSEL, J., BRÖDER, M. (2001): Vom Säugling zum Schulkind – Beiträge zur Entwicklungspsychologie. In: Kindergarten heute spezial
HAVIGHURST, R. J. (1956): Research on the development – task concept. The School Review 64, S. 215 - 223.
HEBB, D. O. (1949): The organization of behaviour. New York.
HEGEL, G. W. F. (1807, 1964): Die Phänomenologie des Geistes. Frankfurt a. M.
HEIM, R., STUCKE, C. (2003): Körperliche Aktivitäten und kindliche Entwicklung, Zusammenhänge und Effekte. In: Schmidt, W., Hartmann-Tews, I., Brettschneider, W.-D. (Hrsg.): Erster Deutscher Kinder- und Jugendbericht. Schorndorf.
HEIM, R. (2002): Sportpädagogische Kindheitsforschung – Bilanz und Perspektiven. Sportwissenschaft 32, S. 284 - 302.
HEINZEL, F. (2002): Kindheit und Grundschule. In: Krüger, H. H., Grunert, C. (Hrsg.): Handbuch Kindheits- und Jugendforschung. Opladen, S. 541 - 565.
HELLBRÜGGE, T. (1967): Münchener Funktionelle Entwicklungsdiagnostik. München.
HENGST, H. (1981): Tendenzen der Liquidierung von Kindheit. In: Hengst, H., Köhler, M., Riedmüller, B., Wambach, M. M. (Hrsg.): Kindheit als Fiktion. Frankfurt a. M.
HENGST, H., ZEIHER, H. (2000) (Hrsg.): Die Arbeit der Kinder. Kinderkonzept und Arbeitsteilung zwischen den Generationen. Weinheim u. a.
HERLTH, A., ENGELBERTH, A., MANSEL, J., PALENTIEN, Ch. (2000) (Hrsg.): Spannungsfeld Familienkindheit. Neue Anforderungen, Risiken und Chancen. Opladen, S. 106 - 120

HENTIG, H. von (1975): Jugend in der Gesellschaft. München.

HERZOG, R. (1991): Unser Recht, Jugendrecht. München.

HETZER, H., TODT, E., SEIFFGE-KRENKE, I., ARBINGER, R. (1979): Angewandte Entwicklungspsychologie des Kindes- und Jugendalters. Heidelberg.

HOERNING, E. (2000): Biografische Sozialisation. Stuttgart.

HOLLAND, H., SCHARNBACHER, K. (2003): Grundlagen der Statistik. Wiesbaden.

HOLLE, B. (1988): Die motorische und perzeptuelle Entwicklung des Kindes. München, Weinheim.

HONIG, M.-S., LEU, H. R., NISSEN, U. (1996): Kindheit als Sozialisationsphase und als kulturelles Muster. Zur Strukturierung eines Forschungsfeldes. In: Honig, M.-S., Leu, H. R., Nissen, U. (Hrsg.): Kinder und Kindheit. München, Weinheim, S. 9 - 29.

HONIG, M.-S. (1999): Entwurf einer Theorie der Kindheit. Frankfurt a. M.

HOPF, A. (2001): Handreichung für die Entwicklung eines pädagogischen Konzeptes.

HORKHEIMER, M. (1936): Studien über Autorität und Familie. In: Institut für Sozialforschung (Hrsg.). Librairie Felix Alcan: Paris.

HUNGER, I. (2000): Handlungsorientierungen im Alltag der Bewegungserziehung. Schorndorf.

HÜNNEKENS, H., KIPHARD, E. J., KESSELMANN, G. (1967): Untersuchungen zur Motodiagnostik im Kindesalter. Acta Paedopsychiatrica 34, S. 17 - 27.

HURLOCK, E. B. (1964, dt. 1970): Die Entwicklung des Kindes. Weinheim, Basel, Berlin.

HURRELMANN, K. (1986, 1998): Einführung in die Sozialisationstheorie. Weinheim.

HURRELMANN, K. (1991): Handbuch der Sozialisationsforschung. Weinheim.

HURRELMANN, K. (1996): Familienmitglied Fernsehen. Opladen.

HURRELMANN, K. (2002): Gesundheitsprobleme von Kindern und Jugendlichen – Welche Rolle spielen die Massenmedien? In: Schönrade, S., Beins, H. J., Lensing-Conrady, R. (Hrsg.): Kindheit ans Netz. Dortmund.

HURRELMANN, K., BRÜNDEL, H. (2003): Einführung in die Kindheitsforschung. Weinheim, Basel, Berlin.

HÜTHER, G., KRENS, I. (2007): Das Geheimnis der ersten neun Monate. Düsseldorf.

ISPA, J. (1977): The reactions of sowjet nursery day care and boarding – care children to strange situation. Development Psychology 13, S. 421 - 422.

IZARD, C. (1971): The face of emotion. New York.

JACKEL, B. (2000): Das Netzwerk des Lernens aus neurophysiologischer Sicht. Dortmund.

JANSEN, J. P. (1995): Grundlagen der Sportpsychologie. Wiesbaden.
JOOS, M. (2001): Die soziale Lage der Kinder. Sozialberichterstattung über die Lebensverhältnisse von Kindern in Deutschland. Weinheim, München.

KASTEN, H. (2007): Die Bedeutung der ersten Lebensjahre. In: Fthenakis, W.: Elementarpädagogik nach PISA. Freiburg, Basel, Wien, S. 57 - 66.
KASTNER-KOLLER, U., DEIMANN, P. (2002): Der Wiener Entwicklungstest (2. überarbeitete und neu normierte Auflage). Göttingen.
KAUFMANN, F.-X. (1995): Zukunft der Familie im vereinten Deutschland: gesellschaftliche und politische Bedingungen. München.
KARDINER, A. (1939): The Individual and his Society. New York.
KEGAN, R. (1982, dt. 1986): Die Entwicklungsstufen des Selbst. München.
KELLER, M. (1976): Kognitive Entwicklung und soziale Kompetenz. Zur Entstehung der Rollenübernahme in der Familie und ihrer Bedeutung für den Schulerfolg. Stuttgart.
KELLER, H. (1990): Handbuch der Kindheitsforschung. Berlin.
KEMPER, F. J. (1974): Der Einfluss von Sozialmilieu und elterlichem Erziehungsverhalten auf den motorischen Entwicklungsstand 6 - 7jähriger Kinder. In: Editions scientifiques de Pologne (Hrsg.) Education physique des enfants avant l'époque de la puberté. Gdansk, S. 345 - 351.
KEMPER, F. J. (1982): Motorik und Sozialisation. Bad Homburg.
KIPHARD, E. J., SCHILLING, F. (1970): Der Hamm-Marburger Körperkoordinationstest für Kinder (HMTKT). Monatsschrift Kinderheilkunde 118, S. 473 - 479.
KIPHARD, E. J. (1975): Der Wechselbezug zwischen psychomotorischer und psychosensorischer Entwicklung im frühen Kindesalter In: Müller, H.-J., Decker, R., Schilling, F. (Hrsg.): Motorik im Vorschulalter. Schorndorf.
KIPHARD, E. J. (1980): Motopädagogik. Dortmund.
KIPHARD, E. J. (1989): Psychomotorik in Praxis und Theorie. Gütersloh.
KIPHARD, E. J. (1991): Bewegungs- und Sportkindergärten. Praxis der Psychomotorik, Heft 2, S. 116 - 119.
KLAFKI, W. (2001): Bewegungskompetenz als Bildungsdimension. In: Prohl, R. (Hrsg.): Bildung und Bewegung. Schriften der Deutschen Vereinigung für Sportwissenschaft, Bd. 120. Hamburg, S. 19 - 28.
KLEINE, W., SCHULZE, N. (1999) (Hrsg.): Modernisierte Kindheit – sportliche Kindheit? St. Augustin.
KLOCKE, A., HURRELMANN, K. (2001, 2. Auflage) (Hrsg.): Kinder und Jugendliche in Armut. Wiesbaden.
KLUGE, N. (2006): Das Bild des Kindes in der Pädagogik der frühen Kindheit. In: Fried, L., Roux, S. (Hrsg.): Pädagogik der frühen Kindheit. Weinheim, Basel, S. 22 - 33.
KÖCKENBERGER, H. (1999): Kinder müssen sich bewegen. Berlin.

KOHLBERG, L. (1974): Zur kognitiven Entwicklung des Kindes. Frankfurt a. M.

KOHLBERG, L. (1986): Moralische Entwicklung und demokratische Erziehung. In: Lind, G., Raschert, J. (Hrsg.): Moralische Urteilsfähigkeit. Weinheim, S. 25 - 55.

KOHLBERG, L. (1996): Die Psychologie der Moralentwicklung. Stuttgart.

KOHN, M., ROSMANN, B. L. (1972): A social competence scale and a symptom checklist for the preschool child: Factor dimensions, their crossinstrument generality, and longitudinal persistence. Development Psychology 6, S. 430 - 444.

KOHN, M. L. (1981): Persönlichkeit, Beruf und soziale Schichtung. Stuttgart.

KOLB, B., WISHAW, I. Q. (1993): Neuropsychologie. Heidelberg.

KÖSTERS, W. (1999): Werden unsere Kinder immer kränker? Psychologie heute 5, S. 51 - 57.

KÖTTERS, C. (2000): Wege aus der Kindheit. Biografische Schritte der Verselbständigung im Ost-West-Vergleich. Opladen.

KRAMER, J. (1954): Intelligenztest. Arbeiten zur Psychologie, Pädagogik, und Heilpädagogik. Bd. 5, Solothurn.

KRÄMER, D. (1999): Qualität und Wirtschaftlichkeit statt Kontrolle und Bürokratie. In: Bremische Evangelische Kirche - Landesverband Evangelischer Tageseinrichtungen für Kinder (Hrsg.): Zwischen Markt und Menschlichkeit. Qualität für Kinder. Velber-Seelze, S. 169 - 178.

KRÄNZL-NAGL, R., RIEPL, B., WINTERSBERGER, H. (1998): Kindheit in Gesellschaft und Politik. Eine multidisziplinäre Analyse am Beispiel Österreichs. Frankfurt a. M., New York.

KRAPPMANN, L. (1985): Mead und die Sozialforschung. In: Joas, H. (Hrsg.): Das Problem der Intersubjektivität. Frankfurt a. M., S. 156 - 178.

KRAPPMANN, L., OSWALD, H. (1989): Fremde, Gleichaltrigengruppen, Geflechte. Die soziale Welt der Kinder im Grundschulalter. In: Fölling-Albers, M. (Hrsg.): Veränderte Kindheit – veränderte Grundschule. Frankfurt a. M.

KRAPPMANN, L., OSWALD, H. (1995): Alltag der Schulkinder. Beobachtungen und Analysen von Interaktionen und Sozialbeziehungen. München, Weinheim.

KRENZ, A. (1996): Die Konzeption – Grundlage und Visitenkarte einer Kindertagesstätte. Freiburg.

KRENZ, A. (2001): Qualitätssicherung in Kindertagesstätten – K.I.E.L. München.

KREPPNER, K. (1998): Vorstellungen zur Entwicklung der Kinder: Zur Geschichte von Entwicklungstheorien in der Psychologie. In: Keller, H. (Hrsg.): Lehrbuch zur Entwicklungspsychologie. Bern, S. 121 - 146.

KRETSCHMER, J., HAGEMANN, O., GIEWALD, C. (2000): Veränderte Kindheit und motorische Entwicklung. Ein Projektbericht: Untersuchung zur motorischen Leistungsfähigkeit von Grundschüler/innen. Hamburg.

KROMBHOLZ, H. (1985): Können kognitive Leistungen durch motorische Fördermaßnahmen gesteigert werden? Eine Zusammenstellung vorliegender Untersuchungen zur Wirksamkeit psychomotorischer Übungsprogramme, Heilpädagogische Forschung 12, S. 73 - 79.

KROMBHOLZ, H. (1985): Motorik im Vorschulalter. Ein Überblick. Motorik 3, S. 83 - 96.

KROMBHOLZ, H. (1988): Sportliche und kognitive Leistungen im Grundschulalter. Eine Längsschnittuntersuchung. Frankfurt a. M.

KROMBHOLZ, H. (2005): Bewegungsförderung im Kindergarten. Ein Modellversuch. Schorndorf.

KRONBERGER KREIS FÜR QUALITÄTSENTWICKLUNG IN KINDERTAGESEINRICHTUNGEN (1998): Qualität im Dialog entwickeln. Wie Tageseinrichtungen besser werden. Velber-Seelze.

KRÜGER, H. H., ECARIUS, J., GRUNERT, C. (1994): Kinderbiografien. Verselbstständigungsschritte und Lebensentwürfe. In: Bois-Reymond, M. du, Büchner, P., Krüger, H. H. u. a. (Hrsg.): Kinderleben. Modernisierung von Kindheit im interkulturellen Vergleich. Opladen, S. 221 - 271.

KRÜGER, F. (1998): Die Ausbildung von Erzieherinnen: Ein Beitrag zur Psychomotorik im Kindergarten? In: Motorik 2.

KRÜGER, H. H., GRUNERT, C. (2002) (Hrsg.): Handbuch Kindheits- und Sozialforschung. Opladen

KUHLMANN, F. (1912): A revision of the Binet-Simon system for measuring the intelligence of children. Journal of Psycho-Asthenics, Monograph Supplement 1.

KUNZ, T. (1991): Psychomotorische Förderung: Ein neuer Weg der Unfallverhütung im Kindergarten. Frankfurt a. M.

KUNZ, T. (1993): Weniger Unfälle durch Bewegung. Hofmann: Schorndorf.

KUNZ, T. (1998): Voraussetzungen und Möglichkeiten der Sicherheitserziehung im Kindergarten. Schriftenreihe des Bundesverbandes der Unfallversicherungsträger der öffentlichen Hand e. V., (BAGUV) zur Theorie und Praxis der Unfallverhütung und Sicherheitserziehung in Schulen.

KURZ, D. (1978): Bewegungserziehung im Elementar- und Primarbereich. In: Hahn, E., Kalb, G., Pfeiffer, L.: Kind und Bewegung. Schorndorf, S. 19 - 32.

KURZ, D. (1993) Leibeserziehung und Schulsport in der Bundesrepublik Deutschland. Epochen einer Fachdidaktik. Bielefelder Beiträge zur Sportwissenschaft 17. Bielefeld.

KURZ, D., TIETJENS, M. (1998): Kinder und Jugendliche. In: Bös, K., Brehm, W. (Hrsg.): Gesundheitssport. Schorndorf, S. 95 - 107.

LAEVERS, F., VANDENBUSSCHE, E., KOG, M., DEPONDT, L. (1997, 1999): Beobachtung und Begleitung von Kindern. Die Leuvener Engagiertheitsskala für Kinder LES - K. (dt. Ausgabe): Erkelenz.

LAEWEN, H.-J., ANDRES, B. (Hrsg.) (2002): Forscher, Künstler, Konstrukteure: Werkstattbuch zum Bildungsauftrag von Kindertageseinrichtungen. Neuwied.

LAEWEN, H.-J., ANDRES, B. (Hrsg.) (2002 a): Bausteine zum Bildungsauftrag von Kindertagseinrichtungen. Weinheim.

LAMBORN, S. G., FISCHER, K. W., PIPP, S. (1994): Constructive criticism and social lies: A development sequence for understanding honest and kidness in social interactions. In: Development Psychology 30, Heft 4, S. 495 - 505.

LANGE, A. (1996): Kindsein heute: Theoretische Konzepte und Befunde der sozialwissenschaftlichen Kindheitsforschung sowie eine Explorativuntersuchung zum Kinderalltag in einer bodenseenahen Gemeinde. Konstanz.

LANGMEIER, J., METEJCEK, Z. (1970): Mental development of children in families and in infants homes. Social Science and Medicine. Dc. Vol. 4 (5), S. 569 - 577.

LASZLO, E. (1972): Introduction to systems philosophy: Toward a new paradigm of contemporary thought. New York.

LAUTERBACH, W., LANGE, A. (1998): Aufwachsen mit oder ohne Großeltern? Die gesellschaftliche Relevanz multilokaler Mehrgenerationenfamilien. In: Zeitschrift für Soziologie der Erziehung und Sozialisation. Heft 3, S. 227 - 249.

LEDIG, M. (1992): Vielfalt oder Einfalt – Das Aktivitätsspektrum von Kindern. In: DJI (Hrsg.): Was tun Kinder am Nachmittag? Ergebnisse einer empirischen Studie zur mittleren Kindheit. München, S. 31 - 74.

LERNER, R. M. (1991): Changing organism-context relations as the basic process of development: A developmental contextual perspective. Developmental Psychology 27.

LEWIN, K. (1963): Feldtheorie der Sozialwissenschaften. Bern.

LEWIS, M. (1977): Wie ein Baby sich selbst erkennt. Psychologie heute 9, S. 48 - 52.

LEWIS, M., BROOKS, J. (1978): Self-knowledge and emotional development. New York, S. 205 - 266.

LEONTJEW, A. N. (1977): Tätigkeit, Bewusstsein, Persönlichkeit. Stuttgart.

LEONTJEW, A. N. (1959, dt. 1980): Probleme der Entwicklung des Psychischen. Königstein im Taunus.

LIEGLE, L. (2007): Bildung und Erziehung in früher Kindheit. Stuttgart.

LIENERT, G. A., OEVESTE, H. zur (1985): Con. frequency analysis as a statistical tool for developmental research. In: Educational and Psychological Measurement 45, S. 239 - 255.

LIENERT, G. A. (1969, 3., 1998, 6. Aufl.): Testaufbau und Testanalyse. Weinheim.

LIMBOURG, M. (2000): Rückeroberung der Straße als Lebensraum. In: MfAGS in NRW (Hrsg.): Alles wo's hingehört ...: Plädoyer für eine Trennung von Kinderspiel und Autoverkehr. Düsseldorf, S. 144 - 174.
LINDNER, M. (2005): Zentrale ohne Zentrum, In: Geo kompakt Nr. 2, S. 106 - 112.
LLUBLINSKAJA, A. A. (1961): Die psychische Entwicklung des Kindes. Berlin.
LÜER, G., COHEN, R., NAUCK, W. (1966): Eine Kurzform der „Vineland-Social-Maturity-Scale“ für minderbegabte Kinder. Praxis der Kinderpsychologie und Kinderpsychiatrie 15, S. 101 - 105.
LUHMANN, N. (1984): Soziale Systeme. Frankfurt a. M.
LURIA, A. R. (1982): Die Funktion der Sprache in der geistigen Entwicklung des Kindes. Frankfurt a. M.
LURIA, A. R. (1992): Das Gehirn in Aktion. Reinbek.

MACCOBY, M., MODIANO, M. (1966, dt. 1971): Über Kultur und Äquivalenz. In: Bruner, J. S. (Hrsg.): Studien zur kognitiven Entwicklung. Stuttgart.
MAHLER, M. S., PINE, F., BERGMANN, A. (1975, dt. 1978): Die psychische Geburt des Menschen. Frankfurt a. M.
MAIER, H. W. (1983): Drei Theorien der kindlichen Entwicklung. New York.
MAIN, M. (1995): Desorganisation im Bindungsverhalten. In: Spangler, G., Zimmermann, P. (Hrsg.): Die Bindungstheorie. Stuttgart.
MANSEL, G. (1979): Denken und Fühlen. Paderborn.
MANSEL, J. (1996): Glückliche Kindheit – schwierige Zeit. Über die veränderten Bedingungen des Aufwachsens, Kindheitsforschung 7. Opladen.
MARCIA, J. E. (1967): ego identity status: relationship to change in selfesteem, general maladjustment, and authoritarianism. In: Journal of Personality 39, S. 551 - 558.
MARKEFA, M., NAUCK, B. (1993): Handbuch der Kindheitsforschung.
MARX, K. (1958): Zur Kritik der Politischen Ökonomie. Berlin.
MARX, K., ENGELS, F. (1956): Gesammelte Werke. Bd. 1 – 3. Berlin.
MASLOW, A. A. (1973): Psychologie des Seins. München.
MAYER, K. U., MÜLLER, W. (1989): Individualisierung und Standardisierung im Strukturwandel der Moderne: Lebensläufe im Wohlfahrtsstaat. In: Weymann, A. (Hrsg.): Handlungsspielräume. Stuttgart, S. 41 – 60.
MATURANA, H., VALERA, F. (1987): Der Baum der Erkenntnis. München.
MCKENZIE, R. D. (1926): The Scope of Human Ecology. In: American Journal of Sociology 32, S. 141 - 154.
MEAD, M. (1928, dt. 1981): Coming of Age in Samoa. (dt.): Jugend und Kindheit in Samoa. München.
MEAD, G. H. (1968, 1973): Geist, Identität und Gesellschaft. Frankfurt a. M.
MECHAM, M. J. (1971): Verbal Language Development Scale.

MEINEL, K., SCHNABEL, G. (1987) (Hrsg.): Bewegungslehre - Sportmotorik. Berlin.
MERTENS, K. (1977): Die psychomotorische Erziehung im Kindes- und Jugendalter. Rheinstetten.
MIERENDORFF, J., OLK, T. (2002): Gesellschaftstheoretische Ansätze. In: Krüger, H. H., Grunert, C. (Hrsg.): Handbuch Kindheits- und Sozialforschung. Opladen, S. 117 - 142.
MILLER, J. G. (1978): Living systems. New York.
MILZ, I. (2002): Neuropsychologie für Pädagogen. Dortmund.
MINISTERIUM FÜR SCHULE, JUGEND UND KINDER DES LANDES NORDRHEIN-WESTFALEN (2003): Bildungsvereinbarung NRW. Düsseldorf.
MÖLLER, K. (2001): Konstruktivistische Sichtweisen für das Lernen in der Grundschule? In: Rossbach, H.-G., Nölle, K., Czerwenka, K. (Hrsg.): Forschungen zu Lehr- und Lernkonzepten für die Grundschule. Jahrbuch Grundschulforschung 4, S. 16 - 31.
MUSSEN, P. H., CONGER, J. J., KAGAN, J., HUSTON, A. C. (1993): Lehrbuch der Kinderpsychologie, Bd. 1. Stuttgart.
MÜLLER, H.-J., DECKER, R., SCHILLING, F. (1975) (Hrsg.): Motorik im Vorschulalter. Zur Vorhersagbarkeit des Schulerfolgs eingeschulter Kinder aufgrund ausgewählter kognitiver, motorischer und sozialer Merkmale. Schorndorf, S. 82 - 88.
MÜLLER-BRAUNSCHWEIG, H. (1975): Die Wirkung der frühen Erfahrung. Stuttgart.

NANDLER, G. (1975): Mind and emotions. New York.
NAUCK, B. (1991): Familien- und Betreuungssituationen im Lebenslauf von Kindern. In: Bertram, H. (Hrsg.): Die Familie in Westdeutschland. Stabilität und Wandel familialer Lebensformen. Opladen, S. 389 - 428.
NAUCK, B. (1993): Sozialstrukturelle Differenzierung der Lebensbedingungen von Kindern in West- und Ostdeutschland In: Markefka, M., Nauck, B.: Handbuch der Kindheitsforschung. Neuwied u. a., S. 143 - 164.
NAUCK, B. (1995): Kinder als Gegenstand der Sozialberichterstattung - Konzepte, Methoden und Befunde im Überblick. In: Nauck, B., Bertram, H. (Hrsg.): DJI Familiensurvey 5: Kinder in Deutschland. Lebensverhältnisse von Kindern im Regionalvergleich. Opladen.
NEISSER, U. (1974): Kognitive Psychologie. Stuttgart.
NICKEL, H., SCHMIDT-DENTER, U. (1995): Vom Kleinkind zum Schulkind. Eine entwicklungspsychologische Einführung. München, Basel.
NETZWERK KINDERBETREUUNG (1996): Qualitätsziele in Einrichtungen für kleine Kinder. Vorschläge für ein zehnjähriges Aktionsprogramm. Brüssel.
NORDEN, I. (1953): Anleitung zur Intelligenzprüfung nach Binet-Bobertag. „Binetarium". Göttingen.

Oelkers, J. (1991): Einführung in die Theorie der Erziehung. Weinheim.
Oerter, R., Montada, L. (1998) (Hrsg.): Entwicklungspsychologie. Ein Lehrbuch (4. Auflage). München, Weinheim.
Oeveste, H. zur (1987): Kognitive Entwicklung im Vor- und Grundschulalter. Göttingen.
Olbrich, E. (1979): Entwicklung der Persönlichkeit. In: Hetzer, H., Todt, E., Seiffge-Krenke, I., Arbinger, R. (1979): Angewandte Entwicklungspsychologie des Kindes- und Jugendalters. Heidelberg, S. 297 - 336.
Olk, T., Mierendorff, J. (1998): Existenzsicherung für Kinder – Zur sozialpolitischen Regulierung von Kindheit im bundesdeutschen Sozialstaat. In: Zeitschrift für Soziologie der Erziehung und Sozialisation 18, S. 38 - 52.
Oser, F., Gmünder, P. (1984): Der Mensch: Stufen seiner religiösen Entwicklung. Zürich.
Oser, F., Reich, K. H. (1992): Entwicklung und Religiosität. In: Schmitz, E. (Hrsg.): Religionspsychologie. Göttingen.
Oseretzky, N. I. (1925): Eine metrische Stufenleiter zur Untersuchung der motorischen Begabung bei Kindern. Zeitschrift für Kinderforschung 30, S. 300 - 314.
Oster, H., Ekman, P. (1977): Facial behavior in child development. In: Collins, A. (Ed.): Minnesota Symposia on Child Psychology, Vol. 11. Hillsdale, New York.

Papoušek, M. (1994): Vom ersten Schrei zum ersten Wort. Bern, Göttingen.
Park, R. E. (1936): Human Ecology. In: American Journal of Sociology 42, S. 1 - 15.
Parsons, T. (1937): The structure of social action. Glencoe.
Parsons, T. (1951): The social system. London.
Parsons, T. (1981): Sozialstruktur und Persönlichkeit. Frankfurt a. M.
Petermann, F., Wiedebusch, S. (2003): Emotionale Kompetenz bei Kindern. Göttingen u. a.
Petillon, H. (1993): Das Sozialleben des Schulanfängers. Die Schule aus der Sicht des Kindes. Weinheim, München.
Peuckert, R. (1994): Familienformen im sozialen Wandel. Opladen.
Phillipsen, L. C., Burchinal, M. R., Howes, C., Cryer, D. (1997): The Prediction of Process Quality from Structural Features of Child Care. In: Early Childhood Research Quarterly 12, H. 5, S. 1534 - 1553.
Piaget, J. (1923, 1972): Denken und Sprechen des Kindes. Düsseldorf.
Piaget, J. (1931): Children's philosophies. In: Murchison, C. (Hrsg.): Handbook of child psychology. Worchester, S. 377 - 391.
Piaget, J. (1966): La psychologie de l'enfant. Paris.
Piaget, J. (1969, 1991): Das Erwachen der Intelligenz beim Kinde. Stuttgart.
Piaget, J. (1972): Urteil und Denkprozess des Kindes. Düsseldorf.

PIAGET, J., INHELDER, D. (1973): Die Psychologie des Kindes. Freiburg.
PIAGET, J. (1973): Der Strukturalismus. Freiburg.
PIAGET, J (1932, 1973): Das moralische Urteil beim Kinde. Frankfurt a. M.
PIAGET, J. (1974): Sechs psychologische Studien. In: Theorien und Methoden der Erziehung. Frankfurt a. M., S. 153 - 278.
PIAGET, J. (1975): Der Aufbau der Wirklichkeit beim Kinde. Stuttgart.
PIAGET, J. (1981): Intelligence and affectivity: Their relationship during child development. Annual Reviews Inc.: Palo Alto.
PREISER, S. (1983): Soziales Handeln im Kindes- und Jugendalter. Dokumentation von Forschungs- und Diagnoseinstrumenten. Weinheim, Basel.
PREUSS-LAUSITZ u. a. (1983): Kriegskinder, Krisenkinder, Konsumkinder. Zur Sozialisationsgeschichte seit dem Zweiten Weltkrieg. Weinheim, Basel.
PREUSS-LAUSITZ, U., RÜLCKER, T., ZEIHER, H. (1983) (Hrsg.): Selbstständigkeit für Kinder - die große Freiheit? Kindheit zwischen pädagogischen Zugeständnissen und gesellschaftlichen Zumutungen. Weinheim, Basel.
PREYER, W. T. (1882): Die Seele des Kindes. Leipzig.
PROHL, R., SEEWALD, J. (1998): Offene Bewegungserziehung in Kindergärten. Bericht über ein kombiniertes Fortbildungs- und Forschungsprojekt in Thüringen. Motorik 21 (2), S. 58 - 68.

QVORTRUP, J. (1996): Zwischen „fürsorglicher Belagerung“ und ökonomischen Interessen. Zur Wahrnehmung von Kindern und Kindheit in den nordischen Ländern. In: Zeiher, H., Büchner, P., Zinnecker, J. (Hrsg.): Kinder als Außenseiter? Umbrüche in der gesellschaftlichen Wahrnehmung von Kindern und Kindheit. München, Weinheim, S. 36 - 73.
QVORTRUP, J. (2000): Generation - an Important Concept for the Study of Childhood. American Sociological Association's Meeting: A Generational Approach to a Sociology of Childhood. Washington D. C.

RABE-KLEBERG, U., ZEIHER, H. (1984): Kindheit und Zeit. Über das Eindringen moderner Zeitorganisation in die Lebensbedingungen von Kindern. Zeitschrift für Sozialisationsforschung und Erziehungssoziologie 4, H. 1, S. 29 - 43.
RADKE, H.-D. (2006): Statistik mit Excel. München.
RAMACHANDRAN, V. S. (2006): Das Gehirn im Bottich. In: Geo Wissen Nr. 38, S. 104 - 110.
RAVENS, T. (2003): Wissenschaftlich mit Word arbeiten. München.
RAVENS, T. (2004): Wissenschaftlich mit Excel arbeiten. München.
READ, K. H. (1974): Handbuch des Kindergartens - Organisation, Curriculum, Lehrmethoden. Ravensburg.
REICH, K. (1998): Die Ordnung der Blicke. Perspektiven eines interaktiven

Konstruktivismus. Bd. 1: Beobachtung und die Unschärfen der Erkenntnis. Bd. 2: Beziehungen und Lebenswelt. Neuwied.

Reich, K. (2005): Systemisch- konstruktivistische Pädagogik. Weinheim, Basel.

Reich, K. (2006): Konstruktivistische Didaktik. Weinheim, Basel.

Reinert, G. (1964): Motorische Entwicklung. Die Oseretzky-Tests. In: Heiss, R. (Hrsg.): Handbuch der Psychologie, Bd. 6. Göttingen, S. 315 - 321.

Reinert, G. (1971): Entwicklungstests. In: Gottschalk, T., Lersch, P., Sander, F., Thomae, H. (Hrsg.): Handbuch der Psychologie. Göttingen, S. 280 - 351.

Reither, F. (1979): Selbstreflexion und Problemlösen. Dissertation FB Psychologie, Justus-Liebig-Universität. Gießen.

Remplein, H. (1963): Die seelische Entwicklung des Menschen im Kindes- und-Jugendalter (11. Auflage). Basel.

Rennen-Allhoff, B., Allhoff, P. (1987): Entwicklungstests. Berlin.

Renson, R. u. a. (1977): Soziale Bedingungen von körperlicher Fitness

Rethorst, S. (2002): Die motorischen Entwicklung im Kindesalter gestern und heute. Bielefeld.

Rethorst, S. (2003): Kinder in Bewegung. In: sportunterricht 3/2004, S. 72 - 78.

Rethorst, S. (2003): Die motorische Entwicklung im Kindesalter – gestern und heute. Motorik, 2 (3), S. 117 - 126.

Richter, H. E. (1970): Patient und Familie. Reinbek.

Rieder, H. (1976): Wird die Motorik in der Entwicklungspsychologie unterschätzt? In: Eggert, D., Kiphard, E. J. (1976): Die Bedeutung der Motorik für die Entwicklung normaler und behinderter Kinder (3. Auflage). Schorndorf, S. 121 - 132.

Riegel, K. F. (1978): Zur Ontogenese dialektischer Operationen. Frankfurt a. M.

Rogers, C. R. (1961, dt. 1982): Entwicklung der Persönlichkeit (4. Auflage). Stuttgart.

Rolff, H.-G., Zimmermann, P. (1985): Kindheit im Wandel. Eine Einführung in die Sozialisation im Kindesalter. Weinheim, Basel.

Rosenbrock, R. (1998): Die Umsetzung der Ottawa-Charta in Deutschland. Prävention und Gesundheitsförderung im gesellschaftlichen Umgang mit Gesundheit und Krankheit. Berlin.

Rossbach, H.-G. (1993): Analyse von Messinstrumenten zur Erfassung von Qualitätsmerkmalen frühkindlicher Betreuungs- und Erziehungsumwelten. Münster.

Rousseau, J. J. (1762, dt. 1975) Emil oder Über die Erziehung. München.

Roth, G. (2007): Persönlichkeit, Entscheidung und Verhalten. Stuttgart.

Roth, K. (1999): Die fähigkeitsorientierte Betrachtungsweise. In: Roth, K., Willimczik, K. (Hrsg.): Bewegungswissenschaft. Reinbek, S. 227 - 288.

Rubinstein, S. J. (1958): Grundlagen der allgemeinen Psychologie. Berlin.

SACHS, W. (1981): Geschwindigkeit und Lebenschancen. Über die Schwierigkeit, in einer automobilisierten Gesellschaft aufzuwachsen. In: Vorgänge 53, S. 82 - 85.
SANDER, L. (1962): Issues in early mother-child interaction. Journal of the American Academy of Child Psychiatry, S. 141 - 166.
SANDER, L. (1969): The longitudinal course of early mother-child interactions – cross-case comparison in a sample mother-child pairs. In: Foss, B. (Hrsg.): Determinants of infant behaviour, IV. London, S. 189 - 227.
SCARR, S. (1998): American Child Care Today. In: American Psychology 53, S. 95 - 108.
SCHAFFER, H. R. (1977) (Hrsg.): Studies in mother-child interaction. London.
SCHAIE, K. W. (1965): A general model of the study of development problems. In: Psychological Bulletin 64, S. 92 - 107.
SCHÄFER, G. (2006): Der Bildungsbegriff in der Pädagogik der frühen Kindheit. In: Fried, L., Roux, S. (Hrsg.): Pädagogik der frühen Kindheit. Weinheim, Basel, S. 33 - 44.
SCHEID, V. (1989): Bewegung und Entwicklung im Kleinkindalter. Schorndorf.
SCHEID, V. (1994): Motorische Entwicklung in der frühen Kindheit. In: Baur, J., Bös, K., Singer, R. (Hrsg.): Motorische Entwicklung. Schorndorf.
SCHERLER, K. (1975): Sensomotorische Entwicklung und materiale Erfahrung. Schorndorf, S. 260 - 275.
SCHERER, K. R. (1977): Affektlaute und vokale Embleme. In: Posner, R., Reinicke, H. P. (Hrsg.): Zeichenprozesse – Semiotische Forschung in den Einzelwissenschaften. Wiesbaden, S. 199 - 214.
SCHERER, K. R. (1979): Entwicklung der Emotionen. In: Hetzer, H., Todt, E., Seiffge-Krenke, I., Arbinger, R. (1979): Angewandte Entwicklungspsychologie des Kindes- und Jugendalters. Heidelberg, S. 211 - 251.
SCHERRER, J. (2002): Bewegung als Entwicklungsförderung bei Kindern im Vorschulalter. Marburg.
SCHILLING, F. (1970): Zur Aussagefähigkeit des Oseretzky-Tests bei normalen und hirngeschädigten Kindern. Acta paedopsychiat. 39, S. 249 - 267.
SCHILLING, F. (1973): Motodiagnostik des Kindesalters. Berlin.
SCHILLING, F., KIPHARD, E. J. (1974): Körperkoodinationstest für Kinder (KTK). Weinheim.
SCHILLING, F. (1975): Methoden zur Erfassung motorischer Variablen im Vorschulalter. In: Müller, H.-J., Decker, R., Schilling, F. (Hrsg.): Motorik im Vorschulalter. Schorndorf, S. 92 - 95.
SCHILLING, F. (1978): Motorische Entwicklung als Adaptationsprozess. In: Müller, H.-J., Decker, R., Schilling, F.: Motorik im Vorschulalter, S. 23 - 26.
SCHILLING, F. (1985): Entwicklungspsychologische Aspekte des Sports. In: Thomas, A. (Hrsg.): Sportpsychologie. München, Wien, Baltimore, S. 91 - 108.

Schmidt, H.-D. (1970): Allgemeine Entwicklungspsychologie. Berlin.
Schmidt, W. (1993): Kindheit und Sportzugang im Wandel. Konsequenzen für die Bewegungserziehung? In: sportunterricht 42, S. 24 - 32.
Schmidt, W. (1996): Veränderte Kindheit – veränderte Bewegungs- und Sportwelt: Analysen und pädagogische Konsequenzen. In: Schmidt, W. (Hrsg): Kindheit und Sport – gestern und heute. Hamburg, S. 9 - 30.
Schmidt, W. (1998): Sportpädagogik des Kindesalters. Hamburg.
Schmidt, W., Hartmann-Tews, I., Brettschneider, W.-D. (Hrsg.) (2003): Erster Deutscher Kinder- und Jugendbericht. Schorndorf.
Schmidt-Denter, U. (1987): Spezielle Tests zur sozialen und emotionalen Entwicklung. In: Rennen-Allhoff, B., Allhoff, P. (Hrsg.): Entwicklungstests. Berlin, S. 528 - 540.
Schneewind, K. A., Herrmann, T. (1980): Erziehungsstilforschung. Bern, Stuttgart, Wien.
Schneewind, K. A. (1996): Persönlichkeitstheorien. Darmstadt.
Schneewind, K. A. (1999): Familienpsychologie. Stuttgart u. a.
Schott, N. (2001): Körperkonstitution, sportliche Aktivität und Fitness: Ein Vergleich über mehr als 20 Jahre. In: Seiler, K., Birrcar, D., Schmid, J., Valkanover, S. (Hrsg.): Sportpsychologie: Anforderungen – Anwendungen – Auswirkungen. Köln, S. 194 -196.
Seiffge-Krenke, I. (1979): Entwicklung des sozialen Verhaltens. In: Hetzer, H., Todt, E., Seiffge-Krenke, I., Arbinger, R. (Hrsg.): Angewandte Entwicklungspsychologie des Kindes- und Jugendalters. Heidelberg, S. 254 - 294.
Seiffge-Krenke, I. (2004): Psychotherapie und Entwicklungspsychologie. Berlin.
Seligmann, M. E. P., Hager, J. L. (1972): Biological Boundaries of Learning. New York.
Seligmann, M. E. P. (1975, dt.1983): Erlernte Hilflosigkeit. München.
Selmann, R. L. (1982): Sozial-kognitives Verständnis. In: Geulen, H. (Hrsg.): Perspektivübernahme und soziales Handeln. Frankfurt a. M., S. 223 - 256.
Selmann, R. L. (1984): Die Entwicklung sozialen Verstehens. Frankfurt a. M.
Sewell, W. H. (1963): Some recent Developments in Socialization Theory and Research. In: Stone, G. P., Faberman, H. A.: Social Psychology through Symbolic Interaction Massachusetts; Toronto, S. 566 – 582.
Sigel, I. E., Brodzinsky, D. M., Golinkoff, R. M. (1981) (Hrsg.): New directions in Piagetian theory and practice. New York, Hillsdale.
Singer, W. (2003, 2007): Was kann ein Mensch wann lernen? Ein Beitrag aus der Sicht der Hirnforschung. In: Fthenakis, W. E. (Hrsg.): Elementarpädagogik nach PISA. Wie aus Kindertagesstätten Bildungseinrichtungen werden können. Freiburg, 4. Auflage, S. 67 - 75.
Singer, W. (2005): Ein wunderbares Organ. In: Geo kompakt Nr. 2, S. 114 - 118.
Skinner, B. F. (1948): Walden Two. New York.

SKINNER, B. F. (1983): Intellectual self-management in old age. American Psychologist, 38, S. 239 - 244.
SLOAN, W. (1948): The Lincoln Adaptation of the Oseretzky Test. Lincoln Ill: Lincoln State School.
SLOAN, W. (1955): The Lincoln-Oseretzky motor development scale. Genet. Psychol. Monogr. 51, S. 183 - 252.
SOLBERG, A. (1990): Negotiating Childhood: Changing Constructions of Age for Norwegian Children. In: James, A., Prout, A., S.: Constructing and Reconstructing Childhood. London, S. 118 - 137.
SOZIALPÄDAGOGISCHES INSTITUT (2005): NRW – Tageseinrichtungen in Zahlen. Köln.
SPANGLER, G., ZIMMERMANN, P. (1995): Die Bindungstheorie. Grundlagen, Forschung und Anwendung. Stuttgart.
SPITZ, R. A. (1959): A genetic field theory of ego formation. New York.
SPITZ, R. A. (1960): Die Entstehung der ersten Objektbeziehungen. Stuttgart.
SPITZ, R. A. (1973): Die Evolution des Dialoges. Psyche 27, S. 697 - 717.
SPITZER, M. (2002, 2003, 2007): Lernen. Gehirnforschung und die Schule des Lebens. Heidelberg, München.
SROUFE, L. A. (1979): Socioemotional development. In: Osofsky, J. D. (Hrsg.): The handbook of infant development. New York, S. 462 - 516.
STAABS, G. (1964): Der Scenotest. Berlin.
STAMBAK, M., PÈCHEUX, M. G., HARRISON, A., BERGÉS, J. (1967): Méthodes de approche pour l'étude de la motricité chez l'enfant. Rev. neuropsychiat. Inf. 15, S. 155 - 167.
STEINKAMP, G. (1991): Sozialstruktur und Sozialisation. In: Hurrelmann, K., Ulich, D. (Hrsg.): Neues Handbuch der Sozialforschung. Konstanz, S. 251 - 277.
STERN, D., JAFFE, J., BEEBE, B., BENNETT, S. (1975): Vocalizing in unison and in alternation: two modes of communication within the mother-infant dyad. Annals of the New York Academy of Sciences 263, S. 98 - 100.
STERN, D. (1985, dt. 1992): Die Lebenserfahrung des Säuglings. Stuttgart.
STERN, W. (1912): Die psychologischen Methoden der Intelligenzprüfung. In: Bericht über den 5. Kongress für Experimentelle Psychologie in Berlin. Leipzig, S. 1 - 109.
STRAUS, E. (1956): Vom Sinn der Sinne. Göttingen, Berlin, Heidelberg.
STRÄTZ, R. (2003): Ergebnisse der neurobiologischen Forschung Teil 1. In: Kita aktuell NRW Nr. 5, S. 111 - 114, Teil 2 in Nr. 6, S. 129 - 131, Teil 3 in Nr. 7/8, S. 158 - 160.
SÜNKER, H. (1993): Kindheit zwischen Individualisierung und Institutionalisierung. In: Zentrum für Kindheits- und Jugendforschung (Hrsg.): Wandlungen der Kindheit. Opladen, S. 15 - 31.
SÜSSENBACH, J., SCHMIDT, W. (2005): Der Sportunterricht - Eine qualitative Analyse aus Sicht der beteiligten Akteure. In: DSB-Sprint-Studie - Eine Untersu-

chung zur Situation des Schulsports in Deutschland. Aachen.
Sygusch, R., Brehm, W., Ungerer-Röhrich, U. (2003): Gesundheit und körperliche Aktivität bei Kindern und Jugendlichen. In: Schmidt, W., Hartmann-Tews, I., Brettschneider, W.-D. (Hrsg.): Erster Deutscher Kinder- und Jugendbericht. Schorndorf.
Sylva, K., Melhuish, E., Sammons, P., Siraj-Blatchford, I., Taggart, B., Elliott, K. (2003): The Effective Provision of Pre-School Education (EPPE) project: Findings from the pre-school period.
Sylva, K., Melhuish, E., Sammons, P., Siraj-Blatchford, I., Taggart, B. (2004a): The Effective Provision of Pre-School Education (EPPE) project: Findings from the early primary years.
Sylva, K., Melhuish, E., Sammons, P., Siraj-Blatchford, I., Taggart, B. (2004b): The Effective Provision of Pre-School Education (EPPE) project: Findings from pre-school to end of key stage 1.
Szagun, G. (1983): Sprachentwicklung beim Kind. 2. Auflage. München.

Tamboer, J. W. (1979): Sich-Bewegen – ein Dialog zwischen Mensch und Welt. In: Sportpädagogik 3, (2), S. 14 - 19.
Tamboer, J. W. (1994): Philosophie der Bewegungswissenschaften. Butzbach.
Thiele, J. (1999): Un-Bewegte Kindheit? Anmerkungen zur Defizithypothese in aktuellen Körperdiskursen. sportunterricht 48, S. 101 - 106.
Thiemann, F. (1990): Räume für Kinder. In: Praxis der Geografie 6, S. 9 - 11.
Tietze, W., Feldkamp, J., Gratz, D., Rossbach, H.-G., Schmied, D. (1981): Eine Skala zur Erfassung des Sozialverhaltens von Vorschulkindern. Zeitschrift für Empirische Pädagogik 5, S. 37 - 48.
Tietze, W. (1996) (Hrsg.): Früherziehung. Trends, internationale Forschungsergebnisse, Praxisorientierungen. Neuwied, Kriftel, Berlin.
Tietze, W., Rossbach, H.-G. (1996): Die Qualität des Kindergartens und ihre Auswirkungen auf die Entwicklung der Kinder. Eine internationale Vergleichsstudie. In: Engelhardt, D. et al. (Hrsg.): Handbuch der Elementarerziehung. Pädagogische Hilfen zur Arbeit in Tageseinrichtungen für Kinder. Velber-Seelze.
Tietze, W., Schuster, K.-M., Rossbach, H.-G. (1997): Kindergarten-Einschätz-Scala: KES, deutsche Fassung der Early childhood environment rating scale. Berlin.
Tietze, W. (Hrsg.), Meischner, T., Gänsfuss, R., Schuster, K.-M., Grenner, K., Völkel, P., Rossbach, H.-G. (1998): Wie gut sind unsere Kindergärten? Eine Untersuchung zur pädagogischen Qualität in deutschen Kindergärten. Neuwied.
Tietze, W., Dittrich, I. (Hrsg.) (2002, 2005, 2007): Pädagogische Qualität in Tageseinrichtungen für Kinder. Ein nationaler Kriterienkatalog. Weinheim.

Tietze, W. (2002): Institutionelle Betreuung von Kindern. In: Krüger, H.-H., Grunert, C. (Hrsg.) Handbuch der Kindheits- und Jugendforschung. Opladen, S. 497 - 517.

Tietze, W., Schuster, K.-M., Grenner, K., Rossbach, H.-G. (2005): Kindergarten-Skala (KES - R) Feststellung und Unterstützung pädagogischer Qualität in Kindergärten (3. überarbeitete Auflage). Weinheim.

Tizard, B., Joseph, A. (1970): Cognitive development of young children in residential care: A study of children aged 24 month. Journal of Child Psychology and Psychiatry and Allied Disciplines 11, S. 177 - 186.

Tlitner, W., Kudritzki, G. (1961): Die deutsche Reformpädagogik. 2. Bd. Düsseldorf.

Toman, W. (1991): Familienkonstellationen. München.

Thompson, R. A. (1999): Early Attachment and Later Development. In: Cassidy, J., Shaver, P. R. (Hrsg.): Handbook of attachment: theory, research and clinical applications. New York, S. 265 - 286.

Trautner, H. M. (1978): Lehrbuch der Entwicklungspsychologie. Göttingen u. a.

Uhl, S. (1996): Die Mittel der Moralerziehung und ihre Wirksamkeit. Bad Heilbronn.

Ulich, D., Kienbaum, J., Volland, C. (1999): Emotionale Schemata und Emotionsdifferenzierung. In: Friedlmeier, W., Holodynski, M. (Hrsg.): Emotionale Entwicklung. Funktion, Regulation und soziokultureller Kontext von Emotionen. Heidelberg, Berlin, S. 52 - 69.

Ulrich, D., Mayring, P.(1992): Psychologie der Emotionen. Stuttgart.

Ungerer-Röhrich, U. (1997): Was bringt ein „bewegter" Kindergarten für die Entwicklung der Kinder? Ergebnisse einer Längsschnittuntersuchung. In: Zimmer, R., Circus, H. (Hrsg.): Bewegte Kindheit. Schorndorf, S. 197 - 199.

Ungerer-Röhrich, U. (1998): Gesundheitsförderung durch sportliche Aktivität: Kindergarten und Grundschule. In: Bös, K., Brehm, W. (Hrsg.). Gesundheitssport - Ein Handbuch. Schorndorf, S. 321 - 330.

Vandell, D. L., Wolfe, B. (2000): Child Care Quality: Does It Matter and Does It Need to Be Improved. Institute for Research on Poverty. Special Report Nr. 78. Madison.

Vandenberg, S. G. (1964): Factor analytic studies of the Lincoln-Oseretzky-Test of Motor Proficiency. Perc. Mot. Skills 19, S. 23 - 41.

Vaskovics, L. A. (1982) (Hrsg.): Umweltbedingungen familialer Sozialisation. Stuttgart.

Veith, H. (1996): Theorien der Sozialisation. Zur Rekonstruktion des modernen sozialisationstheoretischen Denkens. Frankfurt a. M., New York.

Veith, H. (2001): Das Selbstverständnis des modernen Menschen. Theorien des vergesellschafteten Individuums im 20. Jahrhundert. Frankfurt a. M., New York.

Vogt, U. (1978): Die Motorik 3- bis 6jähriger Kinder. Ihre Abhängigkeit vom biologischen Entwicklungsstand und sozialen Umweltfaktoren. Schorndorf.

Volkamer, M. (1969): Untersuchungen zur Validität der Lincoln-Oseretzky Motor-Development-Scale. Dissertation. Kiel.

Voss, W., Schöneck, N. M. (2003): Statistische Grafiken mit Excel. München, Wien.

Walper, S., Tippelt, R. (2002): Methoden und Ergebnisse der quantitativen Kindheits- und Jugendforschung. In: Krüger, H. H., Grunert, C. (Hrsg.): Handbuch der Kindheits- und Jugendforschung. Opladen, S. 189 - 224.

Walter, H., Oerter, R. (1979) (Hrsg.): Ökologie und Entwicklung. Donauwörth.

Warren, H. C. (1934): Dictionary of psychology. Boston.

Watson, J. B., Rayner, R. (1920): Conditioned emotional reactions. Journal of Experimental Psychology, S. 1 - 14.

Weber, S. (2003): Die Bildungsbereiche im Kindergarten. Freiburg.

Wechsler, D. (1939): The measurement of adult intelligence. Baltimore.

Wechsler, D. (1949): Wechsler intelligence scale for children. Manual. Psychological Corporation: New York.

Wegner, M., Beirow, B. (1996): Bewegungssozialisation in der Familie – Wie kommen Kinder zum Sport? In: Conzelmann, A., Gabler, H., Schlicht, W. (Hrsg.): Soziale Interaktion und Gruppen im Sport. Köln.

Wegner, M. (2003): Bewegungssozialisation in der Familie – Modelle der Bewegungsförderung im Vor- und Grundschulalter. In: M. Scholz (Hrsg.): Zukunftssicherung durch Bewegung und Spiel im Kindesalter. Wiebelsheim, S. 37 - 40.

Weizsäcker, V. von (1947): Der Gestaltkreis – Theorie der Einheit von Wahrnehmen und Bewegen. Stuttgart.

Westfalen, G., Volpert, W. (1974): Ein Vorversuch zur Frage der „sensomotorischen Sozialisationsbarrieren". In: Güldepfennig, S., Volpert, W., Weinberg, P. (Hrsg.): Sensomotorisches Lernen und Sport als Reproduktion der Arbeitskraft. Köln, S. 74 - 83.

Werner, H. (1953): Einführung in die Entwicklungspsychologie. 3. Auflage. Leipzig.

Wetterich, J., Eckl, S. (2005): Sportentwicklungsplanung und Politikberatung. Münster.

Wiegersma, P.-H. (1973): Psychomotorik, Körperschema und Körpererleben. In: Eggert, D., Kiphard, E. J. (Hrsg.): Die Bedeutung der Motorik für die Entwicklung normaler und behinderter Kinder. Schorndorf, S. 98 - 120.

Willimczik, K. (1978): Die motorische Entwicklung des Kindes In: Klab, G.,

Pfeiffer, L. (Hrsg.): Kind und Bewegung. Schorndorf, S. 79 - 90.
WILLIMCZIK, K., ROTH, K. (1983): Bewegungslehre, Grundlagen, Methoden, Analysen. Reinbek.
WIMMER, H., ZIEGLER, H., ROTH, E. (1977): Die Entwicklung eines Tests intellektueller Lernfähigkeit für Vorschulkinder. Diagnostica 23, S. 74 - 83.
WINKELMANN, W. (1975): Testbatterie zur Erfassung kognitiver Operationen (TEKO). Braunschweig.
WINTER, R. (1987): Die motorische Entwicklung des Menschen von der Geburt bis ins hohe Alter (Überblick). In: Meinel, K., Schnabel, G. (Hrsg.): Bewegungslehre - Sportmotorik. Berlin, S. 275 - 397.
WINTERSBERGER, H. (1998): Ökonomische Verhältnisse zwischen den Generationen - Ein Beitrag zur Ökonomie der Kindheit. In: Zeitschrift für Soziologie der Erziehung und Sozialisation, Heft 1, S. 8 - 24.
WINTERBERT, H. (1966): L'examen psychomoteur de l'enfant. Rev. Neuropsychiat. Inf. 14, S. 247 - 265.
WOLANSKI, N. (1977): Biologische und gesellschaftliche Komponenten der motorischen Entwicklung und der körperlichen Tätigkeit. In: Bauss, R., Roth, K. (Hrsg.): Motorische Entwicklung. Darmstadt, S. 252 - 274.
WOLF, B., BECKER, P., CONRAD, S. (1999): Der Situationsansatz in der Evaluation. Ergebnisse der Externen Empirischen Evaluation des Modellvorhabens „Kindersituationen". Landau.
WOLFF, P. (1966): The causes controls, and organization of behaviour in the neonate. Psychological Issues 5 (Whole No. 17).
WYGOTSKI, L. S. (1977): Denken und Sprechen. Frankfurt a. M.
WYGOTSKI, L. S. (1985): Ausgewählte Schriften. Berlin.

ZAICHOWSKI, L. D., ZAICHOWSKI, L. B., MARTINEK, T. J. (1980): Groth and development. The child and physical activity. St. Louis.
ZEIHER, H. (1983): Die vielen Räume der Kinder. Zum Wandel kindlicher Lebensbedingungen seit 1945. In: Preuss-Lausitz et al. (Hrsg.): Kriegskinder, Krisenkinder, Konsumkinder. Zur Sozialisationsgeschichte seit 1945. Basel, Weinheim, S. 176 - 194.
ZEIHER, H. (1988): Verselbstständigte Zeit - selbstständigere Kinder? In: Neue Sammlung 28, S. 75 - 92.
ZEIHER, H., ZEIHER, H. (1991): Wie Kinderalltage zustande kommen. In: Berg, C. (Hrsg.): Kinderwelten. Frankfurt a. M.
ZEIHER, H., ZEIHER, H. (1998): Orte und Zeiten der Kinder. München, Weinheim.
ZEIHER, H. (1996): Kinder in der Gesellschaft und Kindheit in der Soziologie. Zeitschrift für Sozialisationsforschung und Erziehungssoziologie 16, H.1, S. 26 - 46.
ZEIHER, H., BÜCHNER, P., ZINNECKER, J. (1996) (Hrsg.): Kinder als Außenseiter? Um-

brüche in der gesellschaftlichen Wahrnehmung von Kindern und Kindheit. München, Weinheim.
ZEIHER, H. (2000): Familienalltag und Kindheit. In: Herlth, A. et al. (Hrsg.): Spannungsfeld Familienkindheit. Neue Anforderungen, Risiken und Chancen. Opladen , S. 121 - 135.
ZELIZER, V. A. (1985): Pricing the priceless child. New York.
ZIEGLER, A., HELLER, K. (2001) Intelligenz. In: Lexikon der Psychologie Bd. 2. Heidelberg, S. 272 - 275.
ZIEGLER, K. (1996): Psychosoziale Bewältigung von Stress im Kindesalter. In: Mansel, J. (Hrsg.): Glückliche Kindheit – Schwierige Zeit? Über die veränderten Bedingungen des Aufwachsens. Opladen, S. 40 - 83.
ZIESCHE, U. (1999): Werkstatthandbuch zur Qualitätsentwicklung in Kindertagesstätten. Neuwied.
ZIGLER, E., CHILD, I. (1969): Socialization. In: Lindzey, Gardner (Hrsg.): Handbook of Social Psychology Second Edition (Vol. III). The Individual in a Social Context. Massachusetts, Menlo Park, London, Don Mills, S. 450 - 589.
ZIMMER, J. (1973): Curriculumsentwicklung im Vorschulbereich. Bd. 1. München, S. 154 - 206.
ZIMMER, R. (1979): Motoriktest für vier- bis sechsjährige Kinder. Praxis der Leibesübungen 20, S. 63 - 139.
ZIMMER, R. (1980): Der Einfluss des Sports auf die Persönlichkeitsentwicklung bei Kindern im Vorschulalter. Eine experimentelle Untersuchung über den Zusammenhang motorischer, kognitiver, affektiver und sozialer Variablen. Dissertation. Osnabrück.
ZIMMER, R. (1981): „Motorik und Persönlichkeitsentwicklung bei Kindern“: Eine empirische Studie zur Bedeutung der Bewegung für die kindliche Entwicklung. Band 80/81 der Schriftenreihe: Beiträge zur Lehre und Forschung der Leibeserziehung (2. neu bearbeitete Auflage 1996). Schondorf.
ZIMMER, R., VOLKAMER, M. (1984): MOT 4 - 6. Motoriktest für vier- bis sechsjährige Kinder (2. Auflage 1987). Weinheim.
ZIMMER, R. (1993): Handbuch der Bewegungserziehung (18. neu bearbeitete Auflage 2006). Freiburg.
ZIMMER, R. (1995): Handbuch der Sinneswahrnehmung (18. Auflage 2007). Freiburg.
ZIMMER, R. (1995): Schafft die Stühle ab! Freiburg.
ZIMMER, R. (1999): Handbuch Psychomotorik – Theorie und Praxis der psychomotorischen Förderung von Kindern (9. Auflage 2007). Freiburg.
ZIMMER, R. (2001): Alles über den Bewegungskindergarten (2007 völlig neu überarbeitete Auflage). Freiburg.
ZIMMER, R. (2002): Toben macht schlau. Freiburg.
ZIMMERMANN, P. (2000): Grundwissen Sozialisation. Opladen.

ZINNECKER, J. (1979): Straßensozialisation – Versuch, einen unterschätzten Lernort zu thematisieren. In: Zeitschrift für Pädagogik 25, S. 727 - 749.

ZINNECKER, J. (1990): Vom Straßenkind zum verhäuslichten Kind. In: Behnken, I. (Hrsg.): Stadtgesellschaft und Kindheit im Prozess der Zivilisation. Opladen.

ZINNECKER, J. (1995): Pädagogische Ethnografie. In: Behnken, J., Jaumann, O. (Hrsg.): Kindheit und Schule. Weinheim, München.

ZINNECKER, J., SILBEREISEN, R. K. (1996) (Hrsg.): Kindheit in Deutschland. Aktueller Survey über Kinder und ihre Eltern. Weinheim, München.

Literatur der Sportverbände

ARBEITSKREIS GÜTESIEGEL BEWEGUNGSKINDERTAGESSTÄTTE (2006): Bewegung für die Kids. Qualifiziertes Personal. Gütesiegel für die Kita. Hamburg.

BALSTER, K., BECKMANN, U. (1996): Sportorganisationen als Träger von Bewegungskindergärten: Ein Leitfaden der Sportjugend. Duisburg.

BALSTER, K., BECKMANN, U. (1998, 2005): Leitfaden Kooperation – Sportverein und Tageseinrichtung für Kinder. Duisburg.

BALSTER, K. et al. (2005 a): Sport- und Bewegungskindergärten: Grundlagen – Konzepte – Beispiele, Bd. 11. Neu-Isenburg.

BALSTER, K. et al. (2005 b): Praktischer Ratgeber zur Bewegungserziehung im Kleinkind- und Vorschulalter, 2. erweiterte Auflage. Duisburg.

BALSTER, K. et al. (2006): Konkrete Wege zur Realisierung von ausreichender Bewegung für Kinder. Frankfurt a. M.

DEUTSCHE SPORTJUGEND (1979): Zur Situation der Bewegungserziehung in Kindergarten und Verein. Frankfurt a. M.

JASMUND, C. (2004): Evaluation der Anerkannten Bewegungskindergärten des LandesSportBundes NRW. Duisburg.

JASMUND, C., BECKMANN, U. (2005): Beratungs- und Koordinierungsstelle der Bewegungskindergärten. Beratungs- und Handlungskonzept. Duisburg.

LANDESSPORTBUND NRW (2000): Wir gestalten Zukunft – Leitbild des LandesSportBundes Nordrhein-Westfalen. Duisburg.

LEHMANN, B. (2003, 2005) Handlungsrahmen für einen bewegungsfreudigen Kindergarten. Duisburg.

MUSEBRINK-BERKEMANN, H., DEUSTER-EHLERT, C., PAPE-DRIEVER, I. (1996): Materialien zur Übungsleiter/innen-Sonderausbildung „Bewegungserziehung im Kleinkind- und Vorschulalter". Duisburg.

SCHULZ-ALGIE, S.: Mehr Bewegung in Kindergärten. Kooperation von Kindertagesstätten und Sportvereinen. Frankfurt a. M.

SPORTJUGEND NRW (2000) (Hrsg.): Konzeption zur Übungsleiter/innen-Ausbildung Bewegungserziehung im Kleinkind- und Vorschulalter. Duisburg.

SPORTJUGEND HESSEN (1996) (Hrsg.): Bewegung in den Kindergarten. Frankfurt a. M.

Internetadressen

WERTFEIN, M. (2006): Emotionale Entwicklung im Vor- und Grundschulalter im Spiegel der Eltern-Kind-Interaktion. eDissertation LMU München http://edoc.ub.uni-muenchen.de

WERTFEIN, M. (2007): Emotionale Entwicklung von Anfang an – wie lernen Kinder den kompetenten Umgang mit Gefühlen? Online-Familienhandbuch www.familienhandbuch.de/cmain/f_Fachbeitrag/a_Kindheitsforschung

SPORTJUGEND DES LANDESPORTBUNDES IN NORDRHEIN-WESTFALEN: www.wir-im-sport.de/templates/sportjugend/show.php3?id=314&nodeid=

TEXTOR, M. R.: Forschungsergebnisse zur Effektivität frühkindlicher Bildung: EPPE, REPEY und SPEEL. Kindergartenpädagogik, online-Handbuch http://www.kindergartenpaedagogik.de/1615.html

Tabellen-, Diagramm- und Abbildungsverzeichnis

Anlagenverzeichnis

Räumliche Verteilung der Testkindergärten in NRW

Anlage: MOT - Geschichte zum Test

Besuch bei der Prinzessin: Wir drei machen uns jetzt auf den Weg ins Zauberland. Ich habe dort eine Freundin, die Prinzessin. Die möchte ich gern mit euch besuchen. Um in ein anderes Land zu kommen, müssen wir eine Grenze überschreiten. Damit fangen wir an.

1. Zuerst müssen wir hier über eine Grenze springen.

2. Dann müssen wir eine gefährliche Brücke überqueren.

3. Nun musst du einen Ausweis malen, um ins Zauberland hinein zu können.

4. Jetzt sind wir im Zauberland angekommen. Nanu, was liegt denn dort? Ich glaube, das gehört dort nicht hin. Das ist ja das Taschentuch der Prinzessin. Das hat sie bestimmt verloren. Ich glaube wir heben das Tuch für sie auf. Sie freut sich bestimmt, es wiederzubekommen. Weil das aber ein Zaubertuch ist, darfst du es nicht mit den Händen anfassen, sondern nur mit den Füßen.

5. Ja, hier war meine Freundin ganz bestimmt. Seht mal, sie hat auch ihr Springseil liegenlassen.

6. Und da ist ja auch ihr Wanderstab.

7. Ich glaube, die Prinzessin musste ganz plötzlich weg. Sie hat hier gar nicht richtig ihr Spielzeug aufgeräumt. Schaut mal, diese Bälle gehören nicht in diesen Karton, sondern in den da hinten. Da musst du der Prinzessin mal helfen.

8. So, nun haben wir aufgeräumt und können weitergehen. Der Weg führt uns nun über die Rückwärtsbrücke.

9. Hier ist der Übungsplatz für die Ritter. Seht mal, hier üben sie immer Zielwerfen. Versucht auch mal die Bälle auf das Ziel zu werfen.

10. Nun zeige ich euch ein ganz neues Spiel der Prinzessin. Das hat sie gerade erst zum Geburtstag bekommen. Es heißt das Hölzchenspiel.

11. Nun wollen wir weitergehen, ins Schloss kommt man aber nur durch dieses Tor.

12. Den Burgwall müssen wir überspringen.

13. Nun sind wir in der Burg. Noch kann ich niemanden sehen. Aber diesen Ring hier, den können wir zum Werfen benutzen.

14. Wir vertreiben uns die Zeit solange mit Hampeln.

15. Da wir schon viel herumgehüpft sind, springen wir auch über dieses Seil!

16. Seht mal, da bringen die Holzfäller Baumstämme und rollen sie herein. Wir gehen mal hin und machen mit beim Baumstammrollen!

17. Da, durchs Fenster kann ich die Prinzessin sehen. Ich erzähle euch was sie macht. Sie hat zum Geburtstag eine neue Krone bekommen und übt nun, wie sie mit der Krone auf dem Kopf aufstehen und sich wieder hinsetzen muss, ohne dass sie herunterfällt. Das ist aber eine schwere Übung!

18. Da hat die Prinzessin heute gar keine Zeit, mit uns zu spielen. Wo sie doch so viel üben muss. Darum gehen wir lieber wieder zurück in den Kindergarten. Da haben wir nämlich ganz viele Spielfreunde.

Hier durch das Tor springen wir zurück. Dabei drehen wir uns noch einmal um und winken der Prinzessin zum Abschied zu.

MOT 4 - 6 (wörtliche Anweisungen zu den Items)

Item 1:
Sprung in und aus dem Reifen: Kannst du mit beiden Füßen gleichzeitig in den Reifen hinein- und dann sofort auf der anderen Seite wieder herausspringen? Dabei sollst du den Reifen nicht mit den Füßen berühren.

Item 2:
Auf Teppichstreifen balancieren (ohne Schuhe): Kannst du auf dieser Linie entlanggehen? Versuche, die Füße so aufzusetzen, dass du nicht über den Rand trittst. (Wertung: 0 = kein Erfolg; 1 = 1 Erfolg; 2 = 2 erfolgreiche Versuche)

Item 3:
Punktieren (10 Sek. am Tisch sitzend): Nimm den Stift in eine Hand und versuche, möglichst schnell ganz viele Punkte auf dieses Blatt Papier zu machen.

Lass dabei deinen Arm ruhig auf dem Tisch liegen. Versuche, die Punkte nicht alle auf einem Haufen zu machen, damit ich sie besser zählen kann. Du darfst solange Punkte machen, bis ich HALT sage. Jetzt fang an! (Wertung: 0 = max. 26; 1 = max. 37; 2 = ab 38 Punkte)

Item 4:

Taschentuch aufgreifen (barfuß): Versuche bitte, das Taschentuch so schnell wie du kannst, mit deinen Zehen zu greifen und mir zu geben. Ich lege es dann wieder auf den Boden und du probierst es auch mit dem anderen Fuß. (Wertung: 0 = kein Erfolg; 1 = 1 Erfolg; 2 = beide Füße mit Erfolg)

Item 5:

Seil überspringen (10 Sek.): Stelle dich so neben das Seil, wie ich es dir vormache. Kannst du möglichst oft von einer Seite auf die andere springen, ohne auf das Seil zu treten? Versuche so lange zu springen, bis ich HALT sage. Jetzt fange an. (Wertung: 0 = max. 7; 1 = max. 11; 2 = ab 12 Sprünge)

Item 6:

Stab auffangen (Kind evtl. auf einen Kasten stellen): Strecke mir bitte einmal eine Hand entgegen. Diesen Stab lasse ich jetzt gleich los, und du sollst ihn dann ganz schnell mit deiner Hand festhalten. Die andere Hand darfst du nicht dazu benutzen. (Wertung: 0 = Zone 4; 1 = Zone 2 + 3; 2 = Zone 1)

Item 7:

Tennisbälle in Kartons legen: Du sollst versuchen, jeden Ball einzeln so schnell wie möglich von diesem Karton in den anderen zu bringen. (Wertung: 0 = max. 15 Sek.; 1 = max. 12 Sek.; 2 = max. 11 Sek.)

Item 8:

Auf Teppichstreifen balancieren (barfuß): Kannst du auf dieser Linie rückwärts gehen? Versuche, so zu gehen, dass du nicht über den Rand trittst. (Wertung: 0 = kein Erfolg; 1 = 1 Erfolg; 2 = 2 erfolgreiche Versuche)

Item 9:

Zielwurf (4x): Versuche mit dem Ball die Zielscheibe zu treffen. Von hier aus kannst du werfen. (Wertung: 0 = kein Treffer; 1 = 1 Treffer; 2 = mind. 2 Treffer)

Item 10:

Streichhölzer einsammeln (sitzend am Tisch): Kannst du diese Hölzchen in die Schachtel legen? Du sollst dazu beide Hände gleichzeitig benutzen, nimm aber in jede Hand immer nur ein Hölzchen und lege es sorgfältig in die Schachtel. Mach dies, so schnell du kannst. (Wertung: 0 = ab 71 Sek.; 1 = 70 - max. 54 Sek.; 2 = max. 53 Sek.)

Item 11:

Durch Reifen hindurch winden: Kannst du durch diesen Reifen, den ich festhalte, steigen? Mach dich dabei so klein, dass du nicht an den Reifen stößt und deine Hände nicht auf den Boden aufzusetzen brauchst. Versuche es einmal von dieser Seite und gleich von der anderen. (Wertung: 0 = kein Erfolg; 1 = 1 Erfolg; 2 = 2 erfolgreiche Versuche)

Item 12:

Einbeiniger Sprung in den Reifen und stehen (5 sek.): Kannst du mit einem Bein in den Reifen hineinspringen und so lange auf diesem Bein stehen bleiben, bis ich HALT sage? Versuche es nun auch mit dem anderen Bein. (Wertung: 0 = kein Erfolg; 1 = 1 Erfolg; 2 = 2 erfolgreiche Versuche)

Item 13:

Tennisring auffangen (3 Versuche): Ich werfe dir diesen Ring zu, und du versuchst, ihn mit beiden Händen aufzufangen. Streck dabei deine Arme so weit vor, dass du den Ring auffängst, bevor er auf deinen Bauch trifft. Pass auf, jetzt werfe ich den Ring. (Wertung: 0 = kein Erfolg; 1 = 1 Erfolg; 2 = mehr als ein Erfolg)

Item 14:

Hampelmannsprung (Demo; 10 sek.): Kennst du den Hampelmannsprung? Versuche bitte, beim Springen die Füße weit auseinander aufzustellen und beim nächsten Mal die Füße nah zusammen aufzustellen. Kannst du gleichzeitig die Arme hochnehmen und dann wieder nach unten strecken? Versuche es so lange, bis ich HALT sage. (Wertung: 0 = kein Erfolg; 1 = keine 10 sek. oder keine Rhythmik, Koordination; 2 = Top)

Item 15:

Seilsprung: Kannst du mit beiden Beinen gleichzeitig über das Seil springen, ohne das Seil zu berühren? Springe von dieser Stelle aus. (Wertung: 0 = kein Erfolg; 1 = 35 cm, 2 = 45 cm)

Item 16:

Rolle längsseits: Lege dich mit dem Rücken auf den Boden und strecke deine Arme über den Kopf. Mach dich jetzt ganz steif und versuche, zur Seite zu rollen, bis du wieder auf dem Rücken ankommst. Die Arme sollen dabei über dem

Kopf bleiben. Versuche beim Rollen, ganz steif zu bleiben. (Wertung: 0 = kein Erfolg; 1 = 1 Erfolg; 2 = 2 Erfolge)

Item 17:

Aufstehen mit Ball: Setze dich bitte im Schneidersitz auf den Boden und halte den Ball mit beiden Händen über dem Kopf. Kannst du nun aufstehen? Kannst du dich dann auch wieder in den Schneidersitz setzen? (Wertung: 0 = kein Erfolg; 1 = Aufstehen oder Hinsetzen gelingt; 2 = beides gelingt)

Item 18:

Drehsprung in Reifen: Springe in den Reifen und drehe dich dabei so, dass du mich ansehen kannst. Springe dann wieder heraus und drehe dich so, dass du mit dem Rücken zu mir stehst. (0 = kein Erfolg; 1 = 1 Erfolg; 2 = 2 Erfolge)

Beobachtungsbogen zum Selbstkonzept der Kinder nach Zimmer (1999)

Sehr selbstsicher, selbstständig, selbstbewusst.	Selbstsicherheit	5	4	3	2	1	Nicht selbstsicher, unselbstständig.
Traut sich selbst viel zu, gibt bei Schwierigkeiten nicht auf.	Selbstvertrauen	5	4	3	2	1	Traut sich selbst nicht viel zu, gibt bei Schwierigkeiten schnell auf.
Hohe Einschätzung eigener Fähigkeiten, überschätzt sich eher.	Fähigkeitseinschätzung	5	4	3	2	1	Geringe Einschätzung eigener Fähigkeit, unterschätzt sich eher.
Akzeptiert sich selbst, gibt Fehler zu, ist mit sich selbst zufrieden.	Selbstakzeptanz	5	4	3	2	1	Akzeptiert sich selbst nicht, gibt Fehler nicht zu, ist mit sich selbst unzufrieden.
Sehr selbstbeherrscht diszipliniert, ruhig, ausdauernd, besonnen.	Selbstkontrolle	5	4	3	2	1	Sehr unbeherrscht, undiszipliniert, erregbar, impulsiv.
Aufgeschlossen gegenüber Neuem, neugierig.	Aufgeschlossenheit	5	4	3	2	1	Steht Neuem ablehnend gegenüber, wenig neugierig.
Sehr aktiv, engagiert, spontan, schnell, entschieden.	Aktivität	5	4	3	2	1	Wenig aktiv, abwartend, zögernd, unentschieden, zurückhaltend.
Kann Misserfolg akzeptieren, kann Niederlagen ertragen, verliert den Mut nicht.	Umgang mit Misserfolgen	5	4	3	2	1	Kann Misserfolg nicht akzeptieren, ist schnell entmutigt, gibt schnell auf.
Positive Grundstimmung, meist gut gelaunt, interessiert.	Grundstimmung	5	4	3	2	1	Negative Grundstimmung, oft schlecht gelaunt.
Sucht Kontakt zu anderen, ist gesprächig, geht auf andere zu.	Geselligkeit	5	4	3	2	1	Meidet Kontakt mit anderen, sondert sich ab, zurückhaltend, still.

Beobachtungsbogen zum Sozialverhalten der Kinder nach ZIMMER (1999)

Trennt sich leicht von den Eltern / Bezugspersonen.	Trennungsverhalten					Trennt sich nur schwer von den Eltern / Bezugspersonen.
	5	4	3	2	1	
Nimmt schnell Kontakt zu den Erzieherinnen auf.	Kontaktaufnahme zu Erw.					Sucht kaum den Kontakt zu den Erzieherinnen.
	5	4	3	2	1	
Orientiert sich nicht nur am Erwachsenen.	Orientierung am Erw.					Orientiert sich ausschließlich am Erwachsenen.
	5	4	3	2	1	
Schließt sich schnell anderen Kindern an.	Kontakt zu and. Kindern					Schließt sich kaum anderen Kindern an
	5	4	3	2	1	
Kann sich gut in die Gruppe einordnen.	Einordnung in die Gruppe					Kann sich nicht in die Gruppe einordnen.
	5	4	3	2	1	
Zeigt wenig dominantes Verhalten in der Gruppe.	Dominanz					Zeigt sehr dominantes Verhalten in der Gruppe.
	5	4	3	2	1	
Ist in die Gruppe integriert.	Gruppenintegration					Ist nicht n die Gruppe integriert.
	5	4	3	2	1	
Ist anderen gegenüber hilfsbereit.	Hilfsbereitschaft					Hilft anderen nicht
	5	4	3	2	1	
Regelt Konflikte ohne andere Angriffe	Konfliktlösung					Greift andere bei Konflikten körperlich an.
	5	4	3	2	1	
Versucht Konflikte mit andren selbstständig zu lösen.	Selbstst. Konfliktlösung					Wendet sich bei Konflikten mit anderen meist an Erwachsene.
	5	4	3	3	1	
Hält vereinbarte Spielregeln ein.	Regeleinhaltung					Hält sich nicht an vereinbarte Spielregeln.
	5	4	3	2	1	

Beobachtungsbogen zum Spiel- und Bewegungsverhalten der Kinder nach ZIMMER (1999)

Hält vereinbarte Spielregeln ein.	Regeleinhaltung					Hält sich nicht an vereinbarte Spielregeln.
	5	4	3	2	1	
Ist interessiert an neuen Materialien und Geräten.	Interesse an Neuem					Ist nicht interessiert an neuen Materialien und Geräten.
	5	4	3	2	1	
Hat eigene Ideen im Umgang mit Geräten.	Ideen					Hat keine eigenen Ideen.
	5	4	3	2	1	
Kann den Schwierigkeitsgrad von Aufgaben einschätzen.	Einschätzung der Aufgaben					Kann den Schwierigkeitsgrad von Aufgaben nicht einschätzen.
	5	4	3	2	1	
Ist aktiv und zeigt Initiative (antriebsstark).	Eigeninitiative					Ist wenig aktiv und zeigt wenig Initiative (antriebsschwach).
	5	4	3	2	1	
Ist bewegungsfreudig.	Bewegungsfreude					Ist wenig bewegungsfreudig.
	5	4	3	2	1	
Zeigt beim Spiel Ausdauer.	Ausdauer					Zeigt keine Ausdauer.
	5	4	3	2	1	
Ist bei einer Beschäftigung konzentriert.	Konzentration					Wechselt häufig die Beschäftigung, unkonzentriert.
	5	4	3	2	1	
Erkennt materialspezifische Eigenschaften.	Umgang mit Materialien					Geht unsachgemäß mit Material um.
	5	4	3	2	1	

Testliste für jede Tageseinrichtung

Die Codenummer für jedes Kind: (Kindergarten/Kind/Testdatum) ist nur anhand dieser Liste, welche sich in den Untersuchungseinrichtungen befindet, zu entschlüsseln.

Nr.	Gruppe	Name, Vorname	Geb. Datum	Test vom:	Test vom:	Test vom:
1						
2						
3						
4						
5						
6						
7						
8						
9						
10						
11						
12						
13						
14						
15						
16						
17						
18						
19						
20						
21						
22						
23						

Elternbrief für die Eltern der Bewegungskindergärten

Liebe Eltern,

in den vergangenen Jahren haben sich viele Kindergärten in NRW zu „Bewegungskindergärten" entwickelt. Ihr Ziel ist, Bewegungsförderung noch mehr in den Alltag zu integrieren und als durchgängiges Prinzip ihres pädagogischen Handelns umzusetzen.

Die Bewegung spielt für eine gesunde körperliche, emotionale, soziale und geistige Entwicklung der Kinder eine ganz besondere Rolle.

Bewegungskindergärten werden vom Landessportbund in NRW unterstützt und mit einem Qualitätsgütesiegel ausgezeichnet. Die Eltern und Erzieherinnen aus den Einrichtungen haben positive Entwicklungen bei den Kindern festgestellt und begrüßen diese. Sie wünschten sich einen objektiven Nachweis über die motorische Entwicklungsförderung der von ihnen betreuten Kinder.

Jetzt möchte ich im Rahmen meiner Forschungsarbeit untersuchen, wie die motorische Entwicklung der Kinder in Bewegungskindergärten verläuft. Ich bin Promotionsstudentin an der Universität Osnabrück unter Betreuung von Prof. Dr. Renate Zimmer und plane mittels eines motorischen Testverfahrens, welches unter anderem von Prof. Dr. R. Zimmer für Kinder von vier bis sechs Jahren entwickelt wurde, die Fähigkeiten und Fertigkeiten Ihres/Ihrer Kinder zu testen. Dieser Test wird für die Kinder wie eine Bewegungsstunde im Kindergarten ablaufen, und während der ganzen Zeit kann ein/e Erzieher/in dabei sein. Dieser Test wird ca. 30 Min. für jedes Kind dauern und drei Mal mit Abständen von sechs Monaten durchgeführt (z. B. September 04, März 05, September 05). Die Aufgaben beinhalten für die Kinder bekannte Spiele oder Übungen aus ihren Turnstunden (Die Kinder werden z. B. über einen Teppichstreifen balancieren oder in einen Reifen springen.).

Die Testergebnisse vieler Kinder einer Altersgruppe werden dann miteinander verglichen. Die Daten jedes Kindes werden völlig anonym verwendet und die Auswertung und Veröffentlichung der Ergebnisse erfolgt unter Einhaltung der einschlägigen datenschutzrechtlichen Bestimmungen. Ich möchte den positiven Einfluss von Bewegungsförderung auf die Entwicklung der Kinder beurteilen. Die gewonnenen Erkenntnisse kommen dann über die Erzieherinnen allen Kindern zu Gute.

Ich bitte um Ihr Einverständnis, auch Ihr Kind/Ihre Kinder testen zu können.

Ich freue mich, wenn Sie diese Aktion unterstützen. Gerne beantworte ich Ihnen eventuell auftretende weitere Fragen. Informationen erhalten Sie auch bei der Leitung der Einrichtung.

Bitte geben Sie den unteren Abschnitt bis zum .... im Kindergarten ab.

Vielen Dank!

Mit freundlichen Grüßen

Christina Jasmund

Elternbrief für die Eltern der Kontrollkindergärten

Liebe Eltern!

in den vergangenen Jahren haben sich von den rund 9.700 Kindertageseinrichtungen in NRW über 50 Kindergärten zu „Bewegungskindergärten" entwickelt. Ihr Ziel ist, Bewegungsförderung noch mehr in den Alltag zu integrieren und als durchgängiges Prinzip ihres pädagogischen Handelns umzusetzen.

Die Erzieherinnen und Träger dieser Einrichtungen schreiben der Bewegung für eine gesunde körperliche, emotionale, soziale und geistige Entwicklung der Kinder eine ganz besondere Rolle zu.

Bewegungskindergärten werden vom Landessportbund in NRW unterstützt und mit einem Qualitätsgütesiegel zertifiziert. Die Eltern und Erzieherinnen aus den Einrichtungen haben positive Entwicklungen bei den Kindern festgestellt und wünschen sich einen objektiven Nachweis über die motorische Entwicklungsförderung der von ihnen betreuten Kinder.

Jetzt möchte ich im Rahmen meiner Forschungsarbeit untersuchen, wie die motorische Entwicklung der Kinder in verschiedenen Kindergärten in Nordrhein-Westfalen verläuft. Ich bin Promotionsstudentin an der Universität Osnabrück unter Betreuung von Prof. Dr. Renate Zimmer und plane mittels eines motorischen Testverfahrens, welches unter anderem von Prof. Dr. R. Zimmer für Kinder von vier bis sechs Jahren entwickelt wurde, die Fähigkeiten und Fertigkeiten Ihres Kindes/Ihrer Kinder zu testen. Dieser Test wird für die Kinder wie eine Bewegungsstunde im Kindergarten ablaufen und während der ganzen Zeit kann ein/e Erzieher/in dabei sein. Dieser Test wird max. 30 Min. für jedes Kind dauern und drei Mal mit Abständen von sechs Monaten durchgeführt (z. B. September 04, März 05, September 05). Die Aufgaben beinhalten für die Kinder bekannte Spiele oder Übungen aus ihren Turnstunden (Die Kinder werden z. B. über einen Teppichstreifen balancieren oder in einen Reifen springen.).

Die Testergebnisse vieler Kinder einer Altersgruppe werden dann miteinander verglichen. Die Daten jedes Kindes werden völlig anonym verwendet und die Auswertung und Veröffentlichung der Ergebnisse erfolgt unter Einhaltung der einschlägigen datenschutzrechtlichen Bestimmungen. Ich möchte den positiven Einfluss von Bewegungsförderung auf die Entwicklung der Kinder beurteilen. Die gewonnenen Erkenntnisse kommen dann über die Erzieherinnen allen Kindern zu Gute.

Ich bitte um Ihr Einverständnis, auch Ihr Kind/Ihre Kinder testen zu können.

Ich freue mich, wenn Sie diese Aktion unterstützen.

Gerne beantworte ich Ihnen eventuell auftretende weitere Fragen. Informationen erhalten Sie auch bei der Leitung der Einrichtung.

Bitte geben Sie den unteren Abschnitt bis zum .... im Kindergarten ab.

Vielen Dank!

Mit freundlichen Grüßen

Christina Jasmund

Elternfragebogen für die Eltern der Bewegungskindergärten

Sehr geehrte Eltern,

Sie haben sich im vergangenen Jahr bereit erklärt, an einer wissenschaftlichen Untersuchung der Universität Osnabrück teilzunehmen.

Zum zweiten Testzeitpunkt für Ihr Kind möchte ich mit diesem Fragebogen einige Informationen von Ihnen erhalten. Ich bitte Sie, den Fragebogen ausgefüllt in der Kindertagesstätte wieder abzugeben.

Bitte schreiben Sie nicht Ihren Namen auf diesen Bogen, da ich die Informationen absolut anonym verwende. Ich bedanke mich ganz herzlich für Ihre Unterstützung.

Für weitere Fragen steht Ihnen die Leiterin der Einrichtung zur Verfügung.

Vielen Dank für Ihre Unterstützung!

Mit freundlichen Grüßen

Christina Jasmund

Untersuchungsnummer: ....

1. Aus welchen Gründen haben Sie diese Einrichtung für Ihr Kind ausgewählt? (Mehrfachnennungen möglich)

- Wohnortnähe
- Pädagogische Konzeption
- Gütesiegel des Landessportbundes „Anerkannter Bewegungskindergarten“
- Öffnungszeiten
- Träger
- Keine besonderen Gründe
- Empfehlungen aus dem Bekanntenkreis
- Empfehlungen vom Kinderarzt, Schule etc.
- Zuteilung durch das Jugendamt

2. Betreibt Ihr Kind außerhalb der Kindertagesstätte Sport?

- im Sportverein (Kindersportgruppe)
- bei einem anderen Anbieter (Fitnessstudio, Ballettschule, Reiterhof, Familienbildungsstätte, Kampfsportschule, kirchliche Gemeinde, DRK o. Ä.)
- mit den Eltern in der Freizeit, am Wochenende und im Urlaub
- nein

3. Kennen Sie den kooperierenden Sportverein der Kindertagesstätte?

A) ja B) nein

4. Sind Sie dort Mitglied?

A) ja B) nein

5. Wenn ja, steht Ihre Mitgliedschaft im Zusammenhang mit der Betreuung Ihres Kindes in dem Bewegungskindergarten? (Mehrfachnennungen möglich)

- Ich war schon vorher dort Mitglied.
- Ich habe über den Sportverein von dem Bewegungskindergarten erfahren.
- Ich habe über den Kindergarten Kontakt zu dem Sportverein bekommen.
- Der Sportverein ist Träger oder Förderverein für die Kindertagesstätte.
- Ich bin Mitglied geworden, damit mein Kind die Angebote des Sportvereins außerhalb der Betreuungszeit nutzen kann.
- Über den Kontakt mit den Erzieherinnen oder Eltern der Kindertagesstätte bin ich Mitglied im Sportverein geworden und selbst aktiv sportlich tätig.

6. Ist jemand aus Ihrer Familie Mitglied in einem anderen Sportverein?

A) ja B) nein C) Wie viele Personen: ....

7. Wie würden Sie die Mitglieder Ihrer Familie hinsichtlich Ihres Freizeitverhaltens beschreiben? (Mehrfachnennungen möglich)

- Wir treiben regelmäßig aktiv Sport im Sportverein.
- Wir betätigen uns sportlich bei anderen Anbietern. (Fitnessstudio, privates Sportstudio, Kampfsportschule, etc.)
- Wir betreiben oft unorganisierten Sport. (Rad fahren, Schwimmen o. Ä.)
- Wir sind spontan bei schönem Wetter, an Wochenenden oder Urlaub aktiv.
- Wir sind eher nicht sportlich aktiv.

- Wir betreiben gar keinen Sport.

8. Haben Sie über die Kindertagestätte Informationen zu sportlicher Betätigung und der Bedeutung von Bewegung für die kindliche Entwicklung erhalten?

A) ja B) nein

9. Wenn ja, wie? (Mehrfachnennungen möglich)

- Elternabende
- Konzeption der Kindertagesstätte
- Informationsmaterial (Kitazeitung, Infobriefe, Aushänge, Plakate, Elternhandbriefe, Litfasssäule, etc.)
- Persönliche Gespräche mit dem Personal der Kindertagesstätte
- Tage der offenen Tür, Sommerfeste, Familiensportfeste, o. Ä.
- Gemeinsame Aktionen von Sportverein und Kindertagesstätte

10. Sind Sie interessiert, mehr zu diesem Thema zu erfahren?

A) ja B) nein

11. Sind Sie daran interessiert, dass sich Ihr Kind auch nach der Kindergartenzeit aktiv sportlich betätigt?

A) ja B) nein

12. Unter welchen Voraussetzungen würden Sie mit Schuleintritt Ihres Kindes noch Mitglied im Sportverein zu bleiben? (Mehrfachnennungen möglich)

- Mein Kind möchte weiter in der Kindersportgruppe aktiv sein.
- Das Angebot des Sportvereins richtet sich auch an Schulkinder.
- Mein Kind hat Freunde und eine gesunde, sinnvolle Freizeitgestaltung.
- Ich fühle mich in diesem Verein wohl.
- Das Angebot erreicht meine Bedürfnisse.
- Ich trete aus dem Verein aus.

13. Welche Angebote würden Sie sich für Ihr Kind und Ihre Familie wünschen? (Mehrfachnennungen möglich)

Elternfragebogen für die Eltern der Kontrollkindergärten

Sehr geehrte Eltern,

Sie haben sich im vergangenen Jahr bereit erklärt, an einer wissenschaftlichen Untersuchung der Universität Osnabrück teilzunehmen.

Zum zweiten Testzeitpunkt für Ihr Kind möchte ich mit diesem Fragebogen einige Informationen von Ihnen erhalten. Ich bitte Sie, den Fragebogen ausgefüllt in der Kindertagesstätte wieder abzugeben.

Bitte schreiben Sie nicht Ihren Namen auf diesen Bogen, da ich die Informationen absolut anonym verwende. Ich bedanke mich ganz herzlich für Ihre Unterstützung.

Für weitere Fragen steht Ihnen die Leiterin der Einrichtung zur Verfügung.

Vielen Dank für Ihre Unterstützung!

Mit freundlichen Grüßen

Christina Jasmund

Untersuchungsnummer: ....

1. Aus welchen Gründen haben Sie diese Einrichtung für Ihr Kind ausgewählt? (Mehrfachnennungen möglich)

- Wohnortnähe
- Pädagogische Konzeption
- Öffnungszeiten
- Träger
- Keine besonderen Gründe
- Empfehlungen aus dem Bekanntenkreis
- Empfehlungen vom Kinderarzt, Schule etc.
- Zuteilung durch das Jugendamt

2. Betreibt Ihr Kind außerhalb der Kindertagesstätte Sport?

- im Sportverein (Kindersportgruppe)
- bei einem anderen Anbieter (Fitnessstudio, Ballettschule, Reiterhof, Familienbildungsstätte, Kampfsportschule, Gemeinde, DRK o. Ä.)
- mit den Eltern in der Freizeit, am Wochenende und im Urlaub
- nein

3. Ist jemand aus Ihrer Familie Mitglied in einem Sportverein?

A) ja B) nein C) Wie viele Personen: ....

4. Wie würden Sie die Mitglieder Ihrer Familie hinsichtlich Ihres Freizeitverhaltens beschreiben? (Mehrfachnennungen möglich)

- Wir treiben regelmäßig aktiv Sport im Sportverein.
- Wir betätigen uns sportlich bei anderen Anbietern. (Fitnessstudio, privates Sportstudio, Kampfsportschule, etc.)
- Wir betreiben oft unorganisierten Sport. (Radeln, Schwimmen o. Ä.)
- Wir sind spontan bei schönem Wetter, an Wochenenden, im Urlaub aktiv.
- Wir sind eher nicht sportlich aktiv.
- Wir betreiben gar keinen Sport.

5. Sind Sie daran interessiert, dass sich Ihr Kind nach der Kindergartenzeitaktiv sportlich betätigt?

A) ja B) nein

6. Kennen Sie die Sportangebote für Kinder aus Vereinen Ihrer Umgebung?

A) ja B) nein

7. Welche Angebote würden Sie sich für Ihr Kind und Ihre Familie wünschen? (Mehrfachnennungen möglich)

Profile der Untersuchungseinrichtungen

Profile der Untersuchungseinrichtungen (bitte nur kurze Antworten!):

1. Lage:

Ort, Regierungsbezirk, Einwohnerzahl, Geografie, Industrie etc. soziale Struktur des Einzugsgebietes

2. Größe:

Kinderanzahl, Gruppenanzahl, Räume, Freifläche, Umgebung

3. Träger:

Art, finanzielle Unterstützung, fachliche und personelle Betreuung, Netzverbund zu anderen Kindertagesstätten

4. Personal:

Anzahl, Alter, Ausbildung, Qualifikationen (insbesondere ÜL - BiKuV und andere bewegungsrelevante Aus- und Fortbildungen)

Fragebogen für die Leiterinnen der Bewegungskindergärten

Große Auswirkungen		Auswirkungen	keine Auswirkungen	
5	4	3	2	1

1. Auswirkungen des bewegungspädagogischen Konzeptes auf die Auswahl bei der Neueinstellungen des Personals ....

2. Auswirkungen der Zusatzausbildung ÜL - BiKuV auf:

- Aktivere, bewegungsfreudigere Lebensgestaltung der teilgenommenen Erzieherinnen ....

- Veränderung der Arbeit in der Einrichtung (inhaltliche Schwerpunktsetzung, Raumgestaltung, Tagesablauf etc.) ....

- Vorbildwirkung für die Kinder („bewegte Erz. betreuen bewegte Kinder") ....

- Arbeitsklima des Teams (Bewegung, gesunde Lebensführung etc.) ....

- Elternarbeit ....

3. Nutzen der Vernetzung mit anderen Bewegungskitas

- Außenwirkung für die Einrichtung bei Träger und Öffentlichkeit ....

- Nutzen der Kooperation mit dem Sportverein für den Kindergarten ....

- Ressourcen, Entwicklungsrichtungen für die weitere Arbeit ....

- pädagogische Arbeit, Fort- und Weiterbildung des Personals ....

4. Probleme, Schwierigkeiten, Ressourcen

- Konzeptionelle Weiterentwicklung ....

- Perspektive der Kita (Träger, Finanzen) ....

- Pädagogische Arbeit ....

- Personalführung ....

- Öffentlichkeits-, Eltern- und Trägerarbeit ....

- Netzwerkarbeit ....

- Anschrift des kooperierenden Sportvereins:
....

Vorstandsmitglied, Übungsleiter, die Ansprechpartner der Kooperation sind:

....

- personelle und praktische Zusammenarbeit
zwischen Kita und SV ....

- verbandliche und trägerrelevante Zusammenarbeit ....

- Positives, Negatives, Ressourcen ....

- Persönliche Ergänzungen

....

Anschreiben an den kooperierenden Sportverein

Sehr geehrte ....,

Sie sind Ansprechpartner/in der Kooperation Ihres Sportvereins mit dem Bewegungskindergarten ....

In den vergangenen Jahren haben sich viele Kindergärten in NRW zu „Bewegungskindergärten“ entwickelt. Ihr Ziel ist, Bewegungsförderung noch mehr in den Alltag zu integrieren und als durchgängiges Prinzip ihres pädagogischen Handelns umzusetzen. Zur Steigerung der Effektivität der bewegungspädagogischen Arbeit haben alle anerkannten Bewegungskindergärten eine Kooperation mit einem örtlichen Sportverein.

Jetzt möchte ich im Rahmen meiner Forschungsarbeit die Arbeit der Bewegungskindergärten und Ihrer Kooperationspartner evaluieren. Ich bin Promotionsstudentin an der Universität Osnabrück unter Betreuung von Prof. Dr. Renate Zimmer. Meine Arbeit wird vier Untersuchungsdimensionen enthalten:

- Werde ich mittels eines motorischen Testverfahrens die motorischen Fähigkeiten und Fertigkeiten der Kinder zu testen und mit Kindern aus ‚Kontrolleinrichtungen‘ vergleichen.
- Mit einem Fragebogen die pädagogische Arbeit in den Bewegungskindergärten evaluieren.
- In einer Elternbefragung die Auswirkungen der pädagogischen Arbeit der Tageseinrichtungen auf das Freizeitverhalten in den Familien erfassen.
- Die Auswirkungen der Kooperation der Bewegungskindergärten mit Sportvereinen überprüfen.

Dazu habe ich für die kooperierenden Sportvereine der beteiligten Bewegungskindergärten einen kleinen Fragebogen erarbeitet. Ich bitte Sie diesen für mich zu beantworten. Ich danke Ihnen für Ihre Unterstützung!

Gerne beantworte ich Ihnen eventuell auftretende weitere Fragen. Informationen erhalten Sie auch bei der Leitung der Einrichtung.

Mit freundlichen Grüßen

Christina Jasmund

Fragebogen für den kooperierenden Sportverein

Seit wann besteht die Kooperation zwischen dem Sportverein und dem Bewegungskindergarten? ....

Wer ist Ihr Ansprechpartner im Bewegungskindergarten?

....

Hat der Verein durch die Partnerschaft mit dem Kindergarten profitiert, durch:

	JA	NEIN
1. neue Mitglieder		
Eltern aus den Bewegungskindergärten	......	......
Kinder aus den Bewegungskindergärten	......	......
2. neue Sportangebote		
Kindersportgruppen	......	......
Kinderschwimmen	......	......
Mutter-Kind-Turnen	......	......
andere Angebote	......	......
3. neue Übungsleiterinnen		
aus dem Personal des Bewegungskindergartens	......	......
aus der Elternschaft des Bewegungskindergartens	......	......
4. höheren Bekanntheitsgrad		
in der näheren Umgebung	......	......
im Ort (Gemeinde, Kommune)	......	......
überörtlich	......	......
5. das verliehene Gütesiegel		
„Kinderfreundlicher Sportverein“	......	......

Welche Formen der Kooperation zwischen Sportverein und Bewegungskindergarten gibt es?

	JA	NEIN
1. regelmäßige Nutzung von Räumlichkeiten		
Vereinssporthallen, Bäder	......	......
Bewegungsräume des Bewegungskindergartens	......	......
2. regelmäßige Nutzung von Materialien		
Sportgeräte	......	......
Medien	......	......
3. personelle Unterstützungen		
bei Erkrankungen etc.	......	......
bei Festen, Aktionen	......	......
4. gemeinsame Aktionen		
Sportfeste	......	......
Aktionstage	......	......
Wettkämpfe	......	......
5. gegenseitige Teilnahme an		
Beratungen im Bewegungskindergarten	......	......
Vereinssitzungen	......	......
Kooperationsberatungen	......	......
6. gemeinsames öffentliches Auftreten		
Aushänge/Plakate	......	......
Handzettel/Flyer	......	......
in der Presse	......	......
in Rundfunk/TV	......	......
im Internet	......	......

7. Hat die Kooperation mit dem Bewegungskindergarten für den Sportverein negative Auswirkungen? Wenn ja, welche?

....

....

8. Was hat Ihre Zusammenarbeit mit dem Bewegungskindergarten behindert oder erschwert?

....

....

9. Welche Ressourcen sehen Sie für die künftige Zusammenarbeit?

....

....

10. Persönliche Ergänzungen

....

....

Vielen Dank für Ihre Unterstützung!

Fragebogen zur Bewegungsraum- und Materialausstattung

Fragebogen zur Bewegungsraum- und Materialausstattung Kita - Nr.:

Werden die Räume multifunktional genutzt?

Gruppenräume	ja	nein
Nebenräume	ja	nein
Flure	ja	nein

Wo dürfen die Kinder sich frei bewegen?

Gruppenräume	ja	nein
Nebenräume	ja	nein
Flure	ja	nein

Ausstattung des Bewegungsraumes:

Gut ausgestattet ☐

(Grundausstattung + Alltagsmaterialien + Psychomotorikmaterial)

Ausreichend ausgestattet ☐

(Grundausstattung)

Schlecht ausgestattet ☐

Steht das Material den Kindern jederzeit zur Verfügung?

Alles jederzeit ☐

Nur bestimmtes Material ☐

Nur bei angeleiteten Angeboten ☐

Gibt es freie Bewegungszeiten für die Kinder?

Täglich ☐

Manchmal ☐

Nein ☐

Dürfen Kinder allein in den Bewegungsraum? ja nein

Gibt es einen Raum für Ruhe und Entspannung? ja nein

Wie oft nimmt jedes Kind an einem angeleiteten Bewegungsangebot teil?

Einmal wöchentlich ☐ Unregelmäßig ☐

Wann finden die Bewegungsangebote statt?

vormittags ☐ nachmittags ☐

Nutzung des Außengeländes

Nutzung des Außengeländes Kita-Nr.: ....

Ausstattung des Außengeländes:

Vielseitig ☐

(mit festen Geräten, Sandflächen, Asphalt oder Gehwegplatten, Rasenflächen, Bäume, Büsche, Hecken)

Durchschnittlich ☐

(nicht die ganze Vielfalt vorhanden)

Schlecht ☐

Welche Bewegungen können die Kinder ausführen?

Rennen	ja	nein
Klettern	ja	nein
Rollen	ja	nein
Rutschen	ja	nein
Schaukeln	ja	nein
Hangeln	ja	nein
Kriechen	ja	nein
Fahren	ja	nein
Springen	ja	nein

Haben die Kinder die Möglichkeit mit Wasser zu spielen?

Immer ☐

Manchmal ☐

Nein ☐

Wann und wie wird das Außengelände genutzt?

Morgens	☐	Mittags	☐
Nachmittags	☐	Auch bei schlechtem Wetter	☐

Haben die Kinder Regenkleidung? ja nein

Dürfen auch Kinder allein draußen spielen? ja nein

Stehen die Materialien draußen zur freien Verfügung?

(Fahrzeuge, Sandspielgeräte, Bewegungsbaustelle)

Dürfen immer genutzt werden ☐

Nach Absprache ☐

Werden herausgegeben ☐